I0438192

# ITAPI VALORI : Manuale

Unica Edizione Originale
pubblicata nel 2006

© Copyright 2006-2014 e successivi by
Felice Perussia e Renata Viano
www.feliceperussia.it

**ISBN-13: 978-1499209570**
**ISBN-10: 1499209576**

Il supporto editoriale è gentilmente offerto pro bono e per il libero sviluppo
scientifico dalle edizioni PSICOTECNICA, Cirene 3, 20135 Milano, Italia
www.papers.psicotecnica.it

Stampato negli Stati Uniti da: CreateSpace
CreateSpace Independent Publishing Platform
www.createspace.com

Gli Psicotecnica Papers sono disponibili anche in formato e-book

La commercializzazione delle copie così come i diritti d'autore per questa
edizione sono gestiti da: CreateSpace, Seattle, WA, USA

*All materials published with the label PSICOTECNICA ® PAPERS are copyright of the authors or
editors.*
*© All rights reserved. No part of this book shall be reproduced, stored in a retrieval system, or
transmitted by any means – electronic, mechanical, photocopying, recording, or otherwise –
without written permission from the copyright owner or/and the publisher.*
*Psicotecnica ® and psitau label are some of the registered trade marks and designs of
Psicotecnica srl of Milano Italy. They are only temporarily licensed for the free use in this
scientific project. All rights reserved.*

Felice PERUSSIA
Renata VIANO

# Itapi-VALORI

## MANUALE

Inventario Italiano dei Valori
Italia Values Inventory

**PSICOTECNICA**
Edizioni Universitarie Milano

**AVVERTENZA**

Tutti i materiali pubblicati dal Programma ITAPI ® sono proprietà letteraria riservata degli Autori o/e dell'Editore. I contenuti pubblicati sono concessi in uso temporaneo sotto licenza (e non ceduti) all'utente del testo alle condizioni che seguono:

LICENZA. Il materiale di ITAPI ® può essere impiegato gratuitamente da terzi per scopi scientifici, di ricerca e di studio. Non può essere mai utilizzato da terzi per scopi commerciali (o che producano una qualsiasi forma di vantaggio economico). E' fatto obbligo tassativo di citare dettagliatamente ed estesamente la fonte nonché di informare i detentori della proprietà letteraria di ITAPI ® dell'uso che se ne sta eventualmente facendo.

RESTRIZIONI. Nessuna realizzazione del Programma ITAPI ® può essere distribuita commercialmente o riprodotta, pubblicata o altrimenti diffusa, né può esserne fatto un altro uso che leda il copyright o altro diritto di proprietà degli aventi diritto, né si può assegnare, subappaltare la licenza o comunque trasferire questo accordo a una terza parte senza che tale parte accetti i termini e le condizioni di questo accordo. Non si possono modificare, alterare o adattare i contenuti. In particolare: non è ammesso l'uso degli strumenti di ITAPI ® con fini di selezione del personale.

Questa licenza si intende immediatamente revocata se l'utente della pubblicazione contravviene ai termini dell'accordo.

La presente ricerca è frutto della collaborazione fra gli Autori. Tuttavia le singole parti del volume vanno attribuite: a Felice PERUSSIA per quanto riguarda i capitoli 1, 2, 4, 5, 9 e 10; a Renata VIANO per quanto riguarda i capitoli 7 e 8; a entrambi per quanto riguarda i capitoli 3, 6 e 11.

# Sommario

# Premessa

Le ragioni che stanno alla base della realizzazione di Itapi-VALORI sono le medesime che ispirano tutto il Programma ITAPI (*Inventari Italiani di Personalità* o *Italia Personality Inventories*) nel suo insieme. Di tali motivazioni, che sono di natura scientifica ed epistemologica così come di carattere operativo, abbiamo già riferito in precedenti pubblicazioni, prodotte nell'ambito del programma stesso; mentre le abbiamo ampiamente riportate anche nel sito ufficiale del Programma ITAPI (www.itapi.org).

Benché la filosofia del Programma ITAPI sia ormai piuttosto nota fra i ricercatori e gli studiosi, ci permettiamo di ricordare comunque qui ancora una volta (come informazione é giusto evocare per sommi capi in ciascuna delle pubblicazioni legate al programma) alcuni dei nostri obiettivi principali; tra cui: A) Contribuire all'evoluzione della ricerca scientifica sulle personalità; B) Operare costantemente, dall'inizio alla fine, con riferimento anche alla tradizione teorica e di ricerca che è propria al contesto culturale italiano ed europeo (e non soltanto, o quasi, alla cultura statunitense, come invece spesso avviene nell'ambito della ricerca psicologica); C) Realizzare strumenti di alto livello scientifico che siano però *freeware* e *opensource* (ovvero: a completa disposizione della comunità, ancorché per scopi non commerciali); D) Avere carattere *no-profit*, nel senso di operare in un contesto non condizionato da ragioni di produttività economica e, nei limiti del possibile, a favore della collettività; E) Essere trasparenti, tanto sul piano scientifico che su quello tecnico che su quello teorico-epistemologico; F) Limitare il condizionamento commerciale che può interferire con le rilevazioni in tema di psicologia sociale e delle personalità, anche sul piano dell'uso nel contesto dello studio e della ricerca ovvero in quello editoriale; G) Permettere, anche a coloro cui i test realizzati nell'ambito del Programma ITAPI vengono sottoposti, di avere sempre elementi di verifica, in termini di consenso informato, quanto più possibile completi e comprensibili; H) Fornire una certa quantità di riferimenti teorici e di ricerca, che aiutino a inquadrare e quindi a capire meglio anche il senso di ciascun test e delle sue modalità d'uso.

Gli strumenti realizzati nell'ambito del Programma ITAPI, che sono tutti (dall'inizio alla fine) un prodotto originale del nostro gruppo di lavoro, vengono messi a disposizione della collettività (per scopi non commerciali, con una licenza di tipo *creative commons*) ovvero con la massima limpidezza. I test del Programma ITAPI sono infatti pubblicati, in ogni loro parte e dettaglio, sotto forma di volumi. Generalmente sono anche facilmente consultabili da tutti in quanto vengono riportati, nelle loro parti essenziali (arrivando talvolta fino al minimo dettaglio) anche su internet (sempre al sito: www.itapi.org).

Nel caso più specifico della realizzazione di Itapi-VALORI, varrà inoltre la pena di ricordare che, così come tende ad avvenire per tutta la ricerca nel campo della psicologia, anche la generalità della ricerca internazionale in materia di valori consiste principalmente nell'utilizzare strumenti ideati, sviluppati e confermati (quando lo sono) quasi solo nel contesto della cultura statunitense. Il che porta in sostanza molte ricerche a proporsi non come indagini autonome, ma (più o meno esplicitamente) come delle conferme implicite dei punti di riferimento su cui si basano le indagini nord-americane.

Per cui, nel caso appunto dei valori, tali ricerche tendono a proporsi, non di rado involontariamente, come convalide, dirette o indirette, dei valori morali che sono tipici della cultura all'interno della quale sono state concepite. Il che non toglie valore alla loro qualità scientifica (quando c'é), ma appare limitativo quando si opera in culture differenti, come è il caso dell'Europa in generale e dell'Italia in particolare.

Tale pervasivo stereotipo, secondo cui l'ideologia di un singolo Paese rappresenterebbe necessariamente l'ovvia e superiore pietra di paragone per qualsiasi altra tradizione valoriale, è molto lontana dalla verosimiglianza scientifica. Ed é quindi molto lontana anche dai fondamenti epistemologici che da sempre caratterizzano la filosofia del Programma ITAPI.

Tornando invece alla sostanza tecnica del lavoro presentato qui, sottolineiamo che in questa sede pubblichiamo quello che in letteratura viene solitamente definito come il "manuale del test". Analogamente a quanto abbiamo realizzato in precedenti occasioni (Perussia 2005c; Perussia e Viano, 2006a), il saggio è dunque un manuale di base per Itapi-VALORI.

Facciamo anche presente che i lavori scientifici di cui abbiamo tenuto conto, per definire il quadro concettuale di ITAPI, sono davvero molti. Di questi abbiamo già riferito, in piccola parte, anche in altre pubblicazioni (Perussia, 2004, 2005a, 2005b, 2005c, 2006b; Perussia e Viano, 2004, 2006a); soprattutto in quella dedicata all'identificazione del pool di item di partenza per Itapi-VALORI (Perussia, 2005c), ovvero in quella relativa ad una prima introduzione alle ricerche tipologiche basate sui Valori e sugli Stili di Vita (Perussia, 2005b).

Abbiamo peraltro tenuto sullo sfondo, ancora una volta, alcuni volumi particolarmente interessanti, specie con riferimento ai test psicologici in generale, come il manuale di Boncori (1993) o quelli di Anastasi (1968, 1976, 1988 ecc). Mentre abbiamo preso nella opportuna considerazione anche le tradizionali raccomandazioni ufficiali in materia di psicometria suggerite dalla *American Psychological Association* (1985-1999).

Ricordiamo infine che ITAPI è un programma, e un gruppo, di lavoro in continuo sviluppo. Per ulteriori approfondimenti sul programma stesso (oltre che per un repertorio di strumenti utili per chi si occupa di reattivi, scale, test, inventari e indagini di psicologia sociale e delle personalità) rimandiamo quindi costantemente al relativo sito internet (www.itapi.org).

Per comunicazioni: è sempre possibile rivolgersi direttamente agli Autori dei vari passaggi del Programma ITAPI utilizzando i relativi indirizzi internet (nel caso di Itapi-VALORI: perussia@psych.unito.it; viano@psych.unito.it).

# 1. Antecedenti di Itapi-VALORI nella letteratura scientifica

La letteratura psicologica sui valori è davvero molto ampia. Mentre l'insieme del dibattito culturale, filosofico, scientifico, religioso, professionale ecc in materia disegna un campo di analisi e di riflessione praticamente illimitato, almeno da qualche secolo a questa parte.

Se cominciamo limitandoci alla sola banca dati *PsychInfo* (che rappresenta solo una parte, ampia ma certo non esaustiva, delle riviste che fanno riferimento alla Nuova Psicologia Scientifica), possiamo notare che nell'arco dell'ultimo secolo la voce "*values*" compare oltre 56.000 volte al momento in cui scriviamo (settembre 2006); mentre la più specifica espressione "personal values" compare circa 3.500 volte. E stiamo parlando appunto solo di citazioni ufficiali, in sedi formali, di questi soli termini (non degli innumerevoli sinonimi e simili), relative alla sola psicologia (in quella sola parte della disciplina che si propone come scientifica).

Non tenteremo certo qui la sintesi di una letteratura tanto vasta. Anche considerando che tale enorme mole di lavori si moltiplica a dismisura se, invece che limitarci al semplice termine "*value*", prendiamo in considerazione qualcuna delle altre numerose espressioni che in letteratura (e non solo nel recinto di PsychInfo) vengono normalmente utilizzate per riferirsi a tale costrutto. E facciamo dunque riferimento, per esempio (e centrando l'attenzione sulla sola lingua anglo-americana), a termini quali: *beliefs, attitudes, interests, intentions, motivations, motives, opinions, ideals, goals, internal standards, life tasks, lifegoals, self-concept ideals, self-determinants, attitude changes, lifestyles, guides to action, visions* ecc.

E si consideri che in lingua anglo-americana si dice, in modo relativamente intercambiabile, tanto "*evalutation*" quanto "*valuation*". Infatti, come d'uso: la stessa forma del sostantivo (*value*) viene normalmente utilizzata anche come verbo (*to value*). Per cui il legame tra valutazione-stima (*valuation*) e valore-prezzo (*value*), attuato per il tramite dell'atto del valutare-misurare-stimare (*to value*), suona certo più immediato, anche foneticamente, di quanto non accada con il nostro concetto di valore. Il quale ultimo deve invece essere riportato a quello della valutazione e del valutare (stante che un equivalente italiano dell'atto di *to value*, come potrebbe essere *valorare*, suona strano).

Succede dunque ancora una volta, come capita spesso (per non dire: sempre) nella Nuova Psicologia Scientifica, che la norma di molta ricerca consista nell'utilizzare costrutti rispetto ai quali tutti i convenuti hanno-danno l'impressione di avere le idee abbastanza chiare, ma che quasi nessuno si sentirebbe di definire in termini precisi. Questo accade per il più generale concetto di "personalità", utilizzato costantemente nella letteratura psicologica anche se pochi ritengono di poter affermare con certezza che cosa sia. Lo stesso accade naturalmente anche per il concetto di "valori".

L'analisi della letteratura in materia appare dunque particolarmente complessa e faticosa, ma anche molto stimolante, proprio in virtù della quantità e della ricchezza dei contributi disponibili. Per cui, come già abbiamo fatto nel caso di ITAPI-G (Perussia, 2005c), nelle prime pagine del manuale per questo nuovo inventario Itapi-VALORI, cerchiamo di evocare il lungo lavoro preliminare che abbiamo percorso nella costruzione del reattivo, attraverso una rassegna che fornisca un'introduzione (anche bibliografica) al tema.

Prima di addentrarci in tale rassegna introduttiva (e necessariamente sintetica) vogliamo ricordare come il tema dei valori abbia coinvolto una parte rilevante degli studiosi più rappresentativi che hanno fatto la storia della Nuova Psicologia Scientifica. Ciò vale in particolar modo per quanti si sono occupati della disciplina con riferimento ai temi delle personalità e della psicologia sociale. Ne forniamo qui un breve schizzo di taglio storico, considerando che su di essi torneremo varie volte nelle pagine che seguono.

Tra i primi Autori che è d'obbligo citare, in materia di psicologia dei valori, compaiono John Dewey e William James, ovvero quelli che sono considerati i padri del pragmatismo statunitense. Ciascuno dei due viene considerato: un filosofo dai filosofi; un pedagogista dai pedagogisti; uno psicologo dagli psicologi; un quant'altro da quant'altri. Fondamentalmente: questi due Autori fanno da cerniera fra un'idea astratta e un'idea concreta di conoscenza. Tuttavia James a un certo punto usa la parola psicologia come prevalente nei suoi scritti; mentre Dewey la usa come ricorrente, ma non come del tutto prevalente. Per cui James è considerato accademicamente più psicologo di quanto non venga considerato Dewey.

Dewey si occupa per tutta la vita dei valori e del processo soggettivo di valutazione (appunto: *valuation*), poiché li considera gli elementi cardine su cui si organizza la mente umana (Dewey, 1913, 1922, 1925, 1939, 1943). Dal suo punto di vista, lo studio della valutazione e dei valori coincide sostanzialmente con la psicologia, in quanto disciplina che studia appunto la costruzione soggettiva della realtà concreta. Si occupa molto di questi temi anche un altro caposcuola del pensiero pragmatista come Clarence Lewis (1946, 1969).

D'altronde: la riflessione sui *values*, che ricorre ossessivamente nell'analisi pragmatista, è strettamente collegata alla linguistica, alla semeiotica, ovvero all'idea generale di un codice soggettivo che filtra gli stimoli dalla realtà. Per cui, fra gli Autori un po' di confine ovvero divisi tra molte aree disciplinari che hanno posto in modo rilevante l'accento sui valori, possiamo ricordare ancora, quanto meno: Charles Sanders Peirce (1867-1896), George Herbert Mead (1934), Charles Morris (1956, 1964) ecc.

Un altro Autore molto rappresentativo (quanto assolutamente psicologico, benché anche padre di uno strumento matematico come l'analisi fattoriale) sul tema dei valori, almeno dagli anni Venti in poi, è Louis Thurstone (1927, 1929) il quale si pone insistentemente l'obiettivo "to apply the ideas of psychophysical measurement in the field of social values".

Altre pietre miliari sulla strada della ricerca scientifica con riferimento alla psicologia dei valori sono state poste da Talcott Parsons (1935; Parsons, Shils e Olds, 1951; Parsons e White, 1964) che a sua volta dichiara di sviluppare il tema soprattutto a partire dalle analisi classiche di Emile Durkheim, di Vilfredo Pareto e di Max Weber.

Venendo a tempi più recenti, occorre ricordare Abraham Maslow (1943, 1954, 1959, 1962, 1964, 1965), il quale considerava la sua teoria della motivazione soprattutto come una teoria dei valori. Va poi sottolineato l'elegante contributo di Clyde Kluckhohn (1951, 1956, 1958, 1959; Kluckhohn e Strodtbeck, 1961), benché questi sia considerato da alcuni (antropologi) come un antropologo o come uno psico-antropologo, più che come uno psicologo puro. Considerando anche che da lui discende in parte rilevante lo *Harvard Values Study Project*, lungamente sviluppato sul campo per circa un decennio, a partire dal 1948 e fino al 1956 (Kluckhohn e Strodtbeck, 1961; Vogt e Albert, 1966).

Dobbiamo citare ancora George Kelly (1955), con la sua teoria dei costrutti personali e con il relativo metodo detto dei *repertory grids* o griglie di repertorio (Horley, 1991). Risulta storicamente determinante anche il lavoro di Milton Rokeach (1960, 1967, 1968, 1968-1969, 1969, 1973, 1974, 1979; Rokeach e Ball-Rokeach, 1989). Questi è senz'altro uno psicologo, ma soprattutto è un professionista che ha saputo sfruttare, forse meglio di tanti altri colleghi, la ricerca sui valori in una prospettiva applicativa, traducendola quindi in un ricco business che lo ha anche reso particolarmente famoso.

Citiamo poi ancora, benché in una chiave forse meno rappresentativa sul piano epistemologico, ma comunque di successo nell'ambito dei media specializzati, altri Autori più recenti quali: Lawrence Kohlberg (Kohlberg e Kramer, 1969; Kohlberg 1973, 1976, 1979, 1984; Colby et Al, 1983), con la sua idea degli stadi quasi-genetici dello sviluppo morale; ovvero Shalom Schwartz (1992, 1994a, 1996, 2005; Schwartz e Bilsky, 1990; Schwarz e Wenisch, 1999), con il suo sforzo per dimostrare che i valori della cultura occidentale sono universali.

Ricordiamo infine che il tema dei valori è strettamente collegato anche alla riscoperta tardo novecentesca della dimensione filosofica nella psicologia, specie in quella applicativa. Ciò accade in modo particolare sotto le varie definizioni di psicoterapia o counseling o formazione o quant'altro. Questa tendenza viene variamente definita talvolta come: *pop-psychology*, *new-age*, psicologia motivazionale, psicoanalisi dell'io, terza forza, psicologia esistenzialista o umanistica o del potenziale umano o quant'altro.[1]

---

[1] Per citare solo un esempio, tra i mille possibili, ricordiamo che un best seller come *Lo Zen è l'arte della manutenzione della motocicletta* (Pirsig, 1984), liberamente collocabile in molte delle chiavi disciplinari appena citate, si propone in effetti, come spiega il sottotitolo originale che lo definisce, come una "Indagine sui valori". E anche quando l'autore cerca di bissare, con un *sequel*, il successo mondiale del precedente lavoro, intitola il suo nuovo libro: *Lila: An enquiry into morals* (1991).

## Valori polisemici

Se restringiamo la nostra attenzione per il costrutto "psicologia dei valori" alle sole ricerche pubblicate nelle riviste ufficiali della Nuova Psicologia Scientifica novecentesca, allora rischiamo facilmente di confondere questa affascinante materia con alcune particolari analisi statistiche sulle risposte di volta in volta fornite, per lo più da qualche diecina di studenti di psicologia, ad alcune brevi domande derivate dalle ipotesi teoriche, non di rado abbastanza prosaiche, di volenterosi quanto cauti impiegati universitari statunitensi.

Se invece ci occupiamo davvero della sostanza dei valori, rischiamo facilmente di allargarci troppo e finiamo col trovarci coinvolti, oltre che con la gran parte della ricerca psicologica in tutti i suoi settori disciplinari, anche con momenti assai rilevanti di molte altre discipline, quali: la filosofia, il diritto, l'economia, la sociologia, l'antropologia, la pedagogia, la storia, le scienze naturali, la religione e così via. Basti pensare ai mille contesti in cui capita di fare riferimento al concetto di valore, ancorché evocando i significati più vari, con espressioni quali: valore letterario, valore spirituale, valore musicale, valore matematico, valore materiale, valore monetario, valore affettivo, valore morale, valore etico, valore sociale, valore simbolico, valore estetico, valore civile ecc; per non parlare dei valori espressi in campo (da una squadra sportiva) o della medaglia al valore militare. E così via.

Il costrutto dei valori (come anche molti altri temi che una parte del Novecento ha voluto collocare nell'ambito della Nuova Psicologia Scientifica) è infatti poli-semico per eccellenza. L'atto di valutare indica fondamentalmente una forma di misura ovvero di catalogazione. Per cui può essere riferito a qualsiasi situazione di confronto, ovvero di valutazione rispetto ad un parametro; sia esso un valore numerico oppure una valenza psicologica oppure una valuta (si potrebbe dire, con una specie di tautologia: un valore valutario) o quant'altro.

In questa sede tenderemo comunque a limitarci (relativamente) all'ambito della psicologia, pur cedendo inevitabilmente a qualche incursione in discipline psicologiche che pure ricadono in raggruppamenti concorsuali universitari diversi da quelli della Nuova Psicologia Scientifica stessa.[2] Dato che sono gli stessi Autori i quali si occupano di valori a collocarsi spontaneamente nei settori disciplinari più diversi, manifestando (ancora una volta, quando si tratta

---

[2] Questo è ufficialmente un testo accademico di psicologia. Per varie ragioni: perché molti dei lavori che citiamo nel testo si basano su rilevazioni empiriche: ma soprattutto perché molti degli Autori di tali riferimenti si autodefiniscono, o vengono definiti da altri che li citano, come psicologi (per lo più: accademici). E comunque gioverà ricordare che il nucleo originario anche di questo libro è rappresentato dal lavoro di analisi della letteratura scientifica che sta alla base del Programma ITAPI, il quale in buona parte si realizza all'interno del *Personality Psychology Workshop*, ovvero nel Dipartimento di psicologia dell'Università di Torino.

di fatti dello spirito) una sana disposizione tanto all'eclettismo quanto al sincretismo.

Ad esempio, per prendere un caso molto autorevole: Ethel Albert e Clyde Kluckhohn vengono definiti solitamente, in contesti accademici, come Autori di area antropologica. Ma quando decidono di realizzare una bibliografia di inquadramento sul tema dei valori (1959), la dedicano, contemporaneamente (ma esclusivamente) a "values, ethics and esthetics"; e iscrivono tale area, contemporaneamente (ma esclusivamente) nell'area delle "behavioral sciences and philosophy". Altro esempio: da circa cinquant'anni viene pubblicato il *Journal of Value Inquiry*, rivista (ovviamente: scientifica) che viene definita formalmente dall'editore come *Philosophical quarterly*. Ma che si dichiara ufficialmente dedicata alle sole *Humanities, Social Sciences and Law*.

E continuiamo brevemente con qualche piccola curiosità in materia. Se ci occupiamo di aziende, di prestiti bancari, di borsa: un saggio dal titolo *Interessi, valori e società* ci sembrerà appartenere sicuramente al nostro settore; mentre si tratta di un volume di sociologia, con vari approfondimenti psicologici e antropologici (Gasparini, 1998). Così come non è uno psicologo comportamentista a dedicare un saggio a *I valori e la condotta*, bensì un professore di filosofia" (Margolis, 1971).

In direzione inversa, il volume di Douglas e Isherwood (1979) dal titolo *The world of goods: Towards an anthropology of consumption* diventa, nella edizione italiana: *Il mondo delle cose: Oggetti valori e consumo*. Analogamente: il libro di Inglehart (1997) *Modernization and postmodernization: Cultural, economic, and political change in 43 societies* diventa in italiano: *La società postmoderna: Mutamento, valori e ideologie in 43 paesi*; ma forse anche perché il lavoro precedente di Inglehart (1977) parlava in effetti, nel sottotitolo, di *Changing values and political styles among western publics*.

Eccles e Wigfield (2002) nel redigere una delle poche rassegne specificamente dedicate ai valori dalla *Annual Review of Psychology* (che di solito preferisce riferire di tale costrutto all'interno delle rassegne sulle personalità) la intitolano ai *Motivational beliefs, values and goals*. Mentre Hartman (1926) pubblica un saggio sui valori moderni intitolandolo: *Etica, Assiologia dei costumi*; che è quasi come ripetere per tre volte la stessa parola.

Naturalmente, si potrebbero aggiungere mille altre circostanze in cui il concetto di valore viene sviluppato con riferimento ai temi più diversi e alle più varie discipline, con infinite variazioni sul tema: da uno studioso all'altro, da un saggio all'altro, da una tradizione culturale all'altra.

Il tema della valutazione viene costantemente definito come un punto di riferimento assoluto per la ricerca contemporanea. Ad esempio: quando Vernon e Allport affrontano lo studio dei valori, sostengono di farlo perché tale costrutto è "Uno dei più fruttuosi per l'esplorazione scientifica" (1931:248). Mentre Burgess apre il suo *Address* come presidente della *Society for the Study of Social Problems* a Berkeley, con la dichiarazione di principio secondo cui: "The essential data for sociological research are values" (1954:16); e chiude ribadendo ancora che: "Values are the central subject matter of sociology" (ivi:20).

Nella loro importante rassegna psicologica sul tema, Braithwaite e Scott (1991:661) dichiarano programmaticamente che: "Lo studio dei valori è il punto centrale della intersezione fra gli interessi di filosofi, antropologi, sociologi, studiosi di teoria delle decisioni e psicologi. Si ritiene che i valori strutturino le aspirazioni degli individui e delle società: si riferiscono a ciò che è desiderabile, agli standard profondamente radicati che determinano la direzione delle azioni future e che giustificano quelle passate. Si è presupposto che i valori siano i costrutti chiave nel processo di socializzazione per cui sono stati affrontati in una prospettiva di ricerca culturale, religiosa, politica, educativa, occupazionale e familiare. Altre tradizioni intellettuali considerano i valori come aventi anche una funzione individuale connessa ai bisogni biologici e psicologici di ogni persona. Tale prospettiva ha ispirato la ricerca che collega i valori agli atteggiamenti e alla personalità degli individui così come al mantenimento e allo sviluppo della loro autostima."

In greco classico, il valore è: *andreia* o *areté* o *kratos*. Ovvero: qualcosa che riguarda gli uomini (quelli che, per i latini, erano dotati di pube, ovvero, i *pubici-publici*; ovvero: il pubblico che possiede la cosa comune); qualcosa che ha a che fare con l'eccellenza, la virtù, la destrezza, la qualità positiva; qualcosa che attiene alla forza, alla potenza, al potere (dove democrazia è: i valori del popolo).

Sempre in greco, ma nel senso economico del prezzo o del pagamento in moneta, l'atto del valutare tende a venire definito invece come *axia*. La quale, per estensione, si può riferire anche all'identificazioni di ciò che è: adeguato, conveniente, degno, dignitoso, corrispondente, di uguale peso, che si addice, dicevole, giusto.

Il termine *axia* deriva dal verbo *ago*: condurre, portare con sé, guidare, invitare, celebrare, tenere in conto. In Omero e in Erodoto, al modo medio (particolare diatesi, o disposizione del soggetto del verbo in relazione al suo oggetto: né attiva né passiva, ma vagamente simile al modo riflessivo italiano; in sostanza: un atto-modo compiuto a sé stesso o per sé stesso, personalmente, soggettivamente) il greco *ago* fa: *examen*. L'equivalente latino di *ago* sarebbe però *duco-ducere*: condurre, trarre, attirare, sedurre (letteralmente: portare con/a sé), credere, stimare.

Da cui il neologismo moderno di *assiologia* (ovvero *axiologia*), o scienza dei valori e della valutazione o esame, che però possiede connotativamente (come è tipico del movimento scientifico-industriale) soprattutto il senso di contro-valore monetario. Stante che in greco *axio-logos* è: ciò che è degno che se ne parli, ovvero di essere preso in considerazione; mentre il verbo *axioo* (variazione sul tema di *ago*) è: stimare, valutare, ritenere degna (una ricompensa), esigere. Mentre *axioma* è dignità, rispetto, stima, pretesa. Da cui gli assiomi (matematici) che sono appunto, in pratica, dei postulati ovvero dei prezzi imposti ai ragionamenti.

Il termine "assiologico" viene oggi usato anche con riferimento allo studio dei valori, ma principalmente nelle culture spagnole e latino-americane, dove è molto diffuso. Mentre lo si utilizza meno in quelle anglofone così come in Italia.

Nella filosofia contemporanea l'analisi critica (razionale più che empirica) dei valori viene definita, in genere, come teoria dei valori, ma talvolta anche come assiologia o come meta-etica oppure anche con il termine generico di ermeneutica. Le questioni affrontate dalla teoria dei valori riguardano, ad esempio: il senso della valutazione morale; che cosa è buono oppure è cattivo; che cosa è giusto oppure no; che cosa è bello oppure no; come accade che il bene e il male motivino l'azione; la natura universale o meno dei valori; la loro origine ecc. La teoria dei valori comprende, quanto meno: l'etica, relativa al bene in senso morale ovvero al giusto, ma anche al buono e alla giustizia e alla bontà; nonché l'estetica, relativa al bene in senso artistico ovvero alla bellezza. L'analisi teorica pare del resto molto collegata al soggettivismo, al relativismo culturale, allo scetticismo morale, al naturalismo etico ecc

Nella storia di tale prospettiva, che si sforza di capire ciò che rende un'azione giusta oppure sbagliata, ricorrono da tempo, come si può ben capire, innumerevoli Autori classici (tra cui molti di lingua tedesca o, se vogliamo, post-kantiani) che vanno da Nietzsche a Schopenhauer, da Husserl a Wittgenstein, Simmel, Veblen, Weber, James, Dewey, Heidegger, Habermas ecc. Per non parlare, naturalmente, dei secoli precedenti: da Aristotele a Pascal a tutti gli altri. Riguardo a questi affascinanti Autori, e a tanti altri ancora che certo meriterebbero uno studio approfondito, ci limitiamo però ad un semplice accenno (in questa sede).

Comunque: c'è solo l'imbarazzo della scelta sulle aree disciplinari cui attingere, tra quelle che hanno fornito contributi rilevanti per l'analisi dei valori.

Basterà ricordare, ad esempio, che la "teoria del valore" è anche un tipico settore di studio dell'economia. In particolare, l'economia politica, che studia il comportamento dei soggetti economici così-come-sono (non come-si-vorrebbe-che-fossero: ideologia economica; o come-si-cerca-di-fare-in-modo-che-siano: politica economica o politica *tout cour*), si è sempre proposta di definire l'origine del valore.

Dove teoria economica del valore, nelle sue versioni più prosaiche, si riferisce alle regole che definiscono il prezzo degli oggetti. Mentre, nelle versioni più nobili, si distacca invece nettamente dalla metafisica della moneta e dello scambio, per dedicarsi alla metafisica *tout cour*.

Per dirla in due parole: quando comperiamo qualcosa (tipo: una mela) in un negozio o supermercato, questa viene spesso appoggiata su una bilancia. Tale bilancia attribuisce alla nostra mela una caratteristica convenzionalmente oggettiva (il peso) la quale, attraverso l'applicazione di un assioma prefissato (tipo: la tariffa al chilo), definisce un prezzo (il valore della mela, ovvero la valuta da sborsare per acquistarla). Il concetto suona: dato il peso, ecco il costo. Il che offre una bella storia (*theoreia*) della valutazione oggettiva ed automatica del valore.

Ma, anche lasciando da parte tante altre considerazioni: perché acquistiamo proprio quella mela tutta lucida e liscia (invece che quella tutta bitorzoluta)? Perché quella mela rossa invece che quella verde (o quella giallognola)? E più in generale: perché acquistiamo una mela (e non una pera o un dolcetto o una gomma da masticare)? E perché siamo entrati in questo negozio? E così via.

Certamente tutti noi operiamo anche sulla base di una comparazione tra prezzi. Ma esercita un grande peso su di noi anche il fatto che una cosa ci piace di più oppure di meno. E l'acquistiamo, e magari la mangiamo, perché vale di più soggettivamente, in base a dei principi di carattere qualitativo, ad esempio cognitivi (è una mela del tipo di cui ho sentito parlare bene in un programma televisivo sulla dieta salutare) ovvero emotivi (è simile alle mele che prendevo sull'albero da mia nonna). Ovvero: la valutiamo secondo un criterio in virtù del quale le attribuiamo qualità positive, che giustificano appunto la rinuncia al denaro necessario per entrarne in possesso.

Valutare significa: attribuire. Dove attribuire, secondo il dizionario Devoto-Oli (1967:237) è: "Assegnare, specialmente sul piano della determinazione quantitativa; riconoscere come spettante di fatto e di diritto (...) Riferire, ascrivere, imputare". Dove attributo è: "Determinazione qualitativa che si riconosca come propria ed essenziale (...) Aggettivo che, riferito ad un sostantivo ne determina una qualità, preposto se la qualità è sentita come intrinseca e permanente, la vecchia città; posposto, se la qualità è sentita come parziale o contrapposta, la città vecchia (in confronto alla nuova) (...) In logica: l'attributo è la qualità o proprietà che nel giudizio si afferma o si nega del soggetto". Dove attribuzione è "Assegnazione, riconoscimento fondato su un giudizio (...) Ciascuna delle mansioni, funzioni o doveri propri di un ufficio".

Avendo evocato il classico costrutto dell'attribuzione (causale, di qualità, di responsabilità ecc), possiamo notare altresì che il riferimento ai valori è coinvolto, ad esempio, nella psicologia giuridica e nella definizione del diritto, così come nella relativa teoria implicità delle personalità e nei meccanismi del giudizio (anche non giuridico) interpersonale ovvero (Perussia, 1986, 1988; Miller, 1992; Riker, 1997; Fischer e Ravizza, 1998; Feather, 1999; Harman, 1999; Gilovich, Griffin e Kahneman, 2002; Dahlman e Krawietz, 2005).

Sempre restando più o meno in quest'area di studi, l'analisi dei valori viene variamente collocato poi, quanto meno, alla base: della ricerca criminologica (Robson, 1977; Emler e Hogan, 1981; Laufer, 1983; Day e Laufer, 1987); della valutazione soggettiva dei crimini e delle relative pene (Bologh e Mueller, 1960; Forgas, 1980; Borg, 1985; Howe, 1988; Danigelis e Cutler, 1991; Young, 1991; Perussia, Benso e Lovisolo, 1997); delle strategie che informano il sistema carcerario (Cox, 1984); della filosofia politica (Cribb, 1991); delle scelte strategiche di uno stato o di una collettività o di una società (Nelson, 1975; Facione, Scherer e Attig, 1978; Aaron, Mann e Taylor, 1993); della condizione di cittadino (Perussia, 2006a); della qualità della vita (Shea e King-Farlow, 1976); e così via.

Anche limitandoci a riflessioni sviluppate in contesti ufficiali elevati, ma lasciando da parte l'appena evocata dimensione economico-econometrica (troppo specialistica per questa sede), e restando solo agli ultimi tempi ovvero a dopo la seconda guerra mondiale e all'imporsi del modello culturale statunitense in uno scenario di nuova scienza universale trionfante, la regola del settore, quando si parla di valori, è la continua frammistione tra discipline.

Se infatti andiamo a vedere con che genere di costrutti gli studiosi dichiarano di confrontare e/o di contrapporre il tema psicologico del valore ovvero dei valori (nel senso soggettivo), li troviamo di volta in volta connessi, giusto per fare solo qualche primo esempio fra i tanti possibili, quanto meno con: vari aspetti dell'analisi filosofica (Simmel, 1900; Dewey, 1939; Hall, 1952; Albert e Kluckhohn, 1959; Niemeyer, 1961; Handy, 1970; Foot, 1978; Kohlberg, 1984; Doeser e Kraay, 1986; Ruse e Wilson, 1986; Montmarquet, 2003; Dahlman e Krawietz, 2005; Sinnott-Armstrong, 2006); la verificabilità (Lepley, 1944, 1949); il linguaggio (Lepley, 1957); le intenzioni (Niemeyer, 1961); i fatti (Stevenson, 1963; Doeser e Kraay, 1986); le scienze del comportamento (Handy, 1969, 1970); la verità (Wilcox, 1974); i fatti assieme alle percezioni (Welsh, 1975); le morali (Goldman e Kim, 1978); le virtù e i vizi (Foot, 1978; Himmelfarb, 1995; Hendricks e Phillips, 1997); l'etica e la filosofia sociale (Facione, Scherer e Attig, 1978); l'etica e la realtà (Kolnai, 1978); la ragione (Bond, 1983; Pettit et Al, 2004); il piacere e le preferenze (Schaper, 1983); il linguaggio e il dovere (Dancy, Moravcsik e Taylor, 1985); i bisogni e la verità (Wiggins, 1987); il contesto sociale (McLean e Pegoraro, 1989); la giustificazione (Gaus, 1990); la pluralità e il conflitto (Stocker, 1990); il giudizio (Lamont, 1992); il welfare e la moralità (Frey e Morris, 1993); l'identità e la verità (Lovibond e Wlliams, 1994); le norme e la società (Pauer-Studer, 1994); la realtà (Bransen e Slors, 1996); il giudizio e le credenze etiche (Griffin, 1996); l'impegno e il realismo morale (Lieberman, 1998); la buona (ovvero: bella) vita (Carson, 2000); la ragione emotiva, la deliberazione e la motivazione (Helm, 2001); e chi più ne ha più ne metta.

Si tratta insomma di sviluppare continui confronti, comparazioni, avvicinamenti, contrapposizioni, fusioni tra concetti. Sono varietà di modi e di temi, dove risultano evidenti: tanto la vaghezza dei confini disciplinari; quanto la molteplicità dei codici coinvolti; quanto, in una parola, la natura soggettiva della questione, che spesso rappresenta più che altro un ottimo spunto per parlare (peraltro: spesso in termini assai intelligenti e stimolanti) di quello che ti pare.

Tale attitudine, così tipica della psicologia (la cui natura eclettico-sincretica abbiamo già ricordato), ricorre costantemente nella letteratura sul tema dei valori. Anche qui: i testi cui riferirsi possono essere davvero molti, nell'ordine delle migliaia e migliaia, per cui ci limitiamo a ricordarne una minima selezione, non casuale ma con solo limitate pretese di sistematicità.

Si tratta di alcuni fra i testi più significativi che abbiamo incontrato nel nostro recente lavoro all'interno del Programma ITAPI, specie con l'obiettivo di presentare una piccola rassegna storica, critica e metodologica sul tema. Li citiamo in quanto possono fare da percorso base per avvicinare la questione (si tratti di dati di ricerca o di rassegne o di riflessioni critiche). Sperando che quello presentato sia un elenco forse utile, specie se si considera la curiosa quanto insana disposizione della Nuova Psicologia Scientifica a dimenticare molto rapidamente le basi su cui ha costruito quasi tutto quello di cui attualmente consiste.

Ricordiamo dunque, in ordine cronologico, almeno: Walker (1896); Richmond (1900); Orestano (1907); Hayes (1913); Upton e Chassell (1919); Voelker (1921); Hart (1923); Clark (1924); Lund (1925); Murdoch (1925); Watson (1925); Wymann (1925); Perry (1926); Thurstone (1927, 1929, 1959); Laird (1929); Eaton (1930); Parsons (1935); Case (1939); Lepley

(1944); Mukerjee (1946); Woodruff e Di Vesta (1948); Becker (1950); Lovejoy (1950); Dodd (1951); Kluckhohn (1951, 1956, 1958, 1959); White (1951); Hare (1952); Wallis (1952); Bideny (1953); Firth (1953, 1964); Maslow (1954, 1959); DuBois (1955); Dukes (1955); Adler (1956, 1960); Canter (1956); Jones e Morris (1956); Morris (1956); Rose (1956); Kolb (1957); Pepper (1958); Belshaw (1959); Catton (1959); Scott (1959); Allport (1961); Schoeck e Wiggins (1961); Smith (1963); Stevenson (1963); Angell (1964); Blake e Kingsley (1964); Fallding (1965); Mukerjee (1965); Scott (1965); Pittell e Mendelsohn (1966); Vogt e Albert (1966); Becker e McClintock (1967); Williams (1967, 1968); Rescher (1969, 1993); Handy (1970); Frondizi (1971); Hutcheon (1972); Rintelen (1972); Triandis (1972); Feather (1973, 1975, 1988); Levitin (1973); Purcell (1973); Levy e Guttman (1974); Kitwood e Smithers (1974-75); Fishbein e Ajzen (1975); Marsh (1975); Meddin (1975); Henry (1976); Amin (1978); Clawson e Vinson (1978); Jones, Sensening e Ashmore (1978); Paden (1979); Sen (1980); Zavalloni (1980); Kalish e Collier (1981); Kilmann (1981); Flanagan (1982, 1987); Gorsuch e Ortberg (1983); Graumann e Willig (1983); Spates (1983); Alwin e Krosnick (1985); McClelland (1985); Miethe (1985); Levy (1986); Bagley e Verma (1987); Calvi (1987b); Prentice (1987); Etzioni (1988); McClintock (1988); Murphey e Berg (1988); Eisenberg, Reykowski e Staub (1989); Pervin (1989); Braithwaite e Scott (1991); Fischhoff (1991); Smith (1991); Burgess (1992); Singer (1992-1996); Ester, Halman e De Moor (1993); Hechter (1993); Hechter, Nadel e Michod (1993); Bilsky e Schwartz (1994); Gundelach (1994); Carlton e Carlton (1995); De Moor (1995); Magill e Hoff (1995); Maio e Olson (1995, 1998, 2000); Dollinger, Leong e Ulicni (1996); Halman e Nevitte (1996); Seligman, Olson e Zanna (1996); Grusec e Kuczynski (1997); Peng, Nisbett e Wong (1997); Antonelli et Al (1998); Gilkeson (1998); Girard (1999); Tos, Mohler e Malnar (1999); Joas (2000); Rohan (2000); Severino e Trentini (2001); Alvarez e Brehm (2002); Boudon (1995, 2002); Haller (2002); Bardi e Schwartz (2003); Maio et Al (2003); Bianco (2004); Hitlin e Piliavin (2004); Podolny e Hill-Popper (2004); Echebarria e Fernandez (2006); Doris e Stich (2006).

Tutto questo insieme di titoli (a una parte dei quali facciamo riferimento anche in altri punti di questo saggio) affronta una quantità di temi assai ampia, che non è certo possibile sintetizzare qui. Possiamo tuttavia ricordare di nuovo, fra le altre occasioni classiche di dibattito, la differenza tra: il valore come ciò che si ritiene sia (tipo: oggi tutti pensano alle cose materiali), il valore come ciò che si ritiene debba essere (tipo: dobbiamo tutti porci obiettivi concreti); il valore come ciò che si desidera che sia (tipo: vorrei poter guadagnare di più); il valore come caratteristica dell'oggetto valutato (tipo: i soldi sono il motore del mondo); il valore come modalità di valutazione da parte del valutatore (tipo: voglio diventare ricco); ecc.

Se invece utilizziamo ancora una volta il classico vocabolario Devoto-Oli (1967:1484), scopriamo che "valore" è, nell'ordine: "Misura altissima e riconosciuta delle doti morali e intellettuali. O della capacità, particolarmente nell'ambito professionale (...) Coraggio, ardimento, con una particolare sfumatura eroica (...) Nobiltà d'animo (...) Nell'ambito economico, il costo di produzione di un bene (...) Nel linguaggio corrente è per lo più identificato con il corrispondente in denaro (...) Al plurale valori, concreto, designa gioielli e oggetti di metallo prezioso (...) Fuori dell'ambito economico il termine è ugualmente misura di un apprezzamento sia che questo muova da considerazioni di carattere oggettivo che da un giudizio soggettivo (...) In altri casi la nozione si accosta a quella di 'efficacia, validità' (...) Con riferimento a parole, espressioni, segni e simboli può equivalere a 'significato' o a 'funzione' (...) Nel linguaggio filosofico, il termine è generalmente contrapposto al 'fatto', in quanto questo è indifferente mentre quello 'importa' allo spirito umano (...) La misura di tale importanza oscilla tra la sfera oggettiva (fino a costituirsi come principio assoluto e universale specie nel campo morale: i supremi valori dello spirito; valori umani, civili ecc) e quella soggettiva e pratica specie nella filosofia moderna dove si tende a concepire tale soggettività non come arbitrio, ma come impegno assoluto che è insieme affermazione di esistenza, contro l'accettazione passiva delle norme (...) In matematica, genericamente, ogni determinazione di cui è suscettibile una variabile numerica (indipendente o non) (...) In musica, la durata delle note o delle pause (...) Nella terminologia della critica d'arte, al plurale e con particolari qualificazioni, i caratteri costitutivi dello stile".

Stando invece sul latino classico, notiamo subito che il termine "*valor*" sembra essere stato ben poco presente in origine (ammesso che ci fosse). Mentre è diffuso il verbo *valeo-valere* (da cui: *validus; valens; valetudo* o il saluto *vale!* ecc) che indica: essere forte, robusto, gagliardo, sano, in buona salute, potente; ovvero, per estensione, anche: avere senso, significato.

Tra le parole italiane più immediatamente derivate dal termine "valore", possiamo poi elencare, quanto meno: valoroso, valoriale, valido, valevole, valente, valorizzare, valutare, rivalutare, validità, valutazione, valenza, valuta ecc. Fra i termini più o meno sinonimici possiamo citare anche: misura, funzione, capacità, efficacia, audacia, animosità, coraggio, preziosità, denaro, divisa, titolo, importanza, qualità, peso, standard, scopo, fine, contare, misurare, stimare, ponderare, determinare ecc. Fra gli antonimi e i contrari, che pure ci aiutano a capire connotativamente varie sfumature, possiamo ricordare ancora: viltà, debolezza, svalutazione, nullità, vile, vigliacco, imbelle, inetto, incompetente, sminuire, svilire ecc.

Altri termini strettamente collegati al concetto del "valore" o dei "valori", specie sul piano psicologico, sono anche: disposizioni; inclinazioni; codici; credenze; convinzioni; motivi; ideali dell'io; implicazioni di un contratto psicologico; norme interiori; morali; principi etici o deontologici; valori culturali; virtù civili o culture civili o civismo; e così via. Senza contare tutto il tema generale dell'opinione pubblica, quanto meno nei suoi giudizi valoriali impliciti. Valori che la ricerca psicologica sostanzia spesso in domande del tipo: Lei è favorevole o contrario? Al divorzio? Alla coalizione di centro? Alla centrale nucleare? Alla ricerca sulle cellule staminali? Al fumo nei locali pubblici? Alle indagini d'opinione? A quant'altro?

Alla luce anche solo di questi limitati accenni sulla complessa materia, risulta peraltro evidente anche la sostanziale indistinguibilità fra tanti (pure potenzialmente diversi) costrutti psicologici, quali: i valori, gli ideali, i giudizi, gli atteggiamenti, le opinioni, i tratti, le motivazioni ecc.

Tanto per prendere un esempio classico e ricorrente nella Nuova Psicologia Scientifica, possiamo citare quello che viene detto autoritarismo. Dove è chiaro che il valore "autorità", piuttosto che "ordine e legalità" non risulta essere facilmente distinguibile (pur con varie sfumature e seguendo linguaggi e teorie diversi, ma senza stare a citare le singole pubblicazioni scientifiche che ne parlano) più o meno: dall'opinione secondo cui ci vorrebbe un governo più forte; dal tratto personologico della rigidità o della chiusura (all'innovazione); da pregiudizi negativi verso una serie di minoranze; da motivazioni che si legano a un tipo elementare di bisogno di sicurezza; da particolari frustrazioni; da una strategia cognitiva rigida; dalla resistenza alla novità e al cambiamento; da una coazione nevrotica; da un'opinione politica reazionaria; e così via, di costrutto in costrutto.

Il concetto di valore pare insomma essere un criterio di classificazione-valutazione che incrocia un ampio ventaglio di concetti piuttosto differenti fra di loro: materiali, comportamentali, semantici, estetici, di attribuzione, di giudizio, di parametrazione, di intensità, di scelta, di interazione ecc. In sostanza: il tema dei valori è strettamente coinvolto nella storia del soggetto (Perussia, 2000) ovvero in quella costante sovrapposizione di codici in cui si sostanzia la natura profonda delle personalità.

Comunque, per dare un'idea di qualcuno fra i molti modi in cui il costrutto "valori" viene indicato nella letteratura internazionale, abbiamo realizzato la Tavola 1, dove riportiamo un campione dei termini utilizzati in alcuni testi rappresentativi, di area anglo-americana, specificamente dedicati all'analisi scientifica di tali *values*.

**Tavola 1 - Un campione di alcuni fra i termini utilizzati per definire l'oggetto di ricerca, ovvero il costrutto, "valori" in contesti di rilevazione empirica all'interno della letteratura scientifica psicologica di lingua anglo-americana (in ordine alfabetico).**

| COSTRUTTO | PUBBLICAZIONI DI RIFERIMENTO |
|---|---|
| *Activities, interests and opinions* | (Wells e Tigert, 1971) |
| *Beliefs* | (Dressel, 1953) |
| *Beliefs, events, and values* | (Shealy, 2004, 2005) |
| *Civic culture* | (Almond e Verba, 1963) |
| *Conceptions of the desirable* | (Kluckhohn, 1951; Lorr, Suziedelis, e Tonesk, 1973) |
| *Cultural metaphors* | (Gannon, 2004; Gannon et Al, 2005-2006) |
| *Cultural orientation* | (Hellevik, 1994) |
| *Cultural perspective* | (Maznevski e DiStefano, 1995) |
| *Cultural values* | (Gillin, 1955) |
| *Cultural values and behaviors* | (Taras, 2006) |
| *Culture* | (Furrer, Liu e Sudharshan, 2000) |
| *Folkways* | (Sumner, 1906) |
| *Goal imagery* | (Schultheiss e Brunstein, 1999) |
| *Goal values* | (Wickert, 1940; Braithwaite e Law, 1985) |
| *Ideologies* | (Scott, 1959) |
| *Implicit motives* | (McClelland, Koestner e Weinberger, 1989) |
| *Interest values* | (Glasser e Maller, 1940) |
| *Internal standards* | (Bandura, 1989) |
| *Interpersonal values* | (Gordon, 1960, 1967, 1975) |
| *Intrinsic motivation* | (Deci e Ryan, 1985) |
| *Labile values* | (Fischhoff, Slovic e Lichtenstein, 1980) |
| *Life orientation* | (Madhere, 1993) |
| *Life roles* | (Fitzsimmons, Macnab e Casserly, 1985) |

| COSTRUTTO | PUBBLICAZIONI DI RIFERIMENTO |
|---|---|
| Lifestyle values | (Tower e Scarr, 1985) |
| Means to life | (Hayes, 1913) |
| Moral behavior | (Crissman, 1942; Rettig e Pasamanick, 1959a, 1959b; Wright, 1971) |
| Moral development | (Kohlberg, 1976, 1979) |
| Morally debatable behaviors | (Harding, Phillips e Fogarty, 1986) |
| Personal constructs | (Kelly, 1955) |
| Personal goals | (Brunstein, 1993) |
| Personal projects | (Little, 1983, 1989) |
| Personal strivings | (Emmons, 1986, 1996; Emmons e McAdams, 1991) |
| Personal values | (Scott, 1965) |
| Possible selves | (Marcus e Ruvolo, 1989) |
| Social norms | (Sherif, 1936) |
| Social values | (Mueller e Wornhoff, 1990) |
| Subjective culture | (Triandis, 1972) |
| System of values | (Belshaw, 1959) |
| Value orientations | (Kluckhohn e Strodtbeck, 1961) |
| Values and lifestyles | (Mitchell, 1981, 1983) |
| Values and motives | (Psytech, 2003) |
| Waves of culture | (Trompenaars, 1993; Hampden-Turner e Trompenaars, 2000) |
| Ways to live | (Morris, 1956; Dempsey e Dukes, 1966) |

## Valori moderni

La tendenza a studiare i valori si è affermata in modo particolarmente deciso con l'avvento della modernità.[3] Si tratta di un dato chiaramente assai complesso da sviscerare, mentre non è questa la circostanza adatta per approfondirlo. Accennare al tema può rappresentare tuttavia un utile riferimento per conoscere criticamente il contesto in cui ci si stiamo muovendo. Mentre un inquadramento almeno a grandi linee del quadro culturale di sfondo, rappresenta una modalità di approccio che è da sempre nello spirito del Programma ITAPI. Ne accenniamo dunque anche in questa pur circoscritta occasione, scusandoci per una certa quale apoditticità di tono (intrinseca alla situazione).

Modernamente parlando, l'idea del valore e della valutazione viene spesso fatta coincidere con il concetto di relativismo (più o meno filosofico), che a sua volta é una colonna portante della modernità stessa (o del modernismo, come questa viene definita, ad esempio, dalla tradizione cattolica, ma anche ebraica o musulmana, che ne prendono le distanze).

In una concezione tradizionalista o integralista, non ci sono infatti dei valori (di per sé relativi) bensì delle leggi (sempre certe). Queste si possono anche indicare come valori, nel senso che si riferiscono a ciò che viene considerato essere un bene oppure un male (più o meno), ma senza che si diano veri e propri gradi di valutazione, stante l'assoluta evidenza di tale Bene e di tale Male, che ci si limita ad affermare più che a valutare.

Per la tradizione religiosa (specie se monoteista): il bene è bene, il male è male; analogamente a come nel *far-west* (per usare un riferimento laico ma dalle implicazioni fortemente religiose, quale è il sentire comune della tradizione statunitense): gli uomini sono uomini e i cavalli sono cavalli. Se si mette in dubbio la cosa (come, nel caso del secondo contesto, fanno: i vegetariani, gli induisti, i film che insinuano l'omosessualità tra i vaccari ecc) il bene e il male non si capisce più dove stiano.

In società dominate dall'integralismo (qualsiasi esso sia), non si riesce a capire bene che cosa siano le variazioni valoriali. Al massimo: ci sono gli infedeli, cioè delle persone che hanno idee confuse o sono preda del maligno (non dei valori alternativi). Il che si verifica anche nelle società integraliste di natura laica (dall'Unione Sovietica al Reich Nazista). Le differenze di valore, in tali contesti, si risolvono con i pogrom, con le crociate o con la guerra santa; oppure eliminando direttamente il male (sostanziato nella persona del miscredente).

---

[3] Ci dispiace per il tono (tipo: "Brevi cenni sull'universo") che una notazione del genere può evocare. E certo non pensiamo di esaurire questioni tanto stratificate in queste poche pagine. Ci pare tuttavia importante ricordare anche qualcuno di tali riferimenti macro-culturali o macro-storici, senza i quali apparirerebbe davvero incomprensibile il tanto marcato interesse che la Nuova Psicologia Scientifica novecentesca ha sempre voluto attribuire al tema dei valori.

Il tema della moralità ha del resto a che fare con il rapporto tra legge (assoluta) e libertà (relativa). Per cui accade normalmente che: quando l'integralismo (più o meno religioso) dice "immoralità" (cioè: valore sbagliato) si riferisce spesso a ciò che il relativismo (sia illuminista sia esistenzialista) intende come "libertà". Per cui, ad esempio, è ben noto che lo stesso termine di "libertino", molto diffuso nel Settecento, indica in ambienti cattolici un gaudente immorale e polimorfo perverso; mentre in ambienti laici si riferisce a un filosofo illuminista e pensatore indipendente.

D'altronde: nelle culture occidentali, il dibattito (con relativa ricerca scientifica) sui valori è stato frequentato in misura assai maggiore nelle culture *white-anglo-saxon-protestant,* che non nelle culture latine. Quello dei valori sembrerebbe cioè essere un problema che coinvolge la tradizione di costante dubbio critico che è tipica delle Chiese riformate, molto più che i ben squadrati canoni dottrinali delle morali cattoliche (per i quali, tutt'al più, ci si rivolge al confessore).

Ovvero: quando, nel linguaggio comune, uno dice che "Non c'è più religione", intende appunto che ognuno si ispira a valori propri e personali (per cui, in sostanza, agisce in modo diverso da come l'altro vorrebbe che agisse). E allora si parla insistentemente dell'attuale "crisi dei valori", in connessione appunto con l'affermarsi del movimento scientifico-industriale, della civiltà dei media e dei consumi, del pensiero debole, del relativismo, dell'integralismo, della società multi-etnica e di quant'altro.

In questi casi, si intende però più spesso una crisi dei (miei) punti di riferimento. Nel senso che le (mie) certezze diventano oggetto di dubbio da parte di terzi. Mentre i criteri soggettivi di valutazione del mondo prendono il posto delle leggi di un tempo (le quali invece erano incise nella pietra). Per cui tali leggi non sono più (ammesso che mai lo siano state) dei solidi pilastri di riferimento normativo-valutativo assoluto, ma si trasformano in precari punti di vista (percezioni? immagini?) profondamente soggettivi.

Tale ipotesi critica (secondo cui: non ci sono più i valori di una volta, per cui oramai la gente non ha più rispetto per niente) non sembra però rappresentare una vera e propria novità (come spesso capita nella Nuova Psicologia Scientifica). Dato che già Seneca, un paio di millenni fa, ci aveva fatto presente che: "Hoc maiores nostri questi sunt, hoc nos querimur, hoc posteri nostri querentur: eversos esse mores (...) at ista stant loco eodem" (De Beneficiis: 1.10.1).[4]

L'idea di una crisi dei valori sta anche alla base di alcuni grandi scenari psicosociali moderni, più o meno basati anche su dati di ricerca, dai titoli immaginifici, spesso brillanti e di vasta popolarità come quelli che si sono affermati presso il pubblico in saggi dai titoli-slogan quali: *la folla solitaria* (Riesman, 1950); *l'uomo dell'organizzazione* (Whyte, 1956); *l'uomo a una dimensione* (Marcuse, 1964); *il giocatore di bowling solitario* (Putnam, 2000) ecc.

---

[4] Traduzione: "Di questo si sono lamentati i nosti antenati, di questo ci lamentiamo noi, di questo si lamenteranno i nostri posteri: che i valori sono stati ribaltati (...) e questi stanno sempre allo stesso posto".

In tale prospettiva, ad esempio: Edward Purcell, in un suo libro di successo (1973), definisce il tema della moderna crisi dei valori come l'elemento centrale della più generale crisi della democrazia (la quale pure non sarebbe più quella di un tempo), in quanto l'atteggiamento relativista che è tipico della modernità giustificherebbe di fatto qualsiasi scelta, ivi compresa la dittatura (del nemico). La constatazione è stata confermata, ancora più recentemente, pure in sede veramente scientifica: nell'ambito della *World Values Survey* (Baker, 2005); ed è stata suffragata anche dall'analisi critica proposta dall'ex presidente degli Stati Uniti Jimmy Carter (2005) in un suo ricco *bestseller*.

L'idea secondo cui il comportamento umano può essere valutato facendo riferimento a delle scelte arbitrarie operate autonomamente dall'individuo, ovvero a delle sue peculiari strategie cognitivo-emotive di natura soggettiva, rappresenta in effetti un nuovo concetto (post-sei-settecentesco) di origine latamente illuminista. Tale ipotesi è entrata cioè a fare parte della cultura diffusa soprattutto negli ultimi due-tre secoli o poco più.

E' infatti solo dopo l'affermarsi degli ideali laici e a(nti)religiosi successivi alla rivoluzione razionalista francese, ed alle critiche che a proposito di tali ideali materialistici-oggettivistici vengono sviluppate soprattutto da parte dell'idealismo-romanticismo tedesco, che si può parlare propriamente di una soggettività umana come origine prima del comportamento (Foucault, 1961, 1963, 1966, 1975). La circostanza è stata poi alimentata anche dal confronto-scontro con le culture (primitive, straniere, esotiche) con cui l'Europa moderna è venuta in contatto a seguito delle nuove scoperte geografiche.

Appare del resto piuttosto evidente (per dirla in termini un po' semplicistici ma evocativi) che l'idea di un approccio decisamente valutativo (valoriale, individuale), invece che puramente constatativo (oggettivo, impersonale), alla realtà è cresciuto quanto meno attraverso lo scetticismo razionalista e la critica dei filosofi *moralisti* (termine tecnico, che appunto discende dall'affermarsi dell'idea di valore) e degli *ideologues*, di tradizione soprattutto scozzese e francese. Con il Settecento infatti, il dissenso non è più tra noi (i giusti) e loro (i barbari, i selvaggi, i dissidenti ecc) ma diventa interno al mondo cilvile; mentre non si spera più di cancellare il demonio dell'opinione pubblica semplicemente sacrificando alla divinità gli infedeli (sulle croci o sui roghi).

Hanno pesato in particolare le argomentazioni sviluppate, quanto meno: da Voltaire sulla tolleranza; da George Berkeley sul tema dell'*esse est percipi*; da David Hume sul nesso tra libero arbitrio, morale e impossibilità di una conoscenza oggettiva; e così via. Hanno pesato le successive analisi critiche di Immanuel Kant (della ragion pura, della ragion pratica, del giudizio ecc). Per cui si è affermata l'idea di un'attitudine basale dell'essere umano a costruire-rappresentare (attivamente) il mondo nella propria mente, molto più che a subirlo-registrarlo (passivamente) dalla realtà oggettiva.

Il che è ritenuto accadere tanto per quel che concerne la percezione degli oggetti quanto per la loro valutazione morale e qualitativa. Per cui tale attitudine, che in Kant si riferisce principalmente agli aspetti cognitivi dell'antropologia (termine che l'Autore utilizza abitualmente, come è ovvio nel suo tempo, per indicare la scienza psicologica), viene letta sempre più con riferimento alla dimensione emotiva, seguendo appunto il suggerimento offerto dal movimento romantico. Per cui il mondo diventa sempre più, col progredire dell'Ottocento, oltre che una "rappresentazione" mentale sviluppata da parte del soggetto, anche il prodotto della sua "volontà" desiderante (per dirla con Schopenhauer).

Per cui si è progressivamente realizzato, sul piano delle strategie intellettuali diffuse, uno spostamento che ha visto il progressivo passaggio: dall'antropologia fisica a quella sociale; dalla biologia alla sociologia; dalla fisiologia alla psicologia; dall'oggettività materiale positivista alla soggettività spirituale relativista; e così via.

Parallelamente all'emergere della moderna ricerca psicologica sui valori in generale, dalla laicità settecentesca in poi, è emersa anche l'analisi del rapporto che può esistere tra valutazioni di valore e valutazioni di fatto. Tale dibattito origina dal ricorrente dubbio se i dati di realtà siano: oggettivi, e quindi per loro natura evidenti; oppure soggettivi, e quindi nient'affatto evidenti di per sé (se non per quel singolo che se ne convince).

Si suole attribuire a Max Weber la distinzione tra giudizi (valutazioni) di valore e giudizi (valutazioni) di fatto, dove: i secondi sarebbero quelli veri e giusti, ovvero scientifico-oggettivi e quindi sempre certi e indiscutibili; mentre i primi sarebbero quelli falsi e sbagliati, ovvero psicologico-soggettivi e quindi sempre incerti e contestabili.

Il giudizio di valore si realizza infatti quando la percezione di un fenomeno viene inscritta in una strategia teorica e si combina dunque con la volontà del filosofo-psicologo, per cui dà luogo a una rappresentazione cognitiva. Mentre il giudizio di fatto dimostra, di per sé, la verità del proprio progetto metafisico teso a identificare i principi primi della realtà, ovvero la effettiva esistenza della cosa nei termini in cui lo scienziato-produttore ritiene di conoscerla personalmente.

Nella tradizione del movimento scientifico-militare-industriale, infatti: il (mio) giudizio di fatto significa "quello che sembra vero a me, è vero" e deve essere contrapposto al (tuo) giudizio di valore, per cui "quello che dici tu è falso" (se non coincide con quello di cui io sono convinto). Per cui la versione materialista dialettica (scientifica e non) del tema si esprime appunto attraverso il concetto di oggettività, in base al quale: "quello che penso io è oggettivamente vero". Mentre: se tu non sei d'accordo, allora significa che pensi in mala fede (o forse che sei fedele al demonio).

Ed è curioso che in una parte della sociologia, specie statunitense post-bellica, il dibattito sia davvero cresciuto anche sulla domanda: se tenere conto solo delle valutazioni di fatto o se invece utilizzare talvolta anche le valutazioni di valore. Per cui non ha avuto molto spazio il dubbio, assai diffuso invece in culture meno anglofone, relativo alla possibilità che tali valutazioni di fatto possano davvero esistere

Il tema stesso del rapporto tra fatti-oggetti e valori-giudizi, e più ancora tra giudizio di valore e giudizio di fatto, rappresenta uno spostamento generalizzato di accento, sul tema del giudizio soggettivo di valore, che dipende principalmente dalla natura sempre intrinsecamente kantiana delle scienze umane (e che quindi, in precedenza, risultava ben poco frequentato). Esso si sviluppa in questi termini anche, quanto meno, attraverso: Simmel

(1900a, 1900b); McAlester Anderson (1911); Weber (1917); Kohler (1938); Lamont (1955); Triandis (1972); Riley (1974); Restivo (1993); e tanti altri.

Ricordiamo ancora una volta, tra l'altro, che il dibattito sulla ricerca psicologica nel campo dei valori, anche per l'influsso di varie teorie economiche, ha dato notevole impulso proprio all'emergere di due aree specializzate della Nuova Psicologia Scientifica. E cioè: tanto allo studio delle differenze individuali, e quindi alla psicologia delle personalità, quanto allo studio degli influssi sociali e interpersonali sulle scelte individuali, e quindi alla psicologia sociale.

Sta di fatto che: da un po' di tempo a questa parte, il mondo è diventato sempre meno uno-solo-per-tutti, così da stemperarsi in una galassia di innumerevoli monadi autoriferite, dove ciascuno vede quello che crede ovvero crede quello che vede o quello che vuole o quello che sogna o quello che gli hanno insegnato, o quant'altro. Per cui le nostre conoscenze sul mondo paiono oggi derivare molto più dalla capacità rappresentativo-valutativa-volitiva del soggetto che non dalla natura oggettiva dell'oggetto; di cui anzi si tende a mettere ampiamente in dubbio la decidibilità, se non anche l'esistenza.

La rivoluzione soggettiva illuministico-romantica non è del resto che una fra le tante rivoluzioni che accompagnano la modernità: da quella agricola, a quella industriale, a quella scientifica, a quella commerciale, a quella religiosa, a quella delle comunicazioni; e così via.

Dal Settecento in poi: molto sembra dipendere, in modo crescente, dalle idiosincrasie dell'individuo, così come dai costumi, dalla società storicamente determinata, dalle sub-culture di appartenenza, dalle opinioni, dai valori ecc. Dove il panorama (anche fisico-ambientale) del mondo perde continuamente di unitarietà, poiché alla sicurezza data dai "fatti" o eventualmente da una qualche "rivelazione" (con i suoi libri scritti in lingua aramaica oppure anche matematica), si sostituisce l'impero della volontà.

Mentre, con il procedere del ventesimo secolo, il tema dei valori tende a venire progressivamente sempre più inglobato nella psicologia; benché naturalmente tutte le altre discipline continuino serenamente ad occuparsene. Il che dipende dal fatto che la psicologia si occupa appunto, come proprio riferimento costitutivo intrinseco, proprio dei giudizi di valore, ovvero di ciò che è personale e soggettivo.

Per cui, secondo la modernità, tutto si sceglie (almeno in teoria): il proprio modello politico, la persona con cui eventualmente sposarsi, il credo religioso, il lavoro, il luogo dove vivere, ecc. Dato che anche il culto della scienza, con le sue mitologie legate alla rivelazione fornita dalla "prova dei fatti" e scritta nel libro della natura, si trova ormai, tra bombe atomiche e ingegnerie genetiche e missili intelligenti, sempre più spesso a battere i coperchi.

Mentre tutto questo può essere oggetto di discussione. E se ne può decidere con un sondaggio (almeno fino a che non arrivano i carri armati). Ma, dopo questa breve cavalta in paesaggi di ampio riespiro, torniamo al caso specifico dei valori in quanto oggetto della ricerca psicologica.

## Valori sicuri

Il tema dei valori, nell'ambito della psicologia generale, ha dato luogo ad una serie di dibattiti, relativi a vari aspetti della questione nella prospettiva della ricerca di base. Uno di questi riguarda il tema del come si formano i valori, ovvero su quale sia la loro orgine. In particolare: ci si è chiesti quanto contino processi come l'identificazione (specie con le figure autorevoli dell'infanzia) e/o la socializzazione (specie attraverso i mezzi di comunicazione di massa o la scuola), piuttosto che le prime esperienze o i gruppi sociali di appartenenza e/o di riferimento ecc.

Ci si è chiesti, tra l'altro, se può esistere un legame fra il tipo di attaccamento eventualmente sviluppato nell'infanzia e i valori pro-sociali piuttosto che di autonomia i quali si manifestano in età adulta. Più in generale: ci si è chiesti se nello sviluppo dei valori prevalgono fattori di tipo genetico, innato, ecologico, personologico in senso individuale ecc o se invece prevalgono fattori di tipo familiare, interpersonale, culturale, sociale ecc. E ancora: se nel determinarsi dei valori giocano eventuali stati cognitivi o psicosessuali, o qualità di ordine neuropsicologico; ovvero: quanto i valori sono stabili nell'arco della vita; o quanto contano le esperienze personali, come quelle amorose o quelle sociali, anche legate al contesto politico di appartenenza, alla struttura antropologica della famiglia, al periodo storico in cui uno è cresciuto ecc.

Ci si è chiesti quanto contano fattori individuali non psicologici (ma che producono un effetto sulla psicologia delle persone), quali le caratteristiche bio-anagrafiche, il sesso, l'età, piuttosto che l'ordine di genitura, la classe sociale, lo status, il reddito, il tipo di attività svolta (con le relative regole di gruppo; ad esempio: militari, professionali), l'istruzione ecc.

Di solito si conclude, su questi e altri temi analoghi, sottolineando la complessità dell'interazione tra fattori biologici, psicologici e sociali. E si sottolinea che anche i valori (come tutto ciò che è psicologico) subiscono l'effetto di molte variabili e di molti fattori, i quali agiscono a livelli assai differenti, interagendo anche tra in loro in modi intricati. Per cui, in sostanza, non si danno conclusioni in materia.

Le teorizzazioni e le ricerche in tema di valori si sono spesso sforzate, tra l'altro, di definire la natura sostanziale dei valori, ovvero quella che potremmo definire come la loro ontologia.

La tendenza prevalente che ne è derivata, e che si è andata affermando (in particolare) cón il procedere della Nuova Psicologia Scientifica, tende a volere che i valori presentino soprattutto due caratteristiche, relativamente complementari, ovvero: (1) il fatto di essere assoluti; e (2) il fatto di avere una struttura gerarchica. Una simile concezione viene proposta con varie sfumature e molti distinguo, ma tende a prevalere in tali termini.

Tanto per fare riferimento a un criterio recente che sintetizza il quadro concettuale, possiamo ricordare l'autorevole definizione di Schwartz e Bilsky secondo cui: "According to the literature, values are: (a) concepts or beliefs;

(b) about desirable end states or behaviors; (c) that transcend specific situations; (d) guide selection or evaluation of behavior and events; and (e) are ordered by relative importance" (1987:551).[5]

Uno dei grandi temi che ricorrono nella teoria dei valori ha riguardato infatti, da almeno un paio di secoli a questa parte, la possibilità o meno di trovare i principi primi, o basali o universali, dei valori umani (Kendler, 1994; Ramm, 1988). Tale prospettiva ha cercato cioè di sostituire l'ormai decaduto punto di ancoraggio rappresentato dai valori (religiosi) di una volta con qualche nuova certezza (laica) che facesse da contravveleno al relativismo imperante.

Il positivismo, latentemente integralista, che domina il movimento scientifico-militare-industriale del Novecento ha tentato cioè, anche nel campo dei valori e della morale, di sostituire le certezze religiose con le certezze scientifiche. Il risultato è consistito, in linea di massima, nel dimostrare scientificamente che i valori tipici della *middle-class* statunitense sono oggettivamente intrinseci alla natura umana e consistono di una sostanza primaria tanto assoluta quanto quella di cui è composto il diritto naturale.

Tale movimento, dei valori scientifici universali, è parente delle teorie relative all'economia oggettiva e al valore intrinseco della moneta, piuttosto che a quelle che professano l'universalità del complesso d'Edipo. E si tratta di nobili concezioni, in qualche modo legate anche ai principi giuridici che ispiravano la *Magna Carta* o l'*Habeas Corpus*; da cui derivano pure le varie dichiarazioni o carte universali (occidentali) dei diritti (o valori-profili di ruolo) dell'uomo, del bambino, della donna, dell'animale ecc.

Tra gli psicologi sostenitori di tale axiologia scientifica, secondo cui esiste la possibilità valutare oggettivamente ovvero scientificamente qualsiasi cosa (fisica o mentale che sia), possiamo ricordare Lepley (1944), il quale sostiene appunto che lo studio oggettivo dei valori può senz'altro essere reso scientifico quanto tutto il resto della Nuova Psicologia Scientifica stessa.

Tra i più recentii sostenitori di quest'ultima teoria, il più prolifico è probabilmente Shalom Schwartz (1992, 1994a, 1996, 2005; Schwartz et Bilsky, 1990; Schwartz et Al, 2001). Secondo i suoi studi, la Nuova Psicologia Scientifica dimostra chiaramente l'esistenza di valori universali, che si organizzano spontaneamente sulla falsariga di quelli occidentali, e che appartengono equamente al nucleo di tutte le culture del mondo.

Per cui, proponendo una sintesi che arriva a toccare in un solo colpo un po' tutti gli aspetti del dibattito sui valori: "We constructed a theory of the universal types of values as criteria by viewing values as cognitive representations of three universal requirements: (a) biological needs, (b) interactional requirements for interpersonal coordination, and (c) societal demands for group welfare and survival. From these requirements, we have derived and presented conceptual and operational definitions for eight

---

[5] Traduzione: "In base alla letteratura, i valori sono: (a) concetti o credenze; (b) intorno a stati o comportamenti desiderabili; (c) che vanno al di là di situazioni specifice; (d) che guidano la selezione o la valutazione del comportamento e degli eventi: e (e) che sono ordinati secondo un criterio di importanza relativa".

motivational domains of values: enjoyment, security, social power, achievement, self-direction, prosocial, restrictive conformity, and maturity. In addition, we have mapped values according to the interests they serve (individualistic vs. collectivist) and the type of goal to which they refer (terminal vs. instrumental)" (Schwartz e Bilsky, 1987:550).

Un'ulteriore versione contemporanea della natura universale dei valori occidentali-scientifico-industriali è la chiave di lettura socio-biologica. Alcuni ritengono infatti che il modo in cui i valori si strutturano faciliti anch'esso l'adattamento all'ambiente e quindi la sopravvivenza della specie (Campbell, 1975; Cohen, 1981). Cosicché sono stati pubblicati molti lavori sulla natura genetica o evolutiva dei valori e della morale, in chiave appunto biologistica o naturalistica (Huxley, 1893; Caillard, 1894; Dawkins, 1976-1989; Wispe, 1978; Cohen, 1981; Campbell, 1985, 1996; Alexander, 1987; McClintock, 1988; Crawford e Krebs, 1997; Sober e Wilson, 1998; Ridley, 1996; Buss, 1999; Katz, 2000; Levy, 2004; Krebs, 2005).

E si pensi, per citare ancora qualcuno dei temi più cari a questi Autori, a quanto di valoriale c'è in concetti come quello di gene egoista o di altruismo biologico. Mentre un altro tentativo concettuale che si propone in una prospettiva simile a quella socio-biologica è anche lo sforzo di trovare i fondamenti universali dei valori nella biologia ovvero nella fisiologia, magari attraverso strategie cognitive neuroscientifiche (Alexander, 1987; Danielson, 1992; Johnson, 1993; Wright, 1994; De Waal, 1996; May, Friedman e Clark, 1996; Hundert, 1997; Churchland, 1998, 2002; MacIntyre, 1998; Pribram, 1998; Rottschaefer, 1998; Greene e Haidt, 2002; Casebeer e Churchland, 2003; Rosenberg, 2003; Gazzaniga, 2005; Greene, 2005; Knobe, 2005; Tancredi, 2005; Hauser, 2006; Illes, 2006).

Un'altra versione ancora di questa tendenza, in un campo ancora più strettamente psicologico, è il tentativo di affermare un numero limitato e ricorrente di tratti universali delle personalità. Il più recente è il movimento dei Big Five (Grossi Cinque), che consiste nell'analizzare le risposte a qualsiasi questionario, sulle personalità o sui valori, con un'analisi fattoriale a cinque fattori; cercando così di estrarre i cinque elementi primi che costituirebbero la natura portante delle personalità.

Un'altra forma di proclamazione della universalità dei valori, ma più indiretta, è poi la tendenza, che appare abbastanza generalizzata secondo molte ricerche, per cui alcuni valori si starebbero globalizzando, specie a motivo della globalizzazione comunicativa legata ai media, derivante in particolare delle telecomunicazioni satellitari e da internet. La quale forma di universalità pare tuttavia esercitare una maggiore presa sui giovani, specie per il tramite della musica e delle mitologie adolescenziali (basti pensare a generi espressivo-esistenziali fortemente omogeneizzanti sul piano trans-nazionale, come la formula del videoclip e più in particolare quella del rap); mentre risulterebbe meno efficace nel caso degli adulti.

Secondo una simile prospettiva: si parla dunque di una certa quale continuità di valori tra le varie culture occidentalizzate. Ma in questo caso si tende a descriverla molto più come il risultato di una socializzazione pubblicitaria e propagandistica a fini commerciali e ideologici, che non come il prodotto di una qualche tendenza bio-genetica, o simile, verso l'uniformità.

Dallo sforzo di dimostrare scientificamente la natura universale dei valori occidentali discende anche la notevole propensione di molti contesti di ricerca ad organizzare studi comparativi che evidenzino le differenze, piuttosto che le somiglianze, tra i valori tipici delle varie culture e dei vari Paesi.

Va peraltro notato che una parte di queste indagini, mentre si propone di rilevare appunto le differenze tra le diverse società, si trova di fatto a dimostrare implicitamente quanto meno la comparabilità tra di esse; ovvero l'implicita esistenza di denominatori comuni che le rendono almeno per certi aspetti omogenee. Il che può risultare illusorio, specie se si considera che, nella gran parte di queste ricerche, la naturale pietra di paragone, per i valori di tutto il mondo, è considerata ancora una volta la classe media (*wasp*) degli Stati Uniti.

Molto materiale, su di una possibile comparazione trans-nazionale dei valori, si può trovare in due grandi quadri di ricerca internazionale che sono facilmente accessibili anche attraverso internet. Uno è rappresentato dalla *European Social Survey* (europeansocialsurvey.org). L'altro è la *Wold Value Survey* (worldvaluessurvey.org). Fino ad oggi, i due programmi (il secondo è derivato dal primo), hanno realizzato complessivamente quattro ondate di rilevazioni (1981-1984, 1990-1993, 1995-1997, 1999-2004) i cui dati originali sono in condivisione *freeware* e *opensource* su internet presso i siti appena citati).

Su questo rilevante insieme di ricerche esistono pure delle pubblicazioni cartacee (tra cui: Inkeles e Smith, 1974; Inkeles e Sasaki 1996; Inglehart, 1997, 1999, 2003; Inglehart, Basanez e Moreno, 1998; Sasaki, 1998; Dentsu Institute for Human Studies, 1999; Inglehart e Baker, 2000; Inglehart et Al, 2004; Inglehart e Welzel, 2005). Mentre si fondano su tali rilevazioni pure alcuni significativi contributi italiani (tra cui: Calvi, 1987; Gubert, 2000, 2004; Gubert e Pollini, 2006).

Accanto a queste due grandi quadri sistematici, si può attingere a molti altri interventi di ricerca, che sarebbe troppo lungo elencare qui in modo completo, anche se merita ricordarne almeno qualche caso interessante. Per cui, giusto per fare solo qualche esempio, possiamo citare, in primo luogo, i vasti gruppi di lavori comparativi in decine di nazioni coordinati da Schwartz (1992, 1994a, 1994b, 2005) piuttosto che quelli organizzati da Hofstede (1980, 2001). Mentre va crescendo di rilievo il confronto tra 10 Paesi asiatici che si ricava dall'*AsiaBarometer 2003* (Inoguchi et Al, 2005).

Possiamo poi riferirci anche a taluni confronti relativamente più circoscritti, come ad esempio quelli: in cinque Paesi (Almond e Verba, 1963); in sei Paesi (Inkeles e Smith, 1974); in nove Paesi (Ng et Al, 1982); tra manager statunitensi e cinesi (Ralston et Al, 1992); tra bambini cinesi, europei, filippini, messicani e viet-americani (Cooper et Al, 1993); tra Brasiliani e Messicani (Kahl, 1968); tra Occidentali e Cinesi (Chinese Culture Connection, 1987; Bond, 1988; Wei, 1997; Tam e Tai, 1998); tra abitanti del sud-est asiatico e latino-americani (Wong-Rieger e Quintana, 1987); tra Giapponesi e Francesi (Hayashi, Suzuki e Hayashi, 1984); tra Giordani e Statunitensi (Noble e Schewe, 2003); tra studenti norvegesi in Norvegia e negli Stati Uniti

(Jonassen, 1972, 1983); fra tedeschi di campagna e tedeschi di città (Schopphoven, 1991); tra studenti statunitensi e coreani (Kang, 2005); tra consumatori statunitensi e di Taiwan (Tao, 2004); sui valori e gli stili latino-americani (Mendoza, 1989; Lim, Zalloco e Ghingold, 1997; Nichols, Roslow e Dublish, 1997); sui valori statunitensi visti dai Russi (Zatsepina e Rodriguez, 2000) ecc.

## Valori gerarchici

Il secondo macro costrutto che costituisce la base per una concezione scientifica moderna dei valori, e che è complementare a quello relativo ad una loro natura presuntivamente assoluta, riguarda la loro presunta natura gerarchica. Tale gerarchia di valori viene talvolta proposta in termini sincronici, per cui si parla di valori superiori o di prima classe e di valori inferiori o di seconda e terza classe. Oppure può essere proposta in termini diacronici, per cui ci si riferisce ad una evoluzione biografica (o anche sociale-istituzionale) che cresce dai valori più elementari e infantili ai valori più complessi e adulti. Le due modalità vengono spesso considerate, da molti studiosi dell'una o dell'altra ipotesi, come due facce della stessa medaglia.

L'idea, di una gerarchia dei valori, che salgono da quelli bassi (bestiali, fanciulleschi, femminili, primitivi: i loro) a quelli alti (virili, signorili, civilizzati, seconditivi: i nostri), è presente almeno da quando si è costituita la civiltà (Perussia, 2002). Quest'ultima tende infatti a distinguere la realtà, e la sua visione e la sua valutazione, in due poli di cui uno è appunto alto mentre l'altro è invece basso; collocando in genere se stessi nella posizione che sta sopra.

Esiste un arcaico proverbio popolare che ben sintetizza tale concetto, e che taluno ha la fantasia di attribuire a un qualche Autore in particolare. La sua versione più diffusa si presenta in latino: *primum vivere, deinde philosophari* (traducibile più o meno con: *prima, si tratta di vivere; poi, di fare della filosofia*). Qualche volta, l'adagio viene anche citato con variazioni relative alla cosa da fare primariamente (mentre la seconda rimane generalmente immutata), del tipo: *primum facere* (fare), assai diffusa; oppure anche *primum emere* (mangiare), meno reiterata ma di una certa frequenza; o anche *primum bibere* (bere), più scherzosa; e così via.

L'assioma proclama l'esistenza di una gerarchia esplicitamente valoriale, in cui una dimensione pratica presuppone (ma è inferiore rispetto a) una dimensione teoretica. Alle due valenze (pratica e teoretica) corrisponderebbero anzi, secondo alcuni, due anime o due (livelli di) personalità: quella inferiore, che è materialistica; e quella superiore, che è spiritualistica. O qualcosa del genere.

In effetti: tale espressione di saggezza viene evocata ampiamente anche da Aristotele (che la sviluppa nel Libro VII della *Politica*). Mentre Platone, nel Libro III della *Repubblica* (il cui titolo in greco è peraltro sempre: *Politica*) attribuisce a Socrate una sentenza di Focilide, secondo cui: bisogna esercitare la virtù solo quando già si posseggono i mezzi per la vita materiale. Mentre di un simile punto di vista si dispiace Orazio, quando, nell'Epistola I a Mecenate, con riferimento alla decadenza morale che ritiene tipica del suo tempo, nota che ormai si sente ripetere un po' da tutti «o cives, cives, quaerenda pecunia primum est; virtus post nummos» (più o meno: *prima si tratta di cercare i soldi, e solo dopo di perseguire la virtù*).

La natura intrinsecamente gerarchica dei valori (sociali) è stata sostenuta, in particolare, dal seicentesco Giovanbattista Vico, noto anche per la sua teoria secondo cui la verità vera coincide coi fatti concreti (il suo slogan, squisitamente pre-hegeliano, era: *Verum et factum reciprocantur seu convertuntur*)[6]. La teoria evolutiva dei valori, secondo Vico, vuole che dapprima esista l'età degli dei, dove gli uomini primitivi sono "bestioni" sensibili ma senza capacità riflessiva; poi viene l'età degli eroi, dominata dalla fantasia; infine trionfa l'età degli uomini, ovvero la ragione. L'idea ha avuto enorme successo ed è stata abbracciata da molti fra i seguaci dell'idea occidentale di progresso.

Mentre la questione del rapporto tra il vivere e il philosophari ha poi avuto una grande ripresa come tema attorno a cui si è sviluppato il dibattito tra idealismo e materialismo sette-ottocentesco (per capirsi: a partire da Kant), con rilevanti interventi al riguardo da parte, quanto meno (tra quelli più memorabili), di Kierkegaard e di Schopenhauer (Tortora, 1994).

Tra l'altro, una delle implicazioni di tale gerarchia è, secondo il parere di Aristotele, quella per cui le attività-moralità inferiori trovano la propria ragione d'essere nel fatto di permettere l'insediarsi delle attività-moralità superiori. Per cui quelle inferiori, pur essendo appunto inferiori rispetto a quelle superiori, sono a queste indispensabili (le inferiori rappresentano cioè la *conditio sine qua non* perchè le superiori possano sopraggiungere). Aristotele propone, come esempio evidente di ciò, il caso della guerra: descritta come modo pratico inferiore (azione utile e necessaria, ma brutta) e tuttavia indispensabile al modo superiore della pace (azione molto meno utile e forse superflua, ma bella). Aristotele sostiene anche che sono le attività superiori quelle che rendono felici (*zen kalos*). Mentre tali due ipotesi (per cui la guerra è una forma di pace; e per cui l'economia, molto più della spiritualità, è il motore del mondo) paiono di notevole attualità, anche considerando la quantità di seguaci che raccolgono ai giorni nostri.

Una delle conseguenze che discendono da tali concezioni di una natura gerarchica dei valori sembra dunque essere quella per cui il soddisfacimento dei bisogni intellettuali e spirituali risulta essere oggettivamente subordinato a quello di aspirazioni concettualmente più basse, senza le quali l'elevazione dello spirito non può esistere. Concezione che viene criticata da alcuni moralisti, ma che è tipica di quella mentalità pragmatica che caratterizza molta cultura occidentale (specie statunitense); dove viene storicamente utilizzata

---

[6] Traduzione (benché miseranda): *Il vero e il fatto sono uno il reciproco ovvero uno la conversione dell'altro.* Oppure: *La verità coincide con quello che si fa* (o ancora: *Si conosce quello che si produce*). La citazione originaria in effetti suona: "Verum et factum reciprocantur, seu, ut Scholarum vulgus loquitur, convertuntur" (*De antiquissima Italorum sapientia*. 1710:I,1,63).

spesso per stigmatizzare l'inutile astrattezza di quelli che si perdono in infinite riflessioni più o meno filosofiche e astratte, invece che badare al so(l)do e stare con i piedi ben piantati in terra.

La questione viene naturalmente filtrata anche dalla Nuova Psicologia Scientifica, che ne dimostra appunto la scientificità. Per cui la gerarchia delle motivazioni e dei valori tenderebbe sempre a strutturarsi, in base a un meccanismo naturale, secondo quelli che Edward Hayes (1913) sintetizza come i cinque livelli (gerarchici) delle motivazioni-valori: *physical*, ovvero il coprirsi, il muoversi e il mangiare; *aesthetic*, ovvero la bellezza; *intellectual*, ovvero il capire; *social*, ovvero l'interagire; *personal*, ovvero l'auto-realizzarsi. Tale concetto di gerarchia dei valori viene ripreso e perfezionato anche da Kluckhohn (1950, 1958; Kluckhohn e Strodtbeck, 1961).

La natura gerarchica dei valori è caldamente sostenuta anche da un altro studioso di successo e cioè da Abraham Maslow. Quello di Maslow rappresenta anzi un caso piuttosto paradigmatico dei modi tipici in cui si afferma la Nuova Psicologia Scientifica del Novecento. I temi e i costrutti di tale nuova disciplina sono infatti spesso antichi quanto il mondo, ma vengono scoperti come nuovi da professionisti contemporanei (e in ciò consiste spesso tutta la novità di tale Nuova Psicologia Scientifica).

Maslow (1943, 1954), sintetizzando le sue stesse parole, parla di una "hierarchy of needs" a cinque gradini, ma leggermente diversa da quella di Hayes (1913) o di altri, che si distribuisce in cinque livelli: 1. Physiological (biological needs); 2. Safety; 3. Love/belonging; 4. Status (esteem); 5. Actualization (self-transcendence). La teoria di Maslow, come accade quasi sempre in questo tipo di lavoro critico-analitico, consiste peraltro di assiomi assai poco dimostrabili e che anzi, quando si tenta di verificarli attraverso una qualche forma di ricerca sistematica, risultano per lo meno dubbi (Wahba e Bridwell, 1976; Watson, 1996). E sarà utile ricordare anche che è proprio Maslow (1964) a collegare strettamente il costrutto dei valori alla dimensione mistico-religiosa ed a sviluppare il concetto della realizzazione personale attraverso le "peak experiences" di cui poi tratteranno tanti altri Autori e in particolare Mihaly Csikszentmihalyi con le sue ben note ricerche relative al flusso di coscienza.

Maslow è un Autore interessante e prolifico, ma che viene ricordato, almeno tra il vasto pubblico di quelli che lo citano ossessivamente, quasi solo per tale sua (modesta) teoria gerarchica dei valori-motivazioni. Il suo successo non interviene però in modo del tutto occasionale. Infatti Maslow, che nelle sue ricerche si definisce in primo luogo come uno studioso dei valori, distingue insistentemente tra comportamenti legati a motivazioni-valori bassi (materiali) e comportamenti legati a movitazioni-valori alti (spirituali). Un principio dichiarato di tale gerarchia (a parte il dare per scontata la coincidenza tra motivazioni e valori) è che i valori alti sono i migliori e consistono del famoso sentimento di autorealizzazione (e di amore cosmico) tanto vago quanto vicino alla dichiarazione di indipendenza degli Stati Uniti, con il dichiarato diritto alla felicità per tutti.

Secondo Malslow, per raggiungere tale livello di realizzazione, il soggetto *deve* (secondo una vena moralistico-pedagogica che suona curiosa in campo scientifico) acquisire una serie di caratteristiche personologiche che sono più o meno: autonomia, indipendenza, realismo, accettazione di sé, spontaneità, creatività, generosità, inclinazione a concentrarsi sui problemi, stima degli altri, profondità, amicizia, intimità, democrazia, ironia, originalità, e così via di pensiero positivo in pensiero positivo.

In effetti, Maslow si propone esplicitamente di contrastare il materialismo di quelle ideologie secondo cui i valori non si strutturano in una gerarchia di istanze interne al soggetto e che sono uguali in tutti, bensì in una segmentazione per insiemi di valori che danno luogo a tipologie di persone che sono diverse in termini psicologici e sociali. Questa seconda ipotesi, che oggi è condivisa dalla gran parte degli psicologi, allora ricordava invece troppo da vicino l'ipotesi marxista-sovietica della contrapposizione fra classi (allora assai malvista negli Stati Uniti). L'idea gerarchica rende infatti quasi impossibile, per definizione (scientifica), ridurre il mondo a una dicotomia di classi contrapposte del tipo: ricchi vs poveri, sfruttati vs sfruttatori, padroni (del vapore) vs lavoratori (proletari) ecc.

Per cui una concezione gerarchica dei valori appare particolarmente vicina all'ideale democratico, in quanto implica un grande potenziale di mobilità (dove il più umile dei lavoratori vuole sempre diventare presidente), la quale possibilità di scalata sociale si fonda su disposizioni individuali che ciascuna persona può coltivare oppure no, ma esclusivamente per sua scelta (visto che tutti hanno le medesime opportunità di avere successo).

Attorno a tale idea gerarchica dei valori si strutturano anche altri corollari, che sono fondativi della Nuova Psicologia Scientifica. Uno riguarda i valori alti: da cui si deduce che non è affatto vero che l'obiettivo del cittadino medio sia il denaro o il potere o il sesso, bensì la religione, la filosofia e l'amore universale.[7] Un altro riguarda i valori bassi: a cui si deve comunque pensare per primi, attribuendo loro la massima importanza, visto che sono quelli basali su cui tutti gli altri si appoggiano, mentre per quelli alti (che dunque sono una

---

[7] Lo straordinario successo di Maslow (che davvero ha pochi equivalenti nella modernità, almeno in termini di citazioni occasionali da parte degli psicologi) si lega anche ad altre sue qualità. Non è il caso di dilungarci sul tema, in questo saggio, ma vale la pena di evocarlo; vista la sua qualità di pietra miliare della ideologia psicologica diffusa. Ricordiamo dunque qualche citazione da Maslow stesso (1943) che chiama i bisogni fisiologici "drives or needs" e che dice, tra l'altro (un po' in ordine sparso, ma si tratta solo di citazioni fior da fiore, per chi volesse approfondire): "classifications of motivations must be based upon goals rather than upon instigating drives or motivated behavior"; "motivation theory should be human-centered rather than animal-centered"; "redefinition of motivational concepts, i. e., drive, desire, wish, need, goal"; "ideal, or value"; "the problem of values in any definitive motivation theory". Maslow è molto apprezzato anche per varie altre ragioni, quali: la sua tendenza alla *pop-psychology*; lo scarso peso che attribuisce al sesso così come all'aggressività; perchè propone una versione gerarchica del mondo, che è potenzialmente stadiale-evolutiva; perché si propone quasi come l'esatto opposto del materialismo dialettico; perché rassicura sul fatto che, benché nella pratica si affermino i valori concreti (bassi), i valori teorici (alti) restano un viatico fondamentale che ogni bravo cittadino intende seguire (per cui non si sente in colpa né si vergogna per il fatto di tenere come proprio punto di riferimento concettuale i valori alti, mentre persegue concretamente quelli bassi).

specie di lusso) si vedrà magari in un secondo tempo. Un altro ancora riguarda il fatto che: se il soggetto (cittadino medio) non ricerca i valori alti, questo dipende dal fatto che la sua personalità non si è sviluppata adeguatamente, ma si trova intrappolata in una falsa coscienza materialista; limitazione cui peraltro si potrebbe eventualmente rimediare con una buona consulenza psicologica o con un'adeguata psicoterapia. E d'altronde: il concetto stesso di *middle-class*, così come il fatto che la ricerca sui valori-tratti-atteggiamenti si basa sulla curva della distribuzione normale, può confermare la natura statistica della morale stessa (ovvero la natura morale della statistica).

Comunque: Abraham Maslow è soprattutto una bandiera, cui viene attribuita la versione semplificata di un'ideologia che la Nuova Psicologia Scientifica intende affermare con convinzione. Il modello gerarchico è peraltro alla base della gran parte dei lavori sul tema.

Mentre Rokeach (1973) preferisce una logica che rispetta il concetto di gerarchia valoriale (costrutto che comunque è troppo americano per poter essere negato da un professionista che voglia avere successo), ma, operando lui negli anni Sessanta avanzati (quando la guerra fredda comincia vagamente a intiepidirsi), preferisce dichiarare che i valori sono sostanzialmente universali, ma che la loro momentanea strutturazione gerarchica varia da una società o da un'epoca all'altra; per cui l'urgenza degli uni o degli altri non si presenta sempre allo stesso modo.

Tale impostazione (non-tanto-gerarchica) è spesso diffusa al giorno d'oggi, anche perché viene considerata sostanzialmente implicita nella strategia di ricerca sui valori (e sui tratti di personalità) che si fonda sull'analisi fattoriale. Dove è la logica stessa di quel tipo di calcolo statistico a suggerire l'idea per cui ciascun fattore è una componente che per definizione risulta indipendente (e quindi non gerarchicamente subordinata) rispetto alle altre.

Il complementare della visione gerarchica dei valori (che salgono dal basso verso l'alto) è naturalmente, come in tutta la Nuova Psicologia Scientifica, l'affermazione di una loro dimensione evolutiva. E' infatti da un buon secolo a questa parte che si ipotizza, o si afferma o si dimostra che gli stadi dello sviluppo cognitivo si confondono con gli stadi dello sviluppo morale: partendo dal bisogno-motivazione-morale animalesco dell'infante per giungere alla grande consapevolezza valoriale del vero ed autentico adulto occidentale completo (Reed e Turiel, 1996).

Il tema generale della morale e del suo eventuale sviluppo coinvolge del resto molti altre questioni fondative, quali: il rapporto tra innato e acquisito; il diritto naturale; l'eventuale polimorfa perversione cognitiva del bambino; la questione più generale della eventuale esistenza di una gerarchia di costrutto tra motivazioni, valori, atteggiamenti, opinioni, ideologie, comportamenti ecc. La teoria dei valori si trova anche coinvolta nella classica ricerca sul Sé morale, cui anche accenniamo tra poche pagine.

La questione ha del resto stimolato una quantità di studiosi che merita almeno citare, pur senza approfondire il tema in questo saggio, tra cui: McGrath (1923); Maher (1924); Murdoch (1925); Piaget (1932); Maller (1937); Crissman (1942); Pittell e Mendelsohn (1966); Hoffman (1970);

Collier, Tomlinson e Wilson (1974); Rest (1974b, 1979b, 1980, 1986); Campbell (1975); Hogan (1975); Elder (1976); Hennessy (1976); Lickona (1976); Reimer (1977); Tinone (1977); Hogan, Johnson e Emler (1978); Blasi (1980); Gilligan (1982); Walker (1982); Di Blasio et Al (1983); Rest (1983); Turiel (1983, 1998, 2002); Kurtines e Gewirtz (1984, 1995); Lapsley (1984); Lifton (1985); Lind, Hartmann e Wakenhut (1985); Cirillo e Wapner (1986); Sapp (1986); Kagan e Lamb (1987); Walker, De Vries e Trevethan (1987); Damon (1988); Gilligan, Ward e Taylor (1988); Gibbs, Basinger e Fuller (1992); Kurtines, Azmitia e Gewirtz (1992); Puka (1994); Caprara, Pastorelli e Bandura (1995); Kurtines e Gewirtz (1995); Helwig, Turiel e Nucci (1996); Lutz (1996); Alldredge et Al (2000); Pagnin e Andreani Dentici (2000); Hart et Al (2003); Hennig e Walker (2003); Nichols (2004); Krebs (2005); Doris e Stich (2006); Killen e Smetana (2006).[8]

Il concetto stesso di *cognitive developmental theory of moral reasoning* (o simili), come spesso viene chiamata una simile impostazione, porta con sé molte implicazioni (forse discutibili), secondo linee concettuali analoghe a quelle già rilevate per l'idea di progresso della civiltà nel suo insieme, ma riferite questa volta al progresso biografico del cittadino. Tra queste, più o meno: che esiste una morale (più che dei valori); che tale morale è razionale-cognitiva; che è legata a fasi di sviluppo; che e traducibile in una teoria; che il compimento dello sviluppo morale consiste nel raggiungimento della maturità morale ovvero (al solito) della condivisione di ideali teorici caratteristici della *middle-class* statunitense; che il fatto di non percorrerne tutti gli stadi di tale sviluppo naturale è segno di una disposizione patologica nel soggetto; e via dicendo.

## Valori morali

Né va sottovalutato il fatto che la dimensione valoriale-morale si accompagna spesso, più o meno consapevolmente, anche all'intenzione prescrittivo-moralistica. Dove la prima attitudine (che è più vicina alla filosofia e alla psicologia) fa riferimento soprattutto ai valori-come-sono, mentre la seconda (che è più vicina alla politica, alla religione e alla pedagogia) si riferisce più spesso ai valori-come-dovrebbero-essere.

Ad esempio: nella tradizione statunitense è ben radicata una disposizione quasi ossessiva, da parte di molti agenti di socializzazione (genitori, insegnanti, manager ecc), a promuovere nei propri interlocutori quella che viene definita "value education". Un forte impegno in questo senso viene

---

[8] L'Autore contemporaneo che pare godere di maggiore popolarità in materia, almeno negli Stati Uniti, è forse lo psicologo-filosofo Lawrence Kohlberg, (Kohlberg e Kramer, 1969; Kohlberg 1973, 1976, 1979, 1984; Colby et Al, 1983, 1987; Colby e Kohlberg, 1987). Questi non è certo nè il primo nè forse il più rilevante tra i sostenitori della natura stadiale-evolutiva dei valori, ma i suoi lavori hanno un'eco particolarmente vasta (sulle cui ragioni non tenteremo tuttavia di fare luce in questa sede).

profuso a tutti i livelli della scuola (e spesso anche di altre istituzioni) per insegnare i giusti valori ai ragazzi almeno fino all'università e possibilmente anche nelle associazioni piuttosto che nei posti di lavoro.

Una simile attitudine è del resto connaturata alla generalità delle culture,[9] anche considerando che la pedagogia si sostanzia primariamente proprio in questo obiettivo: educare-formare al bene e al giusto. Ma nella cultura statunitense tale strategia si presenta in una forma particolarmente ben attrezzata, con una grande quantità di organizzazioni e di teorie e di riviste scientifiche ad essa dedicate.

Il riferimento ai valori è ben presente anche nella dimensione applicativa della psicologia, particolarmente in quegli interventi che vengono definiti come psicoterapia o come counseling. In tali contesti, la dimensione latamente pedagogica è davvero molto rilevante. Il che vale soprattutto nel senso che le scelte teoriche e strategiche dello psicologo sembrano dipendere in parte rilevante proprio dalla sua morale di riferimento (personale e sociale). Il che vale tanto per i valori laici quanto per quelli religiosi; come ci evidenziano, tra gli altri: Wells (1926); Jessor (1956); Buhler (1962); Barry (1965); Curran (1968); Bergin (1980, 1983); Hansen (1982); Rosenbaum (1982); Meier (1988); Holmes e Lindley (1989); Peterson (1989); Bradford e Spero (1990); Kelly (1990); Lewis (1990); Burke e Miranti (1992); Doherty (1995); Tjeltveit (1999).

La commistione fra psicologia dei valori, intendimenti morali e volontà terapeutiche è ben resa, ad esempio, dall'esistenza di una rivista (scientifica), che viene pubblicata da una cinquantina d'anni e che si intitola *Counseling and Values*. La rivista è sottotitolata: *The Official Journal of the Association for Spiritual, Ethical, and Religious Values in Counseling*. L'associazione è una Divisione della *American Counseling Association*, a cui partecipano professionisti con formazioni relativamente disparate.[10]

Se appena si va un po' più indietro nel tempo, si nota subito come anche tutta la psicologia dinamica abbia sempre posto l'accento sul tema dei valori. Basti considerare che, ad esempio nella psicoanalisi: esiste uno specifico

---

[9] Una certa quale attitudine moralistica è inevitabile in tutte le strategie che fanno riferimento a costrutti quali: istruzione, insegnamento, educazione, didattica, ammaestramento, indottrinamento, formazione, socializzazione ecc. Tuttavia, nelle scuole pubbliche dei Paesi occidentali, questa rimane solitamente a un livello implicito e non dà luogo a verifiche curricolari specifiche (come invece avviene con buona frequenza negli Stati Uniti, dove peraltro l'istruzione è per lo più a carattere privatistico). Ad esempio, in Italia sembrerebbe che l'esame di Morale sia presente solo presso l'Università Cattolica. Mentre l'educazione a principi valoriali giudicati migliori di altri si sviluppa piuttosto (per restare nell'ambito della tradizione cattolica) nel concetto del catechizzare e della catechesi. Termini questi ultimi che indicano, in generale, l'insegnamento e l'apprendimento dei principi e delle norme di una dottrina giudicata giusta di per se stessa per via la sua autorevolezza morale (il termine *catechesi* ha origini greche simili a quelle del termine *didattica*).

[10] Ci auguriamo anche che questo dato possa contribuire a ridurre le perplessità di quanti si chiedono come mai il *Personality Psychology Workshop* dell'Università di Torino, all'interno del quale è nato e cresciuto il Programma ITAPI, sia costituto in un laboratorio ufficialmente intitolato alla "Ricerca sulle Personalità e sul Counseling".

super-organo mentale dominante, detto appunto Super-Io, preposto proprio alla gestione dei valori, soprattutto con riferimento a quelli trasmessi più o meno coscientemente dai genitori ovvero di quelli più o meno coscientemente interiorizzati dai figli.

Mentre la tradizione patologico-psichiatrica ha sempre considerato proprio il conflitto tra valori, all'interno del singolo individuo o tra l'individuo e i suoi gruppi di riferimento, come una delle origini principali del disagio psicologico. E ricordiamo che la già molto citata crisi dei valori viene spesso presentata in letteratura come una delle ragioni più importanti fra quelle che stanno alla base della domanda contemporanea di psicoterapia (Wolff, 1950).

Per restare solo ad alcuni dei classici temi che percorrono il dibattito psico-patologico moderno, citando qua e là tra i mille possibili: l'anoressia e la bulimia, ovvero il valore soggettivamente attribuito ai modi del proprio schema corporeo; l'agorafobia e il valore della sicurezza; l'attitudine ossessivo-compulsiva e il valore dell'igiene personale o della perseveranza; e così via.

I valori possono essere considerati, tra l'altro, come degli importanti mediatori fra Sé ideali e Sé attuali (Dick e Dalmau, 1990). E si pensi al rilievo che concetti come quello di valore e di moralità possono acquistare nelle strategie di auto-regolazione cognitivo-comportamentale (Bandura, 1989, 1991). I valori sono alla base del modo in cui vengono sviluppate le strategie diagnostiche dei sistemi patologistici fondati su indagini d'opinione condotte presso esperti qualificati, come nel caso del DSM e dello ICD (Nunokawa, 1956; Sadler, 2005).

In questo senso, è stata notata più volte anche la tendenza per cui l'affermarsi della modernità sembra portare ad uno spostamento di accento da concetti come quello di virtù o di vizio verso concetti come quelli di valore o di valenza positiva e negativa (Foot, 1978; Himmelfarb, 1995). In seguito all'affermarsi di tale propensione, è evidente che interviene una riduzione del peso sanzionatorio che le regole morali esercitano sui comportamenti (una valenza negativa o una fissazione regressiva sono meno inquietanti di un vizio o di un peccato mortale); ma dove le valutazioni morali con il più e con il meno (il meglio e il peggio) rimangono ben salde nella mente dei valutatori.

Un'altra modalità attraverso cui si esprime il lato moralistico-prescrittivo nella teoria dei valori è il meccanismo per cui una parte dell'ideologia di ogni cultura si sostanzia nel ritenere che i propri valori sono i più nobili ed elevati, mentre quelli degli avversari sono solo il prodotto di una bassa propaganda manipolatrice. Per cui, ad esempio: per molti media comunicativi di una determinata cultura (poniamo: arabi, cinesi, russi, cubani ecc), i media delle culture che si propongono come antagoniste (poniamo: statunitensi, inglesi, israeliane ecc) sono considerati agenzie propagandistiche di ideologie e visioni del mondo diverse dalla propria; e viceversa (in quanto: è quasi lo stesso se si scambiano le posizioni tra le due parentesi riportate poco sopra). Per cui, tra l'altro, la diffusione dei media provenienti da altre culture, per il tramite ad esempio di internet o del satellite, viene spesso contrastata da ciascuna cultura con blocchi e censure che li rendono di fatto quasi inaccessibili.

Ad un altro livello ancora, la pedagogia valoriale si confonde con la comunicazione pubblicitaria o propagandistica, le quali si propongono specificamente l'obiettivo di creare valori psicologici da scambiare: con denaro (nel caso della pubblicità commerciale); con voti elettorali (nel caso della propaganda politica); con scelte spirituali (nel caso della propaganda ideologica o religiosa); con modificazioni del comportamento (nel caso del marketing come anche della psicoterapia) ecc.

In letteratura si trova anche l'indicazione di una serie di strategie operative per utilizzare la ricerca condotta nella comunicazione e nei consumi al fine di gestire se stessi e la propria interazione con gli altri come se si fosse una specie di marchio commerciale ovvero di *brand*. Lo spiega ad esempio Tom Peters (1999), a partire dal semplice principio "you have a personality (ask your close friends!)" e che quindi necessariamente questo è il più *Great Brand* che tu possa mai possedere. E gli fanno eco diversi altri Autori i quali offrono modelli pratico-scientifici di riferimento per azioni strategiche definite come *yourself branding*, *personal branding* e simili. La cui motivazione principale viene identificata nel desiderio che il cittadino moderno nutrirebbe di uscire dall'anonimato e di farsi un nome (Andrusia, 2000; McNally e Speak, 2002; Montoya, Vandehey e Viti, 2002; Roffer, 2002).

Altro esempio (tra gli altri), che si muove più o meno su questo terreno, è la strategia che viene proposta a partire da una segmentazione valoriale *lifestyle* (di cui vedremo meglio tra poche pagine) dei comportamenti alimentari per costruirsi da soli, o per farsi indicare da un professionista (magari psicologo), la dieta dimagrante su misura. Strategia che ci viene spiegata, tra gli altri, dai coniugi Kushner (2004). Un altro esempio è rappresentato dalle indicazioni su come, in una prospettiva di più ampio respiro, costruirsi da soli uno stile di vita psicologico vincente (Williams e Long, 1983; Williams et Al, 1988).

Ma, in questa sede, non ci inoltriamo ulteriormente nei meandri di tale impervia strada, che ci porterebbe necessariamente troppo lontano: lungo i temi della formazione personale, delle strategie di intervento cognitivo-comportamentale, ovvero (se a qualcuno piace l'espressione) delle psicoterapie (magari: di gruppo). Anche considerando, tra l'altro, che la comunicazione persuasiva nell'ambito della diffusione di usi e consumi (per i prodotti dei grandi magazzini così come in politica) ha sempre utilizzato dei riferimenti ad una forma di felicità, di salvazione ovvero di cura e di salute, come effetto dell'atto d'acquisto (o di voto) che ricorda molto da vicino le promesse terapeutiche di molta medicina e di molta psicoterapia (Lears, 1983; Lebergott, 1993).

La zona di confine tra pedagogie diverse è ben resa, ad esempio, dal caso della psicologia applicata alla pubblicità ed al marketing. Dove la ricerca sui valori viene utilizzata per sviluppare strategie che favoriscono, ad esempio: la partecipazione ad attività di volontariato; gli atti di beneficenza; la disponibilità a sottoporsi a *screening* per identificare malattie gravi; gli stili di vita salutari (basati sulla giusta alimentazione e sull'assenza del fumo come di altre attitudini tossicodipendenti) ecc.

Ma la chiave morale viene utilizzata anche per vendere prodotti di altro tipo. Cosicché può determinarsi un uso esasperato della ricerca personologico-valoriale, come quando questa contribuisce a suscitare (anche involontariamente) comportamenti compulsivi o comunque legati a uno stato di disagio, quale ad esempio si può determinare nel caso della *shopping addiction* ovvero acquisto ossessivo-compulsivo (Baker, 2000), oppure nello *shop-lifting* reiterato (Abelson, 1989; Klemke, 1992; Segrave, 2001; Cupchik, 2002; Schulman, 2003), oppure nelle *fashion victims* ecc.

Tali comportamenti sembrano del resto rappresentare solo l'esasperazione di attitudini che forse ciascuno di noi coltiva in forma leggera e che la ricerca psicologica si limita a rilevare, come ad esempio: nel caso dei prodotti "ad acquisto d'impulso", che vengono generalmente collocati sul banco del negozio o vicino alle casse del supermercato; come nel caso dell'elemosina elargita a un abile quanto improbabile questuante occasionale solo perché ci si sente in imbarazzo a non farlo; nel caso della spontanea generosità o dell'attitudine spirituale che si trasforma in adesione fanatica a movimenti religiosi o di assistenza ovvero a sette, in cui si finisce con l'esaurire tutte le proprie risorse esistenziali e magari anche economiche; e così via.

Un'altra area rilevante in cui emerge il peso della ricerca sui valori è legata infine al tema del lavoro e delle organizzazioni, ovvero alla gestione delle opinioni e del consenso nei contesti di produzione. Temi che si legano a quelli della consulenza organizzativa, attività professionale tipica di molti psicologi.

Ci limitiamo però a semplicemente citare tale area di ricerca e di intervento, la cui ampiezza è tale da non poter essere nemmeno accennata qui come settore specialistico, viste le centinaia e centinaia di lavori pubblicati (per la cui disanima rimandiamo ad altre occasioni). Lo stesso vale per la collegata ricerca sull'orientamento, specie considerando che i valori possono essere connessi a preferenze e attitudini professionali ovvero al successo lavorativo.

In questa sede di limitiamo a ricordare in proposito, come esempio limitato ma emblematico, un dato che non sembrerebbe molto conosciuto e che sta in relazione all'estensione della teoria gerarchica dei valori (molto citata anche negli ambienti organizzativi) alla gestione delle risorse umane.

Lo sviluppo finale della gerarchia motivazionale-valoriale di Maslow si è infatti sostanziato nella proposta di quello che l'Autore ha definito "Eupsychian management" (1965), sempre nella direzione esplicita di sviluppare una nuova concezione libera (e non materialistica) delle relazioni industriali (stante che, come dichiara l'Autore stesso: "The Cold War will be won by the nation that turns out the better type of human being").

Secondo alcuni critici, quella di Maslow è una visione paternalistica del *management* e della *leadership*, simbolizzata dal principio chiave dei suoi interventi, che ruotano tutti attorno a: "The necessity for enlightened management policies" (che non si riferisce però all'illuminismo, bensì all'idea secondo cui: "Enlightened management is one way of taking religion seriously, profoundly, deeply and earnestly").

Si tratta peraltro di un approccio concettuale che ha dominato e in parte domina ancora oggi le logiche manageriali statunitensi, anche nelle loro versioni importate in Europa. Le quali peraltro non di rado (come è tipico della Nuova Psicologia Scientifica) vi si riferiscono senza avere ben presente le possibili fonti da cui più o meno derivano; e di cui, ad esempio, si dichiara esplicitamente un apostolo Peter Drucker.

I valori a cui si deve ispirare tale dirigenza eupsichica si esprimono in una serie di assunti di base ("assumptions") ovvero in una specie di catechismo laico così concepito (Maslow, 1965, p.17 e seguenti): "1. Assume everyone is to be trusted ... 3. Assume in all your people the impulse to achieve ... 9. Assume the "ability to admire" ... 10. We must assume that the people in eupsychian plants are not fixated at the safety-need level ... 15. Eupsychian management assumes that people are improvable ... 16. Assume that everyone prefers to feel important, needed, useful, successful, proud, respected, rather than unimportant, interchangeable anonymous, wasted, unused, expendable, disrespected ... 17. That everyone prefers or perhaps even needs to love his boss (rather than to hate him), and that everyone prefers to respect his boss (rather than to disrespect him) ... 23. Assume the preference for working rather than being idle ... 24. All human beings, not only eupsychian ones, prefer meaningful work to meaningless work ... 29. We must assume that everyone likes to be justly and fairly appreciated, preferably in public ... 33. Assume that fairly well-developed people would rather create than destroy ... 35. We must ultimately assume at the highest theoretical levels of eupsychian theory, a preference or a tendency to identify with more and more of the world, moving toward the ultimate of mysticism, a fusion with the world, or peak experience, cosmic consciousness, etc"

## Valori interpersonali

La ricerca sui valori è resa ulteriormente complessa dal fatto (già citato, ma essenziale) che lo studio delle personalità, elemento fondativo della Nuova Psicologia Scientifica, è sempre stato legato anche alla dimensione interpersonale del soggetto, ovvero a quei fattori il cui studio viene ricondotto all'ambito della psicologia collettiva. Per cui, dal punto di vista delle scienze umane, lo studio dei valori si sviluppa in quella zona intermedia che comprende tanto la psicologia delle personalità quanto la psicologia sociale. Si tratta anzi, probabilmente, di una delle aree in cui l'osmosi fra queste due aree disciplinari si è sviluppato in forma più sistematica, tanto sul piano teorico quanto su quello della ricerca empirica (Zavalloni e Montuschi, 1973; Salvini, 1977; Ross e Nisbett, 1991; Krahe, 1992; Perussia, 1994b; Reis e Charles, 2000; Millon, Lerner e Weiner, 2003).

La frammistione tra psicologia della personalità e psicologia sociale non ha fatto altro che crescere, almeno a partire da concetti come quello di *conscience collective* proposto da Durkheim o dall'idea junghiana relativa ad una natura anche collettiva dell'incosciente, o da quando Tarde sosteneva l'idea di una tendenza all'imitazione reciproca tra le persone; e così via.

Un segno di tale crescente collaborazione è riflesso nel fatto che attualmente esistono almeno quattro riviste scientifiche ufficiali le quali presentano i due riferimenti contemporaneamente nella testata: *Journal of Personality and Social Psychology*, da quasi settant'anni; *Personality and*

*Social Psychology Bulletin*, da più di trent'anni; *Journal of Social Behavior and Personality*, da oltre vent'anni; *Personality and Social Psychology Review*, da una diecina d'anni. E si tratta solo dei casi più espliciti ed evidenti. Ma se ne potrebbero aggiungere molti altri.

Il che si rileva anche in quella che è forse la più classica raccolta di strumenti per la rivelazione di atteggiamenti e valori e simili, che nel 1973 viene intitolata "Measures of social psychological attitudes" (Robinson e Shaver, 1973) e che diventa, nella rinnovata edizione di vent'anni dopo, "Measures of personality and social psychological attitudes" (Robinson, Shaver e Wrightsman, 1991). Mentre sarà quasi pleonastico notare che tale raccolta contiene, come voce conclusiva delle dieci di cui si compone la rassegna, proprio un capitolo sui "Values" (Braithwaite e Scott, 1991).[11] Mentre lo stesso Rokeach teneva a sottolineare che: "c'è ancora un ben limitato consenso sulla precisa differenza concettuale fra atteggiamento (*attitude*) e valore (*value*)" (1968-69:549).

E torniamo agli usi linguistici, per ricordare che i valori, nel senso in cui generalmente si cerca di identificarli con la ricerca psicologica, sono piuttosto definiti come "Mores" dai latini. Questo termine deriva da *mos-moris*, sostantivo che indica principalmente: la volontà (di un uomo), ovvero anche l'ostinazione e il capriccio. Tale volontà insistente e ricorrente può diventare, per estensione, anche norma di condotta, ovvero: costume, usanza, abitudine, uso, modo; ovvero: comportamento, maniera di vivere, contegno, temperamento, carattere, modo di essere; e infine può irrigidirsi in: legge, precetto, regola. Deriva da qui il sinonimo moderno dei valori, ovvero i principi morali o usi consolidati (*mores*, appunto). [12]

In Francia lo studio dei valori viene spesso definito come studio delle mentalità, o appunto come studio dei costumi. E si pensi, con riferimento all'Ottocento, oltre che alla ricerca psicologica, anche alla ricerca espressa in forma letteraria da Stendhal, o da Balzac (che amava chiamare il suo lavoro di romanziere, in quanto psicologicamente e socialmente approfondito, una *physiologie*), o da Zola (che per scrivere i suoi romanzi conduceva prima lunghe inchieste sul campo, taccuino alla mano) e così via.[13] Mentre merita

---

[11] Un altro indizio curioso di tale tendenza, tipica dello studio dei valori, a collocarsi a mezzo tra la psicologia delle personalità, la psicologia sociale, l'antropologia, la sociologia e quant'altro, è la serie di ricerche estensive sui valori giovanili realizzata in Italia con il coordinamento di Giovanni Grasso. Tale indagine: nella prima edizione viene intitolata genericamente alla "Gioventù di metà secolo" (1954); nella seconda rilevazione diventa invece una ricerca sulla "Personalita giovanile in transizione", dove nel sottotitolo si precisa anche che è una "Ricerca psicosociologica" (1964); infine, nella terza edizione, si trasforma in "Gioventù e innovazione: Ricerca psicologico-sociale sulla condizione giovanile di transizionalità culturale" (1974).

[12] Per cui, la versione latina del concetto secondo cui non ci sono più i valori di una volta suona: *Oh tempora! Oh mores!*

[13] Pur senza entrare nel dettaglio della questione: sarà utile sottolineare che vi sono casi in cui la differenza tra i racconti (sulle personalità) definiti come letterari e quelli definiti come clinici pare decisamente più convenzionale che di sostanza. Mentre può capitare che almeno qualcuno tra i secondi possa risultare (scientificamente) inferiore

ricordare che un classico genere teatrale e letterario del tardo Medioevo, o della prima modernità, è quello che viene detto delle "moralità": recitativo che si colloca a mezzo tra la drammatizzazione personificata di vizi e virtù e lo studio dei costumi.

Ricordando che "costume" (Devoto-Oli, 1967:690) è: "Modo concreto di pensare o di contenersi, contratto per abitudine o per educazione, ovvero raccolto dal patrimonio della tradizione (per lo più familiare); è ad ogni modo indicativo nei confronti della personalità morale dell'individuo (anche della collettività), dei suoi principi, della sua condotta".

Alla luce di queste pur brevi note, si capiscono meglio le ragioni del grande interesse psicologico per gli "usi e costumi", le condotte, i caratteri, gli stili di vita; ovvero il fatto che, prima dell'invenzione della Nuova Psicologia Scientifica, e dell'accentuazione di un riferimento di valore (che vale nel senso di: sano, robusto, forte) ai manufatti e ai capitali (tutto ha un prezzo, in quanto *valet*), la scienza psicologica veniva detta appunto, oltre che "antropologia" (come fa notoriamente Kant) soprattutto "morale" (come fanno in tanti, prima e dopo di lui).

Su di un piano più generale, sarà sufficiente ricordare qualcuno dei temi in cui la dimensione valoriale e la dimensione sociale si confondono, in modi spesso inestricabili. Questo accade, ad esempio, con riferimento a costrutti quali: la *social cognition*, gli stereotipi, i pregiudizi, l'egoismo, l'altruismo, il rapporto tra cosciente e incosciente ecc.

In sostanza: si collega allo studio dei valori la generalità delle relazioni interpersonali. Tanto che gli appena citati stereotipi e pregiudizi (tipicamente: quelli etnici) sono facilmente leggibili anche come una diretta espressione di valori particolarmente rigidi che improntano di sé le reciproche immagini di collettività interagenti (Druckman, Broome e Korper, 1988; Esses, Haddock e Zanna, 1993; Glover, 1994).

Suona in effetti stereotipale anche solo il fatto di definire (e quindi, almeno implicitamente, di valutare) una persona secondo canoni di sesso, età, razza, religione, nazionalità, lingua ecc.[14] Ma risultano generalmente essere stereotipali anche le valutazioni relative agli oggetti (nel qual caso: si parla solitamente di: immagini di marca, o simili) piuttosto che dei luoghi (e allora si parla di immagini o di percezioni ambientali) e così via.

Mentre non si può fare a meno di ricordare che una delle aree di ricerca che maggiormente si connettono alla studio dei valori è quella che oggi si chiama antropologia, nel senso degli studi etnografici e di comunità, specie dal punto di vista della cultura materiale e nella prospettiva dell'etnometodologia e dell'interazionismo simbolico.

Ci troviamo dunque nella condizione di ribadire ancora una volta che: più si

---

ad almeno qualcuno tra i primi. E viceversa.

[14] Ci sono Paesi, ad esempio, dove in certi contesti (tipo: in un'offerta di lavoro ovvero in un curriculum per la selezione del personale) non si possono richiedere informazioni personali relative né al sesso né all'età, proprio per evitare le relative discriminazioni implicite. Mentre una volta (quando i valori erano diversi) si potevano pubblicare annunci economici del tipo: cercasi ragazza di bella presenza; piuttosto che: cercasi uomo (nel senso di: maschio) maturo.

cerca di capire bene la questione dei valori e più ci si accorge che la letteratura sul tema è davvero vasta. Mentre diventa sempre più difficile distinguere (posto che il tema sia di un qualche interesse) tra psicologi e antropologi, o anche economisti, storici o sociologi o quant'altri che se ne occupano.

Basti pensare, limitandoci ad aggiungere solo pochi ulteriori esempi significativi di carattere generale, ai contributi (indispensabili per approfondire adeguatamente la teoria dei valori) offerti quanto meno da: Tarde (1890); Veblen (1899); Mead (1934); Adorno e Horkheimer (1944-1947); Riesman (1950); Packard (1957); Schutz (1962-1968); Marcuse (1964); Berger e Luckmann (1966); Garfinkel (1967); Baudrillard (1968, 1970); Blumer (1969); Natanson (1970); Psathas (1973); Schutz e Luckmann (1973); Turner (1974); Mehan e Wood (1975); Fromm (1976); Brittan (1977); Ewen (1977); Gregor (1978); Luckmann (1978); Lasch (1979); Blum (1980); Brislin (1983); Giglioli e Dal Lago (1983); Mukerji (1983); Wilson (1985); Segall (1986); Appadurai (1986, 1996); Swidler (1986); Williamson (1986); Fekete (1987); Miller (1987); Umicker-Scbeok (1987); Willis (1990); Featherstone (1991); McCracken (1988); Davis (1992); Brewer e Porter (1993); Cross (1993); Lee (1993); Bermingham e Brewer (1995); Thornton (1995); Barnard (1996); De Grazia e Furlough (1996); Jardine (1996); Lury (1996); Elliott (1997); Falk e Campbell (1997); Pointon (1997); Roche (1997); Slater (1997); Cooper e Denner (1998); Miller (1998); Berg e Clifford (1999); Glickman (1999); Berger (2000, 2004); Lardner e Lundberg (2000); Pendergast (2000); Pleck (2000); Scanlon (2000); Schor e Holt (2000); Liechty (2002); Perussia (2002); Zamagni (2002); Capuzzo (2003); Goodman, Cohen e Vasan (2003); Kasser e Kanner (2003); Horowitz (2004); Lehman, Chiu e Schaller (2004); Sassatelli (2004); Arnould e Thompson (2005).

Una parte della ricerca sui valori è del resto legata anche, in modo piuttosto sistematico, alla classica ricerca sulla psicologia della vita quotidiana. Sul quale tema, possiamo ricordare quanto meno: Sorokin e Berger (1939); Johns-Heine e Gert (1949); Goffmann (1959); Scott (1959); Lefebvre (1968); Douglas (1970); Cowell (1973); Franklin e Kohout (1973); Douglas et Al (1980); Dogana (1976, 1999); Robinson (1977); Cohen e Taylor (1978); Caccamo De Luca (1979); Conti e Romano (1979); Maffesoli (1979); De Certeau (1980); Girard (1980); Weigert (1981); Gardner e Adams (1983); Beauvois (1984); Rogoff e Lave (1984); Mackie (1985); Frontori (1986); Massimini e Inghilleri (1986); Smith (1987); Thorneycroft (1987); Norman (1988); Hatch (1983); Martin e Osborne (1989); Poon, Rubin e Wilson (1990); Tennen, Suls e Affleck (1991); Zerubavel (1991); Argyle (1992); Gulotta (1995); Mackay (1997); Perussia (1997); Scheibe (2000); Wood, Quinn e Kashy (2002); Stucky e Daughton (2003); Horna (2004); Lawrence, Dodds e Valsiner (2004); Stern (2004); Engel (2005); Fireman (2005); Smith e Weber (2005); Sawchuk, Duarte e Elhammoumi (2006).

## Valori politici

Tra le fantasie che stanno alla base della ricerca sui valori c'è anche la convinzione, relativamente diffusa nella sociologia delle origini e più ancora in quella del ventesimo secolo, che viene ben sintetizzata nel concetto espresso da Giddings (1924), secondo cui sarebbe certamente possibile uno studio della società il quale faccia da solida base scientifica oggettiva per ogni iniziativa tesa a perseguire il bene sociale.

Si ritiene cioè, nel campo della scienza politico-sociale, che "Uno dei motivi-forza che hanno portato allo sviluppo della disciplina alla fine del diciannovesimo secolo era il desiderio di migliorare le condizioni sociali. Molti dei pionieri erano persone con sentimenti moralistici, religiosi, altruistici ed erano convinti che se avessero potuto apprendere i 'fatti' relativi alla società avrebbero saputo come guidare la gente e 'aiutare a rendere il mondo un luogo migliore in cui vivere' " (Rose, 1956:2).

Uno degli obiettivi dichiarati da molti Autori dell'epoca era infatti proprio quello di trovare le regole scientifiche per meglio gestire la società. Tale pretesa potrà apparire a prima vista presuntuosa o ingenua o anche vagamente paranoica, ma in effetti è la medesima ambizione che viene coltivata dai seguaci di molte scienze umane, con riferimento alle loro possibili applicazioni, a partire dagli psicologi e dalla loro convinzione di poter modificare la sostanza delle persone (in particolare: tramite la tecnica psicoterapica).

Tra i molti sostenitori di una simile strategia possiamo ricordare ad esempio lo stesso Edward Thorndike (1940), il quale ritiene di fondare una "scienza naturale dei valori" che fornisca un punto di riferimento certo per definire oggettivamente la morale e dunque anche per ottimizzare le scelte sociali. Thorndike definisce esplicitamente il (suo) metodo scientifico come superiore rispetto ai metodi che identifica come a lui contemporanei e possibili concorrenti, ovvero quello religioso e quello democratico. Tale aspirazione sta del resto alla base della ricerca sui "valori sicuri", di cui già abbiamo trattato qualche pagina addietro.

Un altro autorevole sostenitore moderno di tale ipotesi dello scienziato-filosofo come ispiratore della politica, le cui radici affondano almeno nella *Repubblica* di Platone, è Karl Popper (1945). Questi ritiene che i valori scientificamente definiti (eventualmente: da lui) e le conseguenti virtù civiche che se ne possono dedurre oggettivamente, sono alla base delle leggi che devono fondare l'ideale politico della società aperta. Questa viene peraltro identificata dall'Autore stesso con l'alleanza tra Inghilterra e Stati Uniti e con la naturale disposizione ad educare con decisione tutto il mondo alle leggi scientifiche della democrazia. L'idea viene peraltro apprezzata anche da tanti altri Autori (Koertge, 2005).

Uno dei più recenti contributi a questo filone di ricerca ci viene fornito da un libro di Leon Pomeroy (2005) il quale sostiene la nascita di una sua (secondo lui) "New science of axiological psychology" e di una (nuova) "Cross-National

Axiology". A vedere bene, il suo trattato, che fonda questa nuova scienza, si sostanzia poi in qualche ricerca attuata mediante lo *Hartman Value Profile* (Hartman, 1967, 1973). Benché Rem Edwards scriva, nella sua Premessa al volume, che: "If this book gets the attention it deserves, it will completely transform the discipline of Psychology. As a philosopher, I am excited about the implications of this book for philosophical value theory or 'axiology'. Philosophers have seldom if ever dreamed that values could be treated with such intellectual rigor." Ma è probabile che molti filosofi dormano sonni tranquilli (o senza sogni del genere).

Il contributo del Pomeroy è peraltro strettamente connesso appunto al lavoro del Dr Hartman. Questi, come recita con enfasi un sito internet (www.valueinsights.com) dedicato interamente alla promozione di tale *modern value science* che anche Hartman avrebbe fondato con il nome di *Axiology* o di *Valuemetrics* o di *Mathematical model of value and moral phenomena*: "Realizing that the primary difference between natural order and moral disorder lay in the mathematics which orders the natural world, Dr. Hartman set out to discover a value mathematics." Per cui: "Dr. Robert S. Hartman was nominated for the Nobel Prize for his contributions in value measurement using Axiology. Hartman's value mathematics makes it possible to measure human values as accurately as a thermometer measures temperature." [15]

Una circostanza determinante per lo sviluppo di tale frammistione tra psicologia delle personalità, psicologia sociale e scienza politica latamente intesa, con specifico riferimento al tema dei valori, interviene però soprattutto alla fine degli anni Sessanta. Tale frammistione sta anzi alla base della straordinaria espansione che la psicologia, accademica e professionale, ha vissuto proprio dall'inizio degli anni Settanta ad oggi.

Il manifestarsi del movimento sociale-esistenziale-intellettuale-ideologico-quant'altro, spesso definito come "Sessantotto", stupisce infatti notevolmente il pubblico e gli studiosi occidentali (specie negli Stati Uniti) in quanto appare scientificamente piuttosto inconsulto. Sul piano dei valori: sembra infatti andare contro l'oggettiva chiave di volta che ha sempre sorretto il sistema valoriale scientifico-industriale-militare della regione, il quale a sua volta costituisce la spina dorsale dell'ideologia statunitense post-bellica. Tale movimento pare infatti dichiararsi pauperista, pacifista, e non orientato all'*achievement* (il leggendario rendimento o risultato o conquista) verso cui una parte rilevante delle scienze umane cerca invece di motivare in tutti i modi il buon cittadino.

Gli studiosi notano però quasi subito che ci si trova in presenza di un

---

[15] A proposito di questa "axiologia scientifica", così tipicamente circonfusa di enfasi "all'americana": merita notare che i due Autori appena citati non sono solo degli entusiasti, ma possiedono anche una loro veste ufficiale (che li rende dunque almeno ufficialmente scientifici quanto molti altri). In modo simile all'appena citato Popper: Hartman è stato professore di filosofia (alla University of Tennessee a Knoxville), Edwards è Professore emerito di Filosofia (nella medesima Università). Mentre Pomeroy ha lavorato in varie sedi accademiche statunitensi ed è professore di psicologia (alla Long Island University).

cambiamento mentale (quindi: non propriamente di una rivoluzione in quel senso lì), ovvero di una svolta soggettiva dei pensieri. Tale chiave interpretativa guadagna una vasta popolarità: anche perché allontana ogni dubbio su una diffusa volontà rivoluzionaria vera e propria e perché sposta l'accento del relativo intervento riparatorio dalle stazioni di polizia agli studi degli psicologi. I quali, tra l'altro, appaiono molto più confacenti allo stile di vita degli studenti universitari stessi (che rappresentano lo zoccolo duro del movimento) e delle loro famiglie.[16]

Per cui si parla insistentemente di una *Silent revolution* (Inglehart, 1971, 1977; Marsh, 1975), ovvero dell'incertezza che suscita, anche fra gli studiosi, l'irrompere di tale Sessantotto, cui non si era fatto caso fino a che la bolla non è venuta a galla. Si dimostra dunque come sia intervenuto, nelle menti di una minoranza (forse più fragile, ma anche forse più creativa) della gioventù, un cambiamento sotterraneo e spontaneo (in origine dunque: silenzioso) dei valori di riferimento. Tale cambiamento, esploso in un secondo tempo con apparenze eversive, merita senz'altro di essere studiato con opportuni piani di ricerca finanziati dal Governo e dalle Fondazioni, anche con l'obiettivo di gestirlo al meglio.

Passati gli anni Sessanta, si diffonde dunque una grande disposizione allo studio della psicologia in generale ed allo studio dei valori ovvero delle sub-culture e degli stili di vita in particolare. Soprattutto perchè appare evidente che le vecchie categorie classiche secondo cui il comportamento è determinato fondamentalmente dalla classe sociale di appartenenza appare sempre più fragile e insufficiente. Le istanze volontaristiche, i desideri, i valori, le speranze, le fantasie, le dimensioni psicologiche in genere, crescono dunque di rilevanza. La psicologia esplode e con essa l'idea di poter sviluppare un'analisi dei comportamenti a partire dagli stili di personalità individuali; e quindi anche di delineare alcune tipologie personologiche e sociali che aiutino a meglio capire il cambiamento.

Contribuisce notevolmente a una simile ridefinizione culturale, nel mondo industriale-scientifico-seconditivo, l'avvento dei cosiddetti baby-boomers ovvero dei figli di quel forte incremento demografico che é scoppiato nel periodo immediatamente successivo alla seconda guerra mondiale. Fanno parte di tale nuova generazione, che è cresciuta in un mondo (occidentale) più ricco e pacifico di quanto era accaduto ai loro genitori, modi valoriali quali: gli hippies e gli yuppies, la musica rock e quella pop, l'impegno politico e la new age ecc; così come anche gli adoratori di Wall Street piuttosto che i cristiani rinati ecc.

A tale drastico cambiamento si accompagna (ovvero l'ha anticipato di poco) pure una serie di importanti evoluzioni sul piano dei costumi commerciali, comunicativi e di consumo. Ne evochiamo qualcuno, in ordine sparso e con vario livello di rilevanza, considerando che tutti hanno avuto un certo peso

---

[16] Tutta questa lettura viene condotta invece in termini un po' diversi nel caso della parte nera o etnica del movimento (sul tipo del *Black Panthers Party* o dei *Simbionesi* o simili); ma questa è sempre stata ritenuta di minore interesse psicologico, economicamente insignificante e comunque psicologicamente poco recuperabile (salvo che dai tribunali).

nell'indirizzare l'attenzione delle industrie, delle autorità politiche e amministrative ovvero del sistema nel suo insieme (e del movimento psicologico che ne ha sempre ricavato occasioni professionali e di ricerca) verso una sempre maggiore attenzione alla soggettività.

Possiamo citare dunque, ad esempio: la diffusione su larga scala di nuovi prodotti di massa (dalle bibite gassate alle sigarette, agli elettrodomestici, alle automobili ecc); l'avvento delle telecomunicazioni (dalla radio alla televisione; fino, molto tempo dopo, ai computer e ai cellulari); il fatto che un numero sempre crescente di prodotti, che non di rado erano venduti sfusi e senza marchio (eventualmente: garantiti solo dalla credibilità del negoziante), diventano prevalentemente confezionati e marcati (dalla pasta ai detersivi, ai formaggi, ai biscotti, agli abiti, ai vini; nonché, tempo dopo: al pane, alle verdure fresche, all'acqua ecc); il crescere della centralità, così come della dimensione ludica ed esibitiva, dei prodotti e dello *shopping* (nella cosiddetta società dei consumi) i quali fanno potenzialmente da simboli di status in una società detta di massa, in cui le caratterizzazioni di classe diventano meno evidenti; e quindi la diffusione popolare della moda; l'evoluzione e la crescente sofisticazione della comunicazione pubblicitaria, ovvero dei suoi strumenti concettuali e scientifici e dei mezzi per diffonderla; la crescente disponibilità del credito al consumo (dalle vendite a rate alle carte di credito, ai prestiti personali, ai mutui); la già citata crescente somiglianza tra un prodotto e l'altro ecc.

Né si possono dimenticare tanti altri fenomeni epocali, quali: le grandi migrazioni legate allo sviluppo industriale (in Italia: soprattutto dal sud agricolo al nord industriale) con conseguente frammistione tra usi e costumi molto differenti tra loro; l'aumento del reddito nei più vasti strati della popolazione; lo sradicarsi dell'attività lavorativa dalla coltivazione dei campi per essere sostituita da una condizione diffusa di lavoro dipendente e stipendiato (che però nel tempo diventa sempre più elastico ovvero precario), spesso presentato anch'esso in termini di scelta, per cui "uno deve seguire le sue inclinazioni", invece che proseguire il lavoro paterno; la crescente tendenza ad accoppiarsi in quanto mossi da attrazione amorosa (invece che sposare la "gente dei paesi tuoi" o seguire esclusivamente i suggerimenti familiari), secondo una concezione volontaristico-romantica del matrimonio (con la conseguente diffusione delle separazioni, al complicarsi o al venire meno di tale motivazione emotivo-soggettiva); l'ampia offerta di culture con cui identificarsi (dai partiti e movimenti politici, alle chiese e religioni, agli spunti etnici più vari), con la connessa maggiore aleatorietà di tali scelte spirituali-ideologiche; il drastico allungamento della vita media ecc.

A collante di tutto questo (e di molto altro ancora) si afferma dunque una cultura generalizzata della singolarità e della scelta idiosincratica. Secondo tale prospettiva, che sembra dominare la modernità, l'ideologia-cultura più diffusa afferma che il soggetto è assolutamente una persona individuale e relativamente separata dal suo *background* (culturale e famigliare d'origine), in quanto vuole e anzi deve trovare un proprio spazio specifico per esistere compiutamente. In un certo senso, seguendo una prescrizione (valoriale) un po' tautologica ma molto evocativa, deve compiere scelte individuali per poter essere un individuo (invece che l'esecrabile uomo massa o la discutibile donna oggetto, entrambi alienati ovvero schifosamente etero-diretti, o simili). Per cui, in misura sempre crescente, l'individuo è tenuto a costruire un suo stile di vita (e di valori e di consumi) che sia spontaneo e sincero e proprio e originale a lui solo (o almeno solo a quelli come lui).

Per chi vive nel ventunesimo secolo (all'interno dell'occidente industriale-scientifico), molte di queste situazioni possono apparire quasi ovvie e normali. Ma va ricordato che una cinquantina d'anni fa, tutti questi possibili modi di essere se stessi rappresentavano, tutt'al più, fenomeni elittari. Mentre l'affermarsi di tutti questi fenomeni, assieme a tanti altri, ha prodotto cambiamenti notevoli, che in larga parte si sono tradotti in un'esaltazione proprio di quegli elementi di differenziazione e di segmentazione che si cerca di studiare attraverso la ricerca sui valori e sugli stili di vita, ovvero di inseguire commercialmente attraverso un'offerta di prodotti-servizi che vuole essere sempre meglio disegnata sui tratti-valori personologici del consumatore (ovvero, per dirla in sintesi: sempre più personalizzata).

Si sviluppa al contempo tutto un filone di ricerca e di pensiero che (al solito) sarebbe troppo lungo sviscerare qui nel dettaglio. Ne evidenziamo però alcuni esempi rappresentativi, già presenti anche prima della rinascita delle scienze sociali in genere e della psicologia in particolare che segue al movimento sessantottesco, ma che da questo prendono certo grande vigore.

Un primo filone che viene coinvolto è quello delle ricerche sul classico valore (già citato) dell'*achievement*. La ricerca scientifica statunitense ha infatti sempre ritenuto e dimostrato che il valore del successo è un fatto istintivo, che caratterizza per natura ogni essere umano sano di mente. Anche perché la pulsione all'*achievement* è il motore primo del sogno americano, spesso concepito come volontà personale che prende il sopravvento sui limiti della realtà materiale, in una chiave vagamente agnostico-sportiva; dove uno che si allena e pensa positivo e riesce a registrarsi sui valori giusti, può realizzare tutto l'*achievement* che gli riesce di immaginare.

Ne sono derivate tante ricerche, specie con l'obiettivo di ottimizzare tale disposizione naturale all'ottenimento di risultati. Tra cui, ad esempio: Hyman (1953); Kahl (1957); Merton (1957); Lipset e Bendix (1959); Rosen (1959); Straus e Houghton (1960); Braibanti e Spengler (1961); McClelland (1961); Marsh (1963); Barnett (1964); Turner (1964a); Kahl (1965, 1968); Han (1969); Kohn (1969); Rosen, Crockett e Nunn (1969); Schwartz (1971); Della Fave (1974); Kim (1977); Maehr e Nicholls (1980).

Accade così che, anche nel mezzo della guerra fredda e persino nel pieno del maccartismo, si può parlare di differenze di classe, venendo pure apprezzati dall'establishment. Gli studiosi delle scienze sociali le definiscono però come stratificazioni (non come diversità) e lo fanno appunto nei termini dei sistemi di valori connessi alla mobilità e alla scalata sociale, proposti in una prospettiva psicologica. Dove, ovviamente, non si parla mai di classi contrapposte, o anche solo di ricchi e di poveri, bensì della solita *middle-class*; pur con tutti i gradienti e le variazione possibili, che vanno dalla sua variazione *lower* a quella *upper*, alla *middle-upper*, alla *middle-lower*, alla *lower-lower*, alla *upper-upper* ecc.

Un altro grande settore della ricerca psicologica sui valori, che sta al confine con le strategie politiche, è quello relativo a un costrutto valoriale bipolare definibile come materialismo-idealismo (o qualcosa del genere). Nella ricerca scientifica statunitense questo viene considerato come un fattore eminentemente psicologico, benché in Europa, più o meno negli stessi anni, si tenda invece a considerarlo piuttosto come ideologico o anche eventualmente "di classe"; ovvero a tenerlo relativamente discosto dalla ricerca psicologica, la quale se ne occuperà invece (e in modo crescente) solo col progredire degli anni Settanta.

Lo studio relativo al rapporto dialettico fra Ideale e Materiale, almeno nella tradizione statunitense moderna, solo raramente si appoggia al pensiero di Kant, di Hegel, di Marx o simili. Bensì tende a ragionare nella forma dei diversi stili di vita che possono essere più o meno orientati al successo economico e all'acquisizione di prodotti ovvero ai consumi, da una parte, o invece eventualmente alla spiritualità ovvero a considerazioni teoriche ed astratte, dall'altra.

Se lo stile di vita del soggetto è orientato nel primo senso: si tende a dire che ha una personalità-stile la quale si ispira a valori materialisti. Mentre, se è maggiormente orientato nella seconda direzione: si tende a definirlo idealista. In un'altra versione della stessa storia, la questione viene identificata piuttosto nel gioco bipolare tra individualismo (pensare soprattutto a se stessi) e collettivismo (pensare anche qualcun'altro, ai vicini, alla comunità). Tale bipolarismo viene efficacemente sintetizzato, nell'ambito della sempre più emergente *pop-psychology*, dal dilemma para-amletico che Eric Fromm (1976) pone a se stesso in un noto *bestseller*: *To have or to be?*

Il rapporto con i prodotti e con i consumi viene dunque considerato sempre più, dal movimento scientifico-industriale, come il valore-tratto forse più rilevante nella vita delle persone (normali). Per cui sono reperibili in letteratura molti lavori che affrontano, nei termini della psicologia (delle personalità, sociale, dei consumi ecc), questo ampio tema definibile nel suo insieme come ricerca sui paradigmi ideologico-valoriali che strutturano il rapporto soggettivo tra l'individuo e la sua società. Tali lavori, diffusamente presenti nelle riviste scientifiche di psicologia, antropologia, sociologia e simili, trovano ampio spazio anche nelle riviste scientifiche dedicate al marketing, ai consumi, alla pubblicità e simili.

Si analizza dunque la questione soprattutto avvicinando tale bipolarità come una variabile trasversale di carattere molto generale, incrociata con vari altri aspetti personali e sociali, quali ad esempio: il conformismo (Kohn, 1969), il conservatorismo (Feather, 1979; Fincham e Barling, 1979); la modernità (Kahl, 1968); l'aggressività (Keltikangas-Jarvinen, 1989); la virtù (Cawley, Martin e Johnson, 2000); l'autoritarismo (Adorno et Al, 1950; Christie, 1991); il romanticismo (Campbell, 1987); la forza del carattere (Doris, 2002; Peterson e Seligman (2004); la saggezza (Jason et Al, 2001); il ragionamento morale (Lind, Sandberger e Bargel, 1981-1982; Emler, Renwick e Malone, 1983; Presley, 1985; Gross, 1996; Narvaez et Al, 1999); e così via; senza dimenticare alcunii loro complementari quali: il consumerismo, la semplicità volontaria, gli stili di vita alternativi ecc. Mentre per una più ampia rassegna di ricerche riferite a tratti e stili e valori, che focalizzano l'attenzione su casi particolari, rimandiamo alla Tavola 3.

Tra i molti lavori in materia, merita poi quanto meno citare (come prima indicazione bibliografica pur senza addentrarci in un'analisi più approfondita), in particolare: Kuhn e McPartland (1954); McClelland (1961); Inglehart (1977, 1997); Daun (1983); Belk (1984, 1985); Appadurai (1986); Hui e Triandis (1986); Wagner e Moch (1986); Triandis et Al (1986, 1988); Hui (1988); Fournier e Richins (1991); Richins e Dawson (1992); Dion e Dion (1993); Kasser e Ryan (1993); Oyserman (1993); Huy e Yee (1994); Kim et Al (1994); Richins (1994); Schwartz (1994b); Singelis (1994); Schroeder e Dugal (1995); Singelis et Al (1995); Triandis (1995); Ger e Belk (1996); Mick (1996); Gaines et Al (1997); Matsumoto et Al (1997); Wojciszke (1997); Muncy e Eastman (1998); Oishi et Al (1998); Triandis e Gelfand (1998); Micken e Roberts (1999); Phalet e Schonpflug (2001); Rudy e Grusec (2001); Burroughs e Rindfleisch (2002); Clarke e Micken (2002); Roberts, Manolis e Tanner (2003); Yi (2004); Kilbourne, Grunhagen e Foley (2005).

All'interno di tale tradizione, specie con riferimento al tema dell'*achievement* ovvero a quello del lavoro e delle organizzazioni, merita poi una particolare attenzione anche l'ampia serie di ricerche psicologiche che si propongono di tradurre la questione dei valori sociali soprattutto nei termini di una presenza o meno degli atteggiamenti valoriali ritenuti più o meno tipici della religione protestante e della sua relativa etica (alla Max Weber). Tra i quali interventi merita ricordare, oltre ai contributi di Talcott Parsons (1935, 1964) che vi fa insistente riferimento, quanto meno: Mack, Murphy e Yellin, (1956); Mirels e Garrett (1971); Draguns (1974); Kim (1977); Feather (1984); Furnham (1984b); Tang (1993); Mudrack (1997).

I Morgan, i Rockefeller, i Vanderbilt (ma anche gli Herbert Spencer) del capitalismo aggressivo ottocentesco dimostravano, fondandosi sulla scienza biologica di Darwin, che i poveri sono tali soprattutto perché non hanno voglia di lavorare. La moderna società delle relazioni industriali dimostra invece, in termini scientificamente assai meglio definiti, che i poveri sono poveri in quanto mancano dello spirito protestante (e quindi sono un po' immorali). E più in particolare deficitano di alcune sue componenti costitutive, quali il senso della modernità e l'ambizione (il solito *achievement value*), o eventualmente perché sono preda di qualche forma di anomia o di depressione (oppure anche perchè gli manca il protestantesimo per via di loro strane tradizioni etniche particolari). Inoltre: il riferimento ad un tema religioso, che è edificante in se stesso, evita di dire, come si era fatto spesso in precedenza, che i poveri sono tali perché biologicamente inferiori (il che potrebbe togliergli di motivazione) o perché c'é chi si approfitta di loro per sfruttarli (il che potrebbe dare adito a motivazioni sbagliate).

## Valori economici

Una delle forme in cui meglio si sostanzia il moderno concetto di valore è quella del valore economico. L'interesse della scienza economica per lo studio del valore è infatti antico quanto la disciplina stessa, in quanto nasce dal fatto che tale costrutto (Quanto vale?) dovrebbe sempre avere un diretto corrispettivo monetario o economico (Quanto costa?).

Il prezzo viene infatti generalmente indicato come il valore di scambio di un bene; e lo si definisce, più o meno, come il prodotto della somma complessiva dei valori di tutte le caratteristiche individuali che lo compongono. Tanto che, accademicamente parlando, il concetto di "Teoria del valore" viene considerato, oltre che una faccenda filosofica o psicologica, anche come un tema di natura strettamente economica; con particolare riferimento alla già citata economia politica.

Pur lasciando da parte la teoria economico-monetaria del valore in senso stretto, possiamo comunque notare che la questione psicologica del valore non può non entrare in qualsiasi lettura economicista della realtà. Anche senza prendere strade troppo sofisticate (per le quali rimandiamo, come sempre, ad altre occasioni), possiamo facilmente notare che, almeno nell'economia di oggi, il vantaggio competitivo di molti prodotti e servizi, in un contesto dove la gran parte dei concorrenti si equivalgono non poco, è largamente immateriale ovvero di carattere psicologico-valoriale.

D'altronde, non si può ignorare che è l'economia stessa a proporsi, sin dal lavoro fondativo del professore di Filosofia morale (all'università di Glasgow) Adam Smith, come una scienza appunto valoriale-morale. E non dimentichiamo che uno dei primi e più importanti libri dello stesso Smith, solitamente ricordato in Occidente come il padre dell'economia scientifica e del relativo liberismo industriale e commerciale (1776), è appunto specificamente dedicato alla *Theory of moral sentiments* (1759).[17]

Mentre sarà utile ricordare che, nel Sei-Settecento, il termine "economia" non si riferiva affatto alla disciplina cui lo riferiamo oggi. Mentre un titolo sul genere di quello appena citato di Smith (ma un po' tutti, in effetti, i suoi) veniva ovviamente catalogato in quella che al tempo era l'antropologia o la morale, ovvero esattamente in quella che oggi chiamiamo psicologia (eventualmente: sociale o delle personalità).

Alla base della moderna teoria economica c'é sempre stato anche il tentativo di definire scientificamente le regole del bene e le regole del male, ovvero di definire le forme moralmente auspicabili di comportamento da indicare al, come si dice tecnicamente, "buon padre di famiglia" (Skitovsky,

---

[17] La dimensione decisamente valoriale della *pecunia*, è riemersa recentemente in una parte dell'economia: con riferimenti a temi come quello delle banche etiche o del commercio detto equo e solidale. Mentre ormai da una diecina d'anni esiste una rivista (scientifica) che si intitola: *Journal of Markets and Morality*.

1976; Stigler, 1982; Sen, 1987; Davis, 1991; Drakopoulos, 1991; Fitzgibbons, 1995, 1997; Alvey e Staveley, 1996; Young, 1997; Alvey, 1999a, 1999b; Rizzo, 2004).

Volontà pedagogica strategica che si riferisce tanto ad una dimensione genericamente etica quanto (e più ancora) alla regola morale assoluta (solitamente sancita anche dalle leggi occidentali sulle imprese economiche) di produrre sempre e comunque un qualche guadagno o reddito, ma soprattutto di realizzare il più grande risultato possibile a fronte dello sforzo minore possibile (che è il principio valoriale fondativo dell'economia).

Tale concetto di ottimizzazione dello sforzo appare del resto complementare alla legge secondo cui l'essere umano cercherebbe sempre il maggior bene possibile e sempre rifuggirebbe il più possibile dal male. Principio che è stato reso oggettivo anche dalla Nuova Psicologia Scientifica nei termini della cosiddetta "legge dell'effetto" (molto sottolineata dal già citato Thorndike), secondo cui: l'essere umano tenderebbe a ripetere il comportamento a cui consegue un effetto piacevole, mentre tenderebbe ad abbandonare il comportamento che produce un effetto spiacevole.

Quindi, senza addentrarci nell'interessante ma troppo complessa questione, possiamo ricordare, ad esempio, che l'idea stessa del leggendario *homo oeconomicus* non è certo una regola universale, bensì una tipica prescrizione morale occidentale di taglio illuminista con sfumature di idealismo tardo settecentesco. Basti pensare alla sua natura intrinsecamente laica (e potenzialmente diabolica), che produce un endemico scontro con la Chiesa, anche prima della nascita dell'economia moderna, come accade con riferimento al tema dell'usura, a quello del lavoro nel giorno santo (venerdì, sabato o domenica che sia), ma anche alla necessità delle banche etiche piuttosto che al dovere della carità o della beneficenza ecc.

Mentre è evidente che negli interventi di politica economica risiede necessariamente un'attitudine pedagogica o di *behavior modification* ovvero moralistico-valoriale. Questa è infatti intrinseca agli sforzi messi in atto per produrre, di volta in volta: più attivi comportamenti di consumo; oppure maggiori risparmi; o per indirizzare i redditi verso i buoni del tesoro piuttosto che verso i prodotti autarchici; o per suscitare simpatie verso questo o quel tipo di fonti energetiche; e così via.

Un attento studio dei valori è anche strettamente legato ai significati che vengono attribuiti a prodotti e manufatti e servizi, ovvero alla loro funzione nell'ambito della cultura materiale e della storia delle mentalità. Tale impostazione concettuale è quella che sta alla base anche della cosiddetta *Scuola degli Annales*, e che percorre tanta antropologia (economica), ovvero di quella che viene variamente definita come ricerca: sulla storia minima, sulla storia sociale, sulla vita quotidiana, sugli scambi, la psicologia dei consumi, il marketing, la *behavioral economics* e così via. Mentre appare particolarmente efficace, in questa direzione, la proposta avanzata da Sumner (1906) di sintetizzare nel concetto di *folkways* l'insieme di tutte queste costumanze riconducibili al costrutto dei valori; categoria generale nell'ambito della quale l'Autore riconduce temi quali: *usages, manners, customs, mores, and morals*.

Quello dei valori legati alla cultura materiale rappresenta un settore disciplinare tanto vasto quanto interessante, per il quale ci manca un sufficiente spazio di approfondimento in questo saggio, ma riguardo al quale merita citare, quanto meno: Sumner (1906); Mauss (1923-1924); Bloch (1924); Aries (1948); Febvre (1952); Sorokin (1957); Lauterbach (1959); Firth (1964); Lefebvre (1968); Henry (1976); Le Goff, Revel e Chartier (1978); Douglas e Isherwood (1979); Fox e Lears (1983); Lewis (1983); Pitts e Woodside (1983); Ariès e Duby (1985-1987); Earl (1986); Campbell (1987); McCracken (1988); Appadurai (1986); Belk, Wallendorf e Sherry (1989); Humprey e Hugh-Jones (1992); Lamont (1992); Solomon (1992-2006); Loeb (1994); Himmelfarb (1995); Strinati (1995); Dant (1999); Graeber (2001); Warneryd (2001); Osteen (2002); Ogden, Ogden e Schau (2004); Verdery e Humphrey (2004); Werner e Bell (2004).

Alla luce (anche) di tutto questo, una tipica strategia di lettura economica contemporanea, con riferimento ai valori psicologici, si sviluppa seguendo il semplice ragionamento per cui: se esiste un'identità delle persone, allora ci può essere anche un'identità delle cose (dei prodotti, dei manufatti). Il che permette, quanto meno, di applicare loro i criteri della valutazione e del giudizio psicologici (ovvero i criteri valoriali) secondo modalità analoghe a quanto avviene nel caso della percezione interpersonale. Per cui si ritiene che il soggetto si rapporti al prodotto-servizio-marchio secondo modi simili a quelli con cui si rapporta a una persona umana, alla quale attribuisce delle caratteristiche che valuta in termini positivi o negativi, specie sulla base di propri valori personali.

Inoltre: si ritiene che spesso non vi siano delle grandi differenze materiali significative fra un'acqua minerale e l'altra, fra un detersivo e l'altro, e spesso nemmeno fra un'automobile e l'altra o tra i servizi offerti da una banca e quelli offerti da un'altra; almeno: a parità di categoria merceologica o di fascia di mercato. Più in generale: si ritiene che i prodotti e i servizi tendano ad omogeneizzarsi fortemente, almeno nel mondo concorrenziale moderno.

Diventa allora piuttosto abituale parlare di "valori della marca", utilizzando categorie interpretative analoghe a quelle con cui si rappresentano-valutano le persone, ma con riferimento alla cosiddetta identità-personalità di un prodotto o di un marchio o di un'azienda. Ci si riferisce cioè alla sua dimensione soggettiva in termini di volontà e di rappresentazione (da parte del soggetto osservatore e/o utente), separata dalla sua dimensione di oggetto. Avviene dunque che la modernità tenda a dare per scontata l'idea di una natura anche emotiva del prodotto-servizio.

Tale costrutto emotivo si collega all'idea di una immagine-percezione dei prodotti-servizi che appare simile a quella della immagine-percezione di personaggi (quotidiani, letterari, fantastici). La quale rappresentazione appare spesso come qualcosa di più ricco e di più vitale, ovvero di più soggettivo e di meno obiettivo (in quanto: maggiormente proiettivo), rispetto a un essere umano in carne ed ossa. Capita quindi che il prodotto-servizio finisca col venire rappresentato mentalmente come una specie di personaggio con cui si può interagire, quanto meno sul piano della fantasia, anche in termini di identificazione, di coinvolgimento, di fiducia, di lealtà, di fedeltà, di responsabilità, di soddisfazione ecc (Aaker, 1997; Schmitt e Simonson, 1997;

Schmitt, Rogers e Vrotsos, 2003; Urde, 2003; Wheeler, 2003; Czellar e Palazzo, 2004).

Si studia dunque l'immagine (la rappresentazione cognitiva ed emotiva, individuale e sociale) del marchio o del prodotto o del servizio o del partito politico o di quant'altro, utilizzando anche le categorie concettuali della percezione interpersonale. Si affronta così il tema del marketing e della comunicazione anche nei termini dell'attribuzione (da parte del soggetto utente) di tratti e di tipi personologici, ovvero di una loro valutazione. Nella circostanza, si usano gli stessi strumenti (scale, griglie, test) che si utilizzano nello studio delle personalità umane. Per cui diventa normale, ad esempio, dire o pensare (ed operare di conseguenza) che: la tale automobile è aggressiva; il tale profumo è seduttivo; il tale liquore è emozionante; il tale partito è rassicurante oppure inquietante; e così via.

In senso operativo, nell'ambito di tale *brand personality,* si può dunque variamente parlare: di *brand identity* (Wheeler, 2003); di *emotional branding* (Gobé, 2001); di *marketing aesthetics* (Schmitt e Simonson, 1997); di marchi intesi come icone sociali ovvero come voci di *cultural branding* (Holt, 2004); e quindi da una parte di *citizen brand* (Gobé, 2002) e dall'altra di valori archetipici e mistici della marca (Wertime, 2003); di *brand spirit* (Pringle e Thompson, 2001); di varie *religious dimensions* nei consumi (Clapp, 1998; De Chant, 2002); di *brand cult* con le relative sette di credenti (Atkins, 2004); di legami d'amore con il prodotto (Roberts, 2004); ovvero (su di un altro piano) di *brand sense* ovvero di identità (quasi-viva) che può essere percepita sensorialmente in un prodotto (Kotler e Lindstrom, 2005) e così via.[18]

Nel contesto dello scambio economico: il profitto per il produttore è rappresentato sostanzialmente dall'utile, ovvero dalla differenza positiva tra il valore finale di un prodotto ed i sui costi di produzione. Mentre, dal punto di vista del cliente: c'è un vantaggio tanto maggiore quanto maggiore è la differenza positiva tra valore intrinseco del prodotto e costo d'acquisto. Si tratta cioè del classico concetto dei "values for money" (Frost, 1971), dove capita che un prodotto-servizio con elevato *value* immateriale possa risultare anche ad alto *value* aggiunto in termini monetari.

La presenza di un elevato valore psicologico che definisce il prodotto (agli occhi dell'utente) può essere dunque particolarmente vantaggiosa per il

---

[18] Questo tipo di analisi, che appare per lo più in testi pubblicati abbastanza di recente, può ricordare la classica interpretazione psicologico-psicoanalitico-antropologico-critica sul genere della scuola di Francoforte o dei già citati Marcuse e Packard e Mc Luhan ecc, quale correva ampiamente negli anni Sessanta e Settanta. La differenza sta forse nel fatto che qui non si tratta propriamente di un'analisi critica, bensì dell'adesione a uno strumento concettuale che è ritenuto utile nella pratica operativa. La generalità di questi autori non fa riferimento a tali strumenti per prenderne le distanze o per valutarli, bensì al contrario per cercare di utilizzarli con il fine di ottimizzare il risultato economico di un'attività. Mentre: a giudicare dall'insistenza di alcuni fra questi lavori per il tema della costruzione di un rapporto proselitistico fra utenti e prodotto-servizio, viene qualche volta da chiedersi se non sia una specie di attitudine messianica (invece che una forma di analisi economica) a muovere tali aspiranti super-venditori.

produttore o commerciante di quel bene, specie se questi riesce a realizzare tale maggior valore (soggettivo) a costi inferiori rispetto a quelli che sarebbero necessari per produrre un maggior valore oggettivo nel prodotto stesso. Tanto che il valore psicologico diventa in certi casi essenziale: specie quando si presenta come la motivazione chiave per la scelta del prodotto da parte del cliente, rispetto a una concorrenza pressoché identica ovvero quando i beni offerti paiono essere largamente intercambiabili tra loro.

Per cui si ritiene attualmente che il valore psicologico dei prodotti-servizi eserciti un peso notevole su tutte le variabili del marketing mix: prezzo, prodotto, distribuzione, comunicazione. Il che avviene secondo un meccanismo che è stato definito di *closed loop*, ovvero di riverbero costante e stringente, in presa diretta e pervasiva, tra valori personali e comportamenti di consumo (Carman, 1978).

Alla luce di tali diffuse convinzioni, il moderno attore economico cerca dunque di sfruttare quella componente di baratto immateriale (valore), che è strettamente connessa anche alla componente dello scambio monetario (prezzo), in virtù della quale il *value* (psicologico) può essere percepito dall'utente come una specie di regalo che si ottiene in sopramercato rispetto al prezzo. Il che si ritiene accada molto spesso, ad esempio (ma i casi sono innumerevoli), per i prodotti di moda, quando c'è di mezzo un *testimonial*, nei prodotti *premium-price* ecc.

L'efficacia di una strategia che faccia leva sui valori vissuti dagli utenti, per promuovere la diffusione dei prodotti e dei servizi, viene sottolineata con particolare enfasi da alcuni studiosi e consulenti, i quali ne prospettano anzi una visione talvolta un po' miracolistica. E comunque, nella letteratura ufficiale (non solo in psicologia, ma anche nella *business science*): la concezione dei *value* psicologici come chiave di volta del marketing moderno, specie nella prospettiva del vantaggio competitivo, appare profondamente radicata almeno dagli anni Ottanta. Come evidenziano i lavori, tra gli altri, di: Levitt (1981); Christoper (1982, 1996); Plowman (1984); Holbrook e Corfman (1985); Zeithaml (1988); Band (1991); Bolton e Drew (1991); Sheth, Newman e Gross (1991a, 1991b); Slater e Narver (1992, 1994, 2000); Anderson, Jain e Chintagunta (1993); Spreng, Dixon e Olshavsky (1993); Zemke (1993); Crego e Schiffrin (1994); Gale (1994); Holbrook (1994; 1999); Juttner e WehrIi (1994); Naumann (1994); Normann e Ramirez (1994); Brown (1995); Lai (1995); Alford e Sherrell (1996); Broydrick (1996); Butz e Goodstein (1996); Cleland e Bruno (1996); Oliver (1996, 1997); Ravald e Grönroos (1996); Woodruff e Gardial (1996); De Ruyter et Al (1997); Gronroos (1997); Huber et Al (1997); Parasuraman (1997); Woodruff (1997); Sinha e DeSarbo (1998); Stabell e Fjeldstad (1998); Dodds (1999); Payne e Holt (1999, 2001); Sweeney, Soutar e Johnson (1999); Walters e Lancaster (1999); Caruana, Money e Berthon (2000); Anderson e Narus (2003); Woodal (2003).

La componente soggettiva del valore può dunque rappresentare un fattore essenziale per il margine di redditività del prodotto. Per cui il produttore pone grande cura nel proporre al pubblico quello che in gergo di chiama appunto un "value" (cioè: vale più di quello che costa) per convincere il cliente e per battere la concorrenza. Propone dunque la propria offerta nella prospettiva dell'ottenere di più; ovvero: più di quello che si paga.

Il che, tra l'altro, è perfettamente conforme al comandamento morale del più-a-meno che, come abbiamo già ricordato, nel solco di Adam Smith, viene considerato come il primo principio universale del comportamento economico. Stante che il termine "apprezzabile" (magari riferito a una persona o ad un gesto) possiede un che di decisamente morale in italiano, ma deriva letteralmente dalla possibilità di attribuire un prezzo a qualche cosa (operazione che certo suonerebbe arbitraria o velleitaria se questa non avesse alcun valore). [19]

La crescente constatazione della grande rilevanza che il valore soggettivo dei prodotti ha guadagnato nel tempo, ha portato a un cambiamento di mentalità nel commercio e negli affari, diventando un elemento cardine di quello che oggi viene chiamato approccio *market-oriented*. Per cui: se nella prima parte del Novecento la lettura econometrica tendeva a dominare nella gestione dei prodotti e dei servizi; con l'avanzare del secolo, questa è stata sostituita in misura sempre maggiore dalla lettura psicologica e sociale dei comportamenti e delle rappresentazioni mentali.

Tale approccio viene considerato assolutamente strategico, oltre che per molti prodotti di consumo, pure nel caso di tanti beni immateriali, per cui ha finito col diventare rilevante anche per i valori politici (c'è tutta questa differenza sostanziale fra i democratici e i repubblicani? O, più in generale, fra la sinistra e la destra? ecc) specie in relazione con le tornate elettorali. Mentre questo tipo di valutazioni interviene, ad esempio, anche nel caso di valori come quelli religiosi (ma davvero il buddismo del Dalai Lama è così diverso dal cristianesimo di San Francesco? ecc).

Mentre quella che, nella versione dei primi nuovi psicologi e sociologi più ottimisti-democratici, abbiamo visto essere la speranza di poter monitorare i valori del pubblico e su questi basare un migliore servizio alla collettività, diventa, almeno per gli psicologi-sociologi più disincantati di oggi, la speranza di poter manipolare l'opinione pubblica ad usi propagandistici e commerciali (così come anche, non dimentichiamolo: formativi, di igiene mentale, psicoterapeutici e simili).

Nelle società moderne, specie quando si ha a che fare con un pubblico culturalmente e socialmente (oltre che moralmente) sofisticato, occorre fornire valori di riferimento più alti di quelli prosaicamente materiali, per promuovere i comportamenti che maggiormente si ritengono apprezzabili. Il che produce a volte situazioni un po' paradossali, o forse anche più lucide e consapevoli di quanto la propaganda (materialista) vuole far credere.

A conclusione di questo paragrafo, può essere dunque interessante ricordare come la patria del capitalismo si sforzi spesso di convertire quanto più possibile la pulsione economica stessa, sulla cui proclamazione si fonda, ad

---

[19] Per certi aspetti, la possibilità di monetizzare il valore psicologico rappresenta il complementare di una convinzione molto materialista (e molto diffusa specie nel capitalismo delle origini) secondo cui "everything is commodity" (Anderson, 1993). Ovverosia: tutto ha un prezzo e si può comprare ovvero si può scambiare, secondo la stessa logica per cui tutto si può vendere. Ma anche questo tema, che pure merita di essere ricordato, è troppo complesso per sviscerarlo qui.

una scelta valoriale. E ritorniamo al già citato Hayes, nel suo saggio fondativo sul tema della ricerca psicologica sui valori, quando afferma: "Per che cosa viviamo? Per denaro, risponde la gente. Ma questo è falso, nessun essere razionale ha mai vissuto per il denaro." (1913, 471). E poco oltre ribadisce con forza che: "there is no economic motive." (p.473).

E dedica tutto il suo saggio a spiegare, in modo del tutto coerente con la moderna teoria gerarchica dei valori da lui proposta, che non sono i motivi economici a muovere gli esseri umani bensì tutta una serie di motivazioni ideali. Per sostenere la sua tesi, Hayes utilizza come esempio ricorrente il caso dell'uomo d'affari (*business man*) il quale, secondo l'Autore, va al lavoro per ragioni di prestigio, di soddisfazione personale, di stima degli altri, di abitudine, di servizio alla nazione, di auto-realizzazione ecc. Dove non si nega che il denaro abbia per lui un qualche peso, ma lo si considera solo un mezzo strumentale per fini assai più elevati.

## Valori antonimici

Un aspetto metodologicamente ed epistemologicamente importante della ricerca sui valori è rappresentato da quelli che vengono considerati come valori negativi, ovvero da ciò che si cerca di evitare. I valori antonimici sono in sostanza i valori contrari, in quanto rappresentano la posizione opposta a quella dei valori favorevoli.

E' opinione diffusa tra i ricercatori che la valutazione valoriale da parte delle persone si sviluppi quasi sempre (benché spesso solo implicitamente) rispetto a due poli contrapposti: quello positivo e quello negativo. Lo afferma già Thurstone (1929), in una delle prime ricerche scientifiche sulla psicologia dei valori, dove proclama: "Psychological value has to do with the strength of the desire for an object or aversion against it". E dove, tra l'altro, Thurstone istituisce già quella stretta connessione tra valori e prodotti materiali che sta alla base del più generale collegamento tra psicologia ed economia di cui abbiamo appena trattato.

La propensione bipolare, nella psicologia dei valori, viene confermata, tra gli altri, anche da Rokeach, secondo cui: "A value is an enduring belief that a specific mode of conduct or end-state of existence is personally or socially preferable to an opposite or converse mode of conduct or end-state of existence" (Rokeach, 1973:5).

Benché sarebbe forse più corretto dire che i poli dell'analisi psicologia dei valori sono invece tre: positivo, negativo e indifferente. Stante che, contrariamente a quanto si dà per scontato in alcune scale di valutazione metrica soggettiva, la condizione di indifferenza non si trova affatto necessariamente in mezzo tra quella positiva e quella negativa. Ma la rilevazione bipolare, o più propriamente monopolare positiva (dallo zero verso il più; non: dal meno al più) è quella assolutamente dominante nella ricerca scientifica in materia.

Comunque, anche senza entrare in questioni che porterebbero lontano dagli scopi di un saggio come questo, si nota subito come, nella ricerca psicologica sulla definizione dei valori, si utilizzano normalmente delle forme di misurazione scalare: a partire da item rispetto ai quali si chiede alla persona di esprimere una propria valutazione. Nella maggior parte delle ricerche e dei test, la scala è peraltro orientata appunto sul lato positivo: quello che la persona ritiene importante o auspicabile o meritevole ecc. La dimensione contraria (negativa) viene cioè trattata, di solito, in forma implicita.

E' insomma più raro che si cerchi di rilevare anche il lato negativo dei valori, ovvero le preoccupazioni o i fastidi o in genere le cose e le situazioni da attivamente evitare. Benché vi siano settori della psicologia in cui il riferimento alle valutazioni in negativo è invece fondativo. Il che si verifica, ovviamente, soprattutto nella psicologia dinamica con riferimento alle situazioni patologiche e principalmente al caso delle fobie, dei comportamenti ossessivo-compulsivi, degli atteggiamenti paranoidi, di molti stati ansiosi ecc.

In termini psicologici: un po' tutto il modo di funzionamento del pensiero viene configurato anche nei termini di una specie di eterna lotta tra principi contrastanti (cosciente e incosciente; es, io e super-io; yin e yang ecc). I valori, in particolare, vengono spesso considerati come intrinsecamente comparativi e competitivi e contradditori. Più precisamente, una buona parte della psicologia dinamica si basa proprio su tale costante dialettica: dal concetto di ambivalenza affettiva, al conflitto fra attrazione e repulsione, al concetto di sintomo, a tante strategie cognitive personali fondate sul gioco di assunti antagonisti ecc.

In termini contemporanei, si parla spesso di una contrapposizione tra valori ottimistici e valori pessimistici (stante che questi ulltimi vengono definiti spesso come: pensieri negativi). Considerando che, nella moderna tradizione della pop-psychology, si considerano tali un po' tutte le immagini mentali che producono un qualche effetto ansiogeno. I pensieri negativi (negatività?) paiono essere diffusissimi al giorno d'oggi, tanto che i contributi psicologici dedicati a combattere contro questi sentimenti interni col segno meno sono davvero numerosi (solo per citare qualcuno di quelli usciti negli ultimi dodici mesi in Nord-America: Hazlett-Stevens, 2005; Craske e Barlow, 2006; Haggai, 2006; Leahy, 2006; Zinbarg, Craske e Barlow, 2006).

Vi sono peraltro anche delle ricerche psicologiche di carattere meno specialistico sui valori negativi, ovvero sulle preoccupazioni e sui fastidi, che nella letteratura di lingua inglese vengono spesso definiti come "worries" e che sarebbero appunto l'altra faccia dei desideri e delle aspirazioni o simili, ovvero il lato oscuro dei *values*. Le quali contrarietà, in un certo senso, si potrebbero anche definire come i *not-worry* (*and be happy*) rispetto ai *worry*. Tra questi ricordiamo, ad esempio: Davey e Tallis (1994); Najarian (1997); Boehnke et Al (1998); Taghvaee, Najarian e Shokrkon (1999); Schwartz, Sagiv e Boehnke (2000); Jarymovicz e Bar-Tal (2006).

A prima vista, sembrano poco studiate anche le sanzioni relative al caso in cui i valori non venissero rispettati. Il che pare strano dato che, se si tratta di regole, è verosimile ritenere che la loro trasgressione possa produrre delle forme di sanzione.

A ben vedere, però, questa dimensione è invece talmente dominante da rappresentare un elemento fondativo per molte aree disciplinari delle scienze sociali. Basti pensare al tema del conflitto interiore, del senso di colpa, della nevrosi secondo la psicologia dinamica, piuttosto che allo studio della emarginazione, del pregiudizio, del capro espiatorio ecc. Solo che spesso i contributi che sviluppano ricerche in tale settore sono maggiormente incentrati sul tema appunto del conflitto, intra-personale o inter-personale, e meno sullo studio dei valori specifici che di volta in volta confliggono. Si tratta peraltro di un'area il cui approfondimento esula dagli scopi del presente saggio.

In sostanza: nella letteratura scientifica moderna, il termine "valori" ha generalmente una connotazione positiva. Per cui i valori negativi vengono in effetti studiati con attenzione, ma spesso chiamandoli altrimenti: equivoci, illusioni, errori, difetti, aberrazioni, disagi, malattie, perversioni, vizi, malvagità, colpe, mali ecc. Per cui: quelli che sono valori non condivisi dall'ideologia del ricercatore non vengono citati in quanto tali, ma piuttosto sono tendenzialmente considerati come deviazioni dalla retta via.

In molti casi, i valori antagonisti non vengono nemmeno definiti come fastidi-disagi, bensì piuttosto come: delinquenza, sovversione, comunismo, fascismo, terrorismo, esaltazione, pazzia, delirio, possessione ecc. Tale migrazione, dalla categoria dei valori verso le categorie della malattia o della devianza o della malignità, avviene talvolta anche in casi meno drastici. Ad esempio: quella che per uno psicologo contemporaneo si presenta magari come una resistenza al cambiamento, per il soggetto che la attua può essere una difesa delle tradizioni. Quella che per uno psicologo ottocentesco può essere un caso di isteria alimentare, per un utente contemporaneo può essere un'alimentazione biologicamente ed eticamente consapevole. E così via.

Oppure, per tornare a casi più contrastanti: quella che per un poliziotto cubano può essere una modalità per fare rispettare la legge, per un poliziotto statunitense può essere una violazione dei diritti umani. Quella che per un certo attore politico può essere una giusta auto-difesa preventiva dalla malvagità dei terroristi, per un altro attore politico può essere un crimine contro l'umanità. E così via.

Va ricordato infine che il tema dei valori negativi, comunque li si voglia chiamare, è di fatto presente, da sempre e con una certa frequenza, nella gran parte delle indagini sull'opinione pubblica. Accade infatti che una conoscenza precisa di quello che i cittadini temono, o di quello che vogliono evitare, o che ritengono negativo da un qualche loro punto di vista, rappresenti una leva potenzialmente assai efficace per attirare a sé il loro favore per mezzo di adeguati programmi elettorali. Per cui lo studio e la ricerca su paure, disagi, fastidi, *worries* e simili è spesso alla base della costruzione dell'agenda pubblica di partiti e uomini politici (o almeno di molti degli impegni propositivi che vengono proclamati durante le campagne elettorali).

## Valori personali

Vogliamo poi ricordare in questa sede, almeno per rapidi accenni, un paio di temi di fondo che percorrono, attraverso la mediazione dei valori, un po' tutta la ricerca psicologica.

Uno riguarda la necessità, sottolineata da sempre nella letteratura scientifica, di collegare l'indagine sui valori con l'indagine sulle personalità, così come anche l'inverso (tra gli altri: Allport, 1937; Mukerjee, 1965; Furnham, 1984a; Yik e Tang, 1996; McAdams, 1996; Herringer, 1998; Olver e Mooradian, 2003; Pagnin, 2006). Basti pensare anche solo al concetto di Sé morale o *moral self*, con la sua poliedrica natura di elemento centrale nella costruzione dell'identità tanto intrapsichica quanto interpersonale (Sherman, 1927; Blasi, 1983; Noam et Al, 1993; Chazan, 1998; Fairfield, 2000; Denis, 2001).

Per cui spesso non è facile distinguere, al di là dei titoli che vengono scelti ufficialmente, fra ricerche sulle personalità o sui tratti o sui tipi, da una parte, e ricerche sugli atteggiamenti o sui valori o sulle opinioni, dall'altra. E c'è sempre stato chi ha considerato proprio la struttura dei valori come il cuore dell'identità personale ovvero del Sé, individuale o sociale che sia (Hitlin, 2003).

E si pensi al fatto che i pionieri della disciplina parlano normalmente di *personal values*, dove non si cerca quasi mai di definire il punto in cui finirebbe la personalità (e soprattutto: i *tratti* di personalità) e dove comincerebbero invece i valori. Per cui generalmente si dà in sostanza per scontato che, tra i due concetti, un confine vero e proprio non ci sia.

Ad esempio: quando si riuniscono tra loro Gordon Allport, che è uno dei massimi studiosi delle personalità, e Gardner Lindzey, che é uno dei massimi storici delle teorie delle personalità, e un altro autorevole personologo come Philip Vernon, per costruire un test specificamente dedicato allo studio dei valori, gli danno giustamente il nome di "Study of Values". Sentono però la necessità di aggiungergli, come sottotitolo esplicativo, la precisazione: "A scale for measuring the dominant interests in personality" (Vernon e Allport, 1931; Allport, Vernon e Lindzey, 1931-1951-1960).

Nel presentare la quarta edizione di tale ormai classico inventario, i suoi più recenti curatori Kopelman, Rovenpor e Guanc (2003) lo definiscono come quello che almeno per tutti gli anni Settanta è stato, sulla base di dati precisi derivati dal Buros Institute, "the third most cited non-projective measure of personality in the field of psychology", subito dietro allo MMPI (*Minnesota Multiphasic Personality Inventory*) ed allo EPPS (*Edwards Personal Preference Schedule*); oltre che il quinto più utilizzato di tutti i test di personalità (se si aggiungono a quelli appena citati anche i test Rorschach e TAT). Mentre c'è chi considera il riferimento al costrutto dei tratti, piuttosto che a quello delle motivazioni o dei motivi, semplicemente come modi occasionalmente variabili, più che come due scelte epistemologiche antagoniste, della medesima tradizione di ricerca sulle personalità (Winter et Al, 1998).

Abbiamo già esaminato con una certa attenzione i principali test psicologici di personalità disponibili nella letteratura scientifica, proponendone un'ampia rassegna nella parte introduttiva al manuale di ITAPI-G (Perussia, 2005c); il che rappresenta l'equivalente, in chiave di rassegna personologica, di quello che il presente capitolo è in chiave di rassegna valoriale per questo saggio. E, partendo da lì, abbiamo modo di notare come vi sia una notevole continuità fra molti degli item utilizzati per indagare le personalità e molti degli item che ricorrono nelle ricerche sui valori (ovvero di quelle citate nel presente saggio). Ben pochi studiosi ritengono cioè che questo tipo di inventari valoriali riguardi in modo esclusivo la ricerca sul concetto relativamente astratto di valore, mentre giudicano che in qualche modo si tratti sempre di studiare, attraverso i valori, le personalità.

La ricerca sui valori (assieme a quella, che le è strettamente connessa, sulle personalità) rappresenta del resto un elemento importante anche nella storia della psicologia in quanto professione, come già abbiamo sottolineato in precedenti contributi (specie nella parte introduttiva di Perussia 2005c; ma anche in: Perussia 1994a, 1999; Perussia e Viano, 2006b). Lo studio dei valori ha fornito infatti un contributo notevole tanto nel definire la Nuova Psicologia come Scientifica quanto nel fornire agli psicologi strumenti credibili di realizzazione professionale.

Una simile propensione epistemologica non riguarda del resto solo la larga possibilità di sovrapposizione tra l'indagine relativa alle personalità e quella relativa ai valori, specie attraverso la costruzione di test per la loro identificazione e misurazione, ma piuttosto il fatto che i valori hanno una evidente valenza (sembra un gioco di parole) anche emotiva. Per cui sono coinvolti in tutta la dimensione psicodinamica e naturalmente nel tema della psicologia delle emozioni ovvero in quello della psicopatologia.

La questione appare, anche qui, assai complessa. Abbiamo già evocato il caso dell'autoritarismo, e della non facile distinzione, ad esempio, tra valori autoritari da una parte e tratto autoritario dall'altra. Ma possiamo notare ancora, per tornare sullo stesso criterio, che non è facile distinguere, ad esempio, tra il valore dell'amicizia e la motivazione affiliativa. Oppure tra la sobrietà come valore e la sobrietà come tratto ovvero, poniamo: tra l'opposizione religiosa agli alcolici, la sub-cultura del pub, l'essere astemio per ragioni dietetiche o ecologiche, l'eventuale coazione patologica dell'acoolista (o eventualmente anche dell'astemio) ecc. Mentre non sempre risulta chiara la differenza che corre tra l'essere tollerante come tratto e la tolleranza come valore.

Capita altresì che, nelle ricerche psico-sociali estensive, gli inventari valoriali siano stati utilizzati più spesso di quanto non sia avvenuto per i classici inventari di personalità. Le scale relative ai valori risultano infatti spesso più sintetiche e di più agevole somministrazione, oltre che di più immediata comprensione anche da parte di chi (lettore o committente della ricerca) non abbia sviluppato una specifica specializzazione psicologica.

In sostanza: lo stretto legame che collega le personalità, i caratteri, i tratti, gli atteggiamenti, i valori ecc viene solitamente dato per scontato nella ricerca psicologica. Alcuni Autori lo sottolineano anzi in termini particolarmente espliciti, con riferimento tanto alla dimensione cognitiva quanto a quella emotiva della persona.

Sarebbe impossibile esaminare adeguatamente tutti i contributi che sono stati offerti in materia, ma può risultare utile citarne qualcuno, tra i più convinti, da cui cominciare per un approfondimento in materia, come ad esempio: Hume (1777); Allport (1928); Allport, Vernon e Lindzey (1931-1951-1960); Wolff (1950); Parsons e White (1964); Fried (1970); Nagel (1970); Bengston e Lovejoy (1973); Weckowicz e Janssen (1973); Mackie (1977, 1985); Smith (1978); Feather (1984, 1995); Furnham (1984a); Mitchell (1984); Alisjahbana (1986); Nerlich (1989); Batson (1991); Flanagan (1991); Ross e Nisbett (1991); Smith (1991); Heaven (1993); Michod e Nadel (1993); Bilsky e Schwartz (1994); Wright (1994); Schroeder et Al (1995); Lapsley (1996); Lutz (1996); Yik e Tang (1996); Griffiths (1997); La Follette (1997-2002-2006); Mason, (1997); Doris (1998, 2002); Herringer (1998); Winter et Al (1998); Sober e Wilson (1998); Cervone e Shoda (1999); Cawley, Martin e Johnson (2000); Hoffman (2000); Merritt (2000); De Sousa (2001); Malle, Moses e Baldwin (2001); Miller (2003); Olver e Mooradian (2003); Pagnin, Lombardo e Casali (2003); Renner (2003); Hofstede e McCrae (2004); Lapsley e Narvaez (2004); Pagnin, Zanetti e Pazzaglia (2004); Prinz (2005); Doris e Stich (2006).

# Valori tipici

Una forma caratteristica di ricerca dove si utilizza il riferimento ai valori è quella che, nel gergo della Nuova Psicologia Scientifica, viene definita come ricerca *lifestyle* (forma sincopata che sta per: *style of life*, *way of life* o simili), detta anche *values and lifestyles*. Tanto che in alcuni lavori i due termini (*values* e *lifestyles*) vengono trattati come dei quasi sinonimi o quanto meno si presentano come largamente, benché non totalmente, sovrapponibili.

Lo stile di vita può essere indicato anche come: sub-cultura, tipologia umana, ovvero come un *modus vivendi*. In latino: *stilus* è lo strumento per scrivere (lo stile o stilo italiano; solitamente: di metallo) da cui anche lo stiletto (piccolo pugnale appuntito, o attrezzo con cui incidere la cera o simili) e per estensione l'atto dello scrivere, il comporre, il modo di esprimersi. Sono imparentati con lo stile anche il bulino e il pennino delle stilografiche. Più metaforicamente ancora: stile può essere il modo di tracciare, attraverso il proprio modo di essere, dei segni nel mondo.

Il termine *stile-di-vita* fa ormai parte del linguaggio corrente, come espressione che chiunque può trovarsi ad usare senza attribuirle un particolare significato tecnico o teorico. Nell'accezione comune, il costrutto dello *stile-di-vita* si avvicina per molti aspetti al costrutto del *tipo-psicologico*. Entrambi presentano infatti, nelle diverse occasioni d'uso, connotazioni che li possono associare a concetti quali: prototipo, genere, modello, modo, standard, tendenza, atteggiamento, ruolo, o qualcosa di simile. Dove il *tipo* evoca maggiormente una dimensione interiore, ovvero il paradigma della psicologia della personalità. Mentre lo *stile* richiama piuttosto un modo collettivo o comune. ovvero il paradigma della psicologia sociale.

In Italiano moderno, lo "stile" (Devoto-Oli, 1967:1203) è "Il complesso delle scelte e dei mezzi espressivi che costituiscono l'impronta peculiare di una tradizione letteraria e specialmente della personalità dell'Autore".

In greco antico il concetto di stile, nel senso di modo o usanza, si dice piuttosto *tropos* (da cui, tra l'altro: i tropi retorici). Come modo di esporre, si dice: *lexis*; o, più spesso: *karacter*. Cioé: tipo, natura, strumento per intagliare, stile di un Autore.

Per trovare una ripresa più specifica dell'uso moderno del termine, si può arrivare a Georg Simmel, che intitola il sesto capitolo della sua "Philosophie des Geldes" (1900) a "Der Stil des Lebens"; espressione che viene correttamente tradotta con "stile di vita" (lifestyle). Tale capitolo è dedicato soprattutto al significato della cultura materiale, dei beni e degli oggetti, ovvero più in particolare dell'abbigliamento. Si tratta peraltro di un impiego del termine che viene saltuariamente reiterato anche da altri Autori coevi e successivi, ma che a quel tempo non sembra acquistare di particolare rilievo nell'ambito della Nuova Psicologia Scientifica.

Successivamente, il costrutto viene sviluppato soprattutto da Alfred Adler, che lo sintetizza nel termine "Lebensstil" (1937). Il concetto sta alla base di una delle prime teorie esplicitamente comprensive tanto della psicologia delle personalità quanto della psicologia sociale, ovvero di quella che l'Autore chiama "psicologia individuale". Quest'ultima teoria psicologica si chiama così proprio in quanto si fonda sul principio per cui ogni singola personalità possiederebbe una propria coerenza interna, sviluppatasi progressivamente specie nelle prime fasi della vita attraverso l'interazione con l'ambiente fisico e sociale in cui il soggetto si trova a crescere. Ne consegue che ciascuna persona sviluppa dentro di sé, anche come obiettivo strategico della propria esistenza, alcune mete relativamente definite e chiare, ancorché non del tutto consapevoli a livello cosciente, attorno a cui costituisce appunto un proprio personale modo di essere, di pensare e di agire: lo stile di vita.

Il concetto di stile di vita, nella prospettiva della psicologia adleriana delle personalità, non sembra essere stato indagato in termini quantitativi, quanto piuttosto in chiave di analisi teorica e di pratica applicativa. Esso tuttavia continua a rappresentare l'elemento centrale della psicologia adleriana ancora oggi (Baruth e Eckstein, 1981; Eckstein, Baruth e Mahrer, 1983; Powers e Griffith, 1987; Shulman e Mosak, 1988; Eckstein, 2003; Kern e Curlette, 2003; Rasmussen, 2003; Wiegand, 2004).

Il termine compare, con varie sfumature, anche presso altri Autori, tra cui Max Weber, George Orwell, Marshall Mac Luhan ecc. Questi lo utilizzano in vario modo, ma in genere per indicare la struttura di personalità che caratterizza un individuo piuttosto che i suoi usi e costumi (per così dire: personali e psico-sociali) specifici. Questo tipo di lifestyle appare altresì relativamente simile al concetto di ruolo, nel senso in cui lo usa ad esempio Goffmann (Schewe, 1973; Schewe e Balazs, 1992; Kahle, 1995). Mentre Myers e Gutman (1974) lo definiscono come "l'essenza della classe sociale" (in senso non materialista), quasi ne fosse il distillato mentale o il tipo ideale.

In qualche altro caso ancora, al posto del termine lifestyle viene utilizzato (non del tutto impropriamente) il termine "psicografia". Quest'ultima espressione ha conosciuto una certa diffusione nell'Ottocento, con interessanti sviluppi (che non approfondiremo in questa sede) relativi al come delineare in un profilo le caratteristiche personali e valoriali degli individui.

Esiste poi un ampio settore di ricerca-intervento, in contesti soprattutto sanitari, dove il termine lifestyle viene usato per indicare le abitudini comportamentali della gente, soprattutto con riferimento alla psicologia della salute. Capita allora che per lifestyle si intenda se uno, ad esempio: fuma, mangia in modo sano piuttosto che no, fa dello sport ecc. Si parla allora più spesso di *behavioral lifestyle*, invece che di *psychological lifestyle*, specie con l'obiettivo di diffondere nella popolazione stili di vita più salutari con fini di prevenzione della malattia.

In tale prospettiva, si lega allo studio sui lifestyle anche la ricerca, ad esempio, sulle personalità cosiddette di tipo A, ovvero quelle che appaiono, secondo diverse analisi, relativamente correlate con il verificarsi di infarti cardio-circolatori. In simili contesti, si parla allora anche di *health lifestyles, sexual lifestyles, eating lifestyles* e così via.

Nell'uso anglo-americano, il concetto di stile di vita (*lifestyle*) si riferisce principalmente ai gusti e alle abitudini, particolarmente se sono specifici di una qualche tipologia umana (tipo: l'uomo sportivo, la donna in carriera, il metallaro ecc). Per cui vengono prodotte molte pubblicazioni, a larga diffusione, che si richiamano appunto ai lifestyle. A volte si tratta di riviste, che riportano magari la parola nella testata, come titolo o sottotitolo. Altre volte sono libri, spesso ben illustrati, che vengono esplicitamente catalogati in tale categoria editoriale (lifestyle) nei punti vendita e sui cataloghi.

Possiamo dunque citare qualche titolo, fra le centinaia che sono disponibili attualmente in un'edicola ben fornita degli Stati Uniti, per rendere l'idea di qualcuno fra i tanti possibili lifestyle: *Alternative Family; Architectural Digest; Bisexual Resource; Black Men; Budget Living; Campus Life; Cannabis Culture; Catholic Digest; Christian Science; Christianity Today; Desert Living; Ego; Estylo; Faith and Family; Focus On The Family; Gay Times; Harvard Gay and Lesbian Review; Hinduism Torday; Hispanic Lifestyle; Indulge The Art Of Fine Living; Jewish lifestyle; Latina; Lilith; Lifestyle* (senza ulteriori precisazioni); *Modern Maturity; Muslim; Mountain Freak; Salsa Texas; Singles Scene And Spirit and Life; Skeptical Inquirer; Upscale; You; Woods and Waters* ecc.

Questi titoli di rivista sono spesso seguiti, in piccolo, dalla parola *magazine* (oltre che, talvolta, dalla parola lifestyle), stante che il logo della testata è occupato per lo più solo dalla prima parola o due. In pratica sono riviste "di costume", con molte rubriche e talvolta con prevalenza di informazioni e consigli, più spesso legate alla moda, all'abbigliamento, al *fitness*, alle diete, a libri e spettacoli, a modi della vita quotidiana che sono specifici di quel lifestyle. Un vago equivalente italiano potrebbe essere rappresentato un po' da tutte le riviste di nicchia; e infatti molti dei titoli che abbiamo appena riportato possono essere utilizzati per indicare segmenti di consumatori.[20]

---

[20] Si tratta in effetti, con una certa frequenza, di una specie di circolo vizioso o virtuoso

Mentre, se entrate in una media libreria degli Stati Uniti, trovate abitualmente un intero reparto dedicato al lifestyle, in cui vengono proposti molti libri su temi relativi a qualcosa che ha a che fare con il piacere di vivere, specie con connotazioni di qualità o di prestigio o di moderata originalità, e che spesso si riferisce a settori quali: arredamento, automobili, case, vino, cibi, collezioni, hobby e passatempi, giardinaggio, salute, viaggi, tempo libero ecc; oppure anche in collegamento con la salute, il fitness o la dieta (stile di vita sano, estetico, di soddisfazione ecc).

Oltre che un modo di essere attuale (stile-gruppo di appartenenza) il lifestyle si propone a volte anche come un modo che si cerca di imitare (stile-gruppo di riferimento); ad esempio: per migliorare il proprio stato fisico (Kaplan, 1995; Gavin, 2005); per adattarsi ad una condizione di disabilità (Rule, 1984); per invecchiare bene (Chandler, 1980); per diventare buoni cristiani (Brestin, 1991); e così via.

Nel linguaggio parlato anglo-americano lifestyle è poi anche lo stile di vita specifico di quelli che si prodigano nel cosiddetto scambio delle coppie, ovvero che sono sessualmente assai vivaci e interattivi (Gould, 2000). Tale uso potrebbe ricordare un po' il concetto italiano dei ragazzi di vita (in chiave per lo più eterosessuale) o anche, in parte, della bella vita. Non si tratta peraltro di un uso marginale o gergale, bensì di una diffusa espressione idiomatica. Per cui ad esempio: se si collabora con studiosi nord-americani, nell'ambito della ricerca sui valori e sugli stili di vita, capita che emerga qualche gioco di parole sul tema, anche nei contesti scientificamente più seriosi.

Comunque: il termine lifestyle compare circa 8.000 volte (al settembre 2006) nella banca dati *PsychInfo*, dove si riferisce ad una varietà molto ampia di ricerche, caratterizzate in genere dal fatto di rilevare, accanto a dati più specifici relativi al rapporto tra un soggetto e un certo tema o comportamento, anche talune variabili che definiscono tipicamente il suo modo di essere. Tra queste, si ricercano soprattutto: valori, atteggiamenti, orientamenti, opinioni, ideali, ideologie; ma anche: usi, costumi, abitudini, maniere e comportamenti ricorrenti; e quindi legati ai modi di relazione, al tempo libero, agli hobby, al turismo, al time budget; e quindi ai comportamenti (o stili) di consumo ecc.

Una delle idee centrali che stanno alla base di queste ricerche è che le caratteristiche psicologiche dell'individuo determinano tante sue scelte e tanti suoi comportamenti nella vita quotidiana, come appare evidente anche dalle analisi della psicologia clinica. Per cui merita utilizzare punti di riferimento personologici e valoriali per evidenziare il legame tra i profili psicologici e le

---

(a secondo delle prospettive). Dove il consolidarsi di un certo stile di vita induce qualcuno (generalmente: qualcuno che condivide lo stile) a produrre una rivista. La quale attira inserzionisti pubblicitari interessati a quel particolare segmento di consumatori. A questo punto: capita che arrivi il marketing, a ristrutturare completamente la rivista, per renderla sempre più adatta a funzionare da efficace supporto per le comunicazioni degli inserzionisti. Mentre qualche volta si parte dalla fine, ovvero: dalle analisi di marketing, che hanno identificato la presenza di un segmento *lifestyle* particolarmente interessante (da un qualche punto di vista economico). Per cui gli si costruisce su misura una rivista, dai contenuti attraenti, per poterla riempire di pubblicità.

scelte relative ai comportamenti ed agli atteggiamenti più diversi.

Il riferimento agli stili di vita viene dunque esteso, al di là della ricerca di base e delle indagini sui comportamenti collegati alla salute e ai relativi rischi (che abbiamo appena citato), anche alla psicologia applicata al marketing e alla comunicazione.

Nel marketing, come nelle relazioni sociali in genere, l'intento dell'attore (azienda, istituzione o persona che sia) è infatti spesso pedagogico. Ci si propone cioè, ad esempio, di convincere il pubblico (o singole persone) a: ragionare in modi meno auto-distruttivo, oppure a sottoporsi a visite preventive contro il cancro, piuttosto che ad acquistare una bibita gassata o un detersivo, oppure anche a venire a cena stasera; e così via. Ma si segue più o meno spesso la medesima logica strategica: conoscere quello che ha in testa l'altro, per sedurlo ai propri scopi. E, con il fine di perseguire risultati del genere: ci si rivolge talvolta a quelli che si propongono come esperti specializzati in materia (o almeno ai loro libri, alle loro rubriche giornalistiche, ai loro interventi televisivi ecc).

Ogni lifestyle può infatti essere avvicinato anche come un sotto-insieme significativo (sub-cultura, tipologia, segmento ecc) della popolazione, ovvero come un potenziale *target group* (gruppo che fa da bersaglio) per le moderne tecniche commerciali e persuasive. Il che ha prodotto un ampio spazio di ricerca e di intervento applicativo professionale per gli psicologi, con particolare riferimento ai comportamenti d'acquisto, all'utilizzo dei servizi, alla fruizione dei media, alle scelte politiche ed elettorali e simili (Kassarjian, 1971; Pitts e Woodside, 1984; Mullen e Johnson, 1990; Shields. 1992; Cathelat, 1993; Kahle, 1996; Endler e Rosenstein, 1997; Johnston, 1997; Chan e Rossiter, 1997; Jacobi, Johar e Morrin, 1998; Viano, 1999; Muggleton, 2002).

Per cui (anche qui: soprattutto verso la fine degli anni Sessanta), il tema delle ricerche lifestyle prende a diffondersi con notevole insistenza negli ambienti psicologici. Tale esplosione d'interesse emerge un po' all'improvviso, ma probabilmente è in collegamento con lo sconcerto prodotto dai già citati movimenti anticonformisti sessantotteschi. Dove gran parte dell'establishment statunitense, psicologi compresi, rimane assai colpita dall'idea che i signori Jones (come anche i loro figli laureati) non siano più così identici ai pur improbabili personaggi delle commedie di Hollywood e agli spot delle pubblicità televisive, come invece si era voluto credere fino ad allora.

Comunque: almeno a partire dagli anni Settanta, il riferimento alle strutture soggettive dei valori e degli stili di vita, ovvero alle indagini lifestyle, diventa massiccio e costante in tutta la ricerca definibile come psicologia delle personalità, psicologia della vita quotidiana, psicologia sociale, psicologia applicata, psicologia dei consumi o qualcosa del genere. Il che appare evidente se si consultano le pubblicazioni con carattere di rassegna in materia; come ad esempio: Twedt (1965); Kassarjian (1971); Ziff (1971); Jacoby (1976); Vinson e Munson (1976a, 1976b); Boote (1981); Ragone (1985); Chaiken e Stangor (1987); Brehm e Self (1989); Cohen e Chakravarti (1990); Tesser e Shaffer (1990); Veal (1990, 1993, 2000); Olson e Zanna (1993); Ozer e Reise (1994); Perussia (1994b); Tybout e Artz (1994); Ryan e Deci (2001); Diener, Oishi e Lucas (2003); Zukin e Smith Maguire (2004).

Una parte delle ricerche lifestyle ha carattere generalista, ovvero si propone di rilevare tipologie di valori e stili di vita in cui possa essere suddivisa la sostanziale totalità della popolazione. I più significativi tra i modelli di ricerca lifestyle sono derivati fondamentalmente dalla ricerca sui valori. In effetti si tratta spesso di indagini dove lo studio delle segmentazioni di mercato arriva quasi a coincidere con la ricerca sulle personalità, o quanto meno con la ricerca sui tipi psicologici.

Sono state sviluppate però anche segmentazioni di carattere generale utilizzando altri strumenti, che contengono spesso riferimenti valoriali ma in altre forme. Un esempio è quello delle indagini fondate sul modello dei costrutti personali di George Kelly (1955); tra cui: Reynolds e Darden (1974) o Earl (1983). C'è poi chi ha cercato di realizzare un collegamento tra aspetti cognitivi delle personalità, quali la rigidità o il bisogno di chiusura, e atteggiamenti politici, a partire dalle ricerche di Horkheimer ed altri (1936) fino ad altre molto più recenti (Chirumbolo, Sensales e Kosic, 2003).

Altri ancora hanno elaborato approcci di segmentazione tipologica lifestyle che pongono un particolare accento su variabili quali ad esempio: il *locus of control* (Long et Al, 1988); il *time-budget* (Cross, 1993; Hochschild, 1997; Robinson e Godbey, 1997; Daly, 2001; Moen, 2003); gli stili cognitivi e la comunicazione pubblicitaria (LaBarbera, 1998); talune variabili cognitive definite come *need for cognition* o *need for change* e la specifica tendenza a consumi e comportamenti innovativi (Wood e Swait, 2002). Mentre esiste almeno una ricerca lifestyle, con aspetti paradossali ma condotta in termini seri e pubblicata in un contesto scientifico non ironico, che utilizza come variabili esplicative i quadri astrologici delle persone, trovando dati utili per definire quanto meno la propensione al fumo e al consumo di alcool ma pure alcune attività del tempo libero (Mitchell e Tate, 1998).

Va peraltro notato che, in un certo senso (quanto meno: potenzialmente), la gran parte delle ricerche sulla psicologia delle personalità, così come la gran parte delle scale di atteggiamento, è anche una ricerca lifestyle, benché magari non si definisca tale. Molte delle indagini estensive nel campo della psicologia sociale e delle personalità si prestano infatti ad analisi statistiche che segmentano il campione sia per tipologie classiche (da cui si possono sempre ricavare, rispetto al tema della specifica ricerca, gli stili tipici delle donne rispetto agli uomini, dei giovani rispetto agli anziani ecc) sia in base alle risposte fornite ad item che contengono aspetti di opinione-valutazione. Si tratta più che altro di intendersi sulle definizioni (o sui marchi) del lifestyle.

In letteratura (ma soprattutto nella pratica professionale) si rileva poi la possibilità di impiegare il lifestyle come strumento di marketing operativo, nel senso di creare occasioni ed eventi in cui segmenti particolari di persone si sentono coinvolte quando partecipano ad una qualche iniziativa commerciale o sociale che è stata costruita apposta a misura del loro stile valoriale di vita (Schreiber, 1994). La grande manifestazione sportiva (ad esempio: le Olimpiadi), il concerto rock (in particolare: se collegato a specifiche idealità giovanili), ecc sono considerati lifestyle *marketing*. Così come sono stati realizzati anche molti negozi lifestyle (Pegler, 1996). E così via.

Le indagini lifestyle generali vengono spesso indicate, negli Stati Uniti, con degli acrostici. Tra questi, che possono anche riferirsi a indagini specifiche ma che rappresentano piuttosto una categoria generica (sul tipo di RS che sta per "ricerca e sviluppo" o di PR che sta per "pubbliche relazioni") possiamo citare ad esempio: LOV, che sta per *List of Values*; AIO, che sta per *Activities Interests and Opinons*; VALS, che sta per *Values and Life Styles* o anche per *Values, attitudes and lifestyles*.

Ai nomi che hanno raggiunto una maggiore popolarità presso gli operatori del settore o anche presso il pubblico, vanno poi aggiunte altre ricerche importanti benché magari poco pubblicizzate. Ad esempio: almeno dal 1971 il gruppo Yankelovich sviluppa annualmente lo Yankelovich (1969) Monitor, relativo a valori, motivazioni, atteggiamenti, comportamenti, consumi; e si tratta sostanzialmente di una ricerca lifestyle. Mentre molti grandi istituti per l'indagine d'opinione hanno sviluppato proprie tipologie private, anche senza condividerle con la comunità scientifica.

Pure in Italia, con l'avanzare degli anni Settanta, le ricerche lifestyle hanno guadagnato uno spazio sempre maggiore. La sequenza storica, per quel che abbiamo potuto ricostruire, è più o meno la seguente.

Negli anni '60 c'è ad esempio Joseph Plummer (1971, 1972, 1974) che pone maggiore attenzione allo stile di vita come variabile che merita di essere rilevata attraverso la ricerca sul campo. Uno dei primi sistematizzatori di tale impostazione è Arnold Mitchell (1981, 1983; Mitchell e MacNaulty, 1981), che parte dalla gerarchia dei bisogni-valori di Maslow per tradurla in una rilevazione da cui ricavare dei tipi umani. Il modello di Mitchell viene sviluppato nello Stanford Research Institute con il nome generico di "Values and Lifestyles" e in un secondo tempo come VALS2 (SRI, 2003). Su tale modello viene impostata, sin dall'inizio (1976), tutta la ricerca di Gabriele Calvi relativa ai valori e agli stili di vita degli Italiani.

Chi ha condotto con maggiore impegno ricerche con strumenti lifestyle in Italia è stato appunto Calvi, con il gruppo, tutto italiano, che aveva chiamato Eurisko,[21] pubblicando anche diversi contributi di ricerca molto approfonditi e interessanti (Calvi, 1976, 1980, 1993; Meroni e Vecchia, 1984; Calvi e Vannucci, 1995). Altre significative ricerche lifestyle di carattere generalista sono state in vario modo realizzate nel nostro Paese con il coordinamento di Franco Ferrarotti (et Al, 1980-1982), di Gianpaolo Fabris e Vittorio Mortara (1986), del Centro Studi Investimenti Sociali detto anche Censis (1989), di Giovanni Siri (1995), di Ferdinando Dogana (1999), di Gian Vittorio Caprara e Claudio Barbaranelli (2000) ecc oltre che all'interno del Programma ITAPI.

Negli Stati Uniti, una quantità significativa di ricerche lifestyle è stata dedicata ai giovani, agli studenti, ovvero al succedersi delle generazioni e al relativo passaggio dei valori.[22] Tra questi importanti contributi, merita citare

---

[21] Va peraltro ricordato come questo nome, che ha rappresentato per decenni una bandiera della ricerca psicologica e sociale del nostro Paese tanto sul piano professionale quanto su quello scientifico, si è ormai ridotto (da pochi anni) ad essere la *dependence* locale di una multinazionale tedesca.

[22] In un certo senso: un po' tutta l'indagine psicologica classica si riferisce ai giovani; visto che la gran parte delle ricerche psicologiche stesse si svolge presso studenti universitari o delle scuole superiori, ovvero su dei giovani più o meno 15-25enni.

quanto meno: Carter (1956); Remmers e Radler (1957); Rettig e Pasamanick (1959a, 1959b); Coleman (1961); Mogar (1964); Underhill (1966); Snyder (1969); Goertzel (1972); Kalish e Johnson (1972); Blumenthal (1973); Hyman e Wright (1979); Glenn (1980); Lueptow (1980); Hoge, Hoge e Wittenberg (1987); Whitbeck e Gecas (1988); Walker e Taylor (1991); Kagitcibasi (1996); Stewart et Al (1999); Schonpflug (2001); Knafo e Schwartz (2003); Pinquart e Silbereisen (2004).

Anche in Italia, i valori e gli stili di vita nella fascia d'età adolescenziale e giovanile sono stati indagati spesso e rappresentano anzi uno dei temi decisamente più frequentati, almeno nella letteratura pubblicata, a partire dalle già citate ricerche di Giovanni Grasso (1954, 1964, 1974) e poi da: Gérard Lutte (1969); Shell (1970); Tullio-Altan e Marradi (1976); Palmonari (1979); Ricolfi e Sciolla (1980); Cavalli et Al (1984); Garelli (1984); Alberoni, Ferrarotti e Calvaruso (1986); Censis (1986); Bobba e Nicoli (1988); Cavalli e De Lillo (1988, 1993); Faccioli et Al (1989); Rauty (1989); Ispes (1991); Trentini e Bellotto (1994); Pagnin e Bosio (1995); Buzzi, Cavalli e De Lillo (1997, 2002); Tomasi (1995, 1998); Lo Presti et Al (1999); Morra (1999); Scabini e Cigoli (2000); La Rosa et Al (2005); Secondulfo (2005); Taggi e Dosi (2005); De Lillo (2006); Di Franco et Al (2006); Scabini (2006).

Nella letteratura scientifica sono state dunque pubblicate molte ricerche lifestyle (come si vede dall'insieme della bibliografia riferita in questo saggio e più in particolare alle Tavole 2 e 3). Va però anche ricordato che una parte (molto maggiore) della ricerca condotta secondo tale prospettiva è invece commissionata privatamente: da gruppi industriali o finanziari o commerciali, da operatori delle telecomunicazioni, da partiti politici, da enti pubblici, da associazioni e istituzioni di vario tipo ecc. Accade dunque spesso che i risultati di tali ricerche non vengano condivisi con la comunità degli studiosi e dei ricercatori, a motivo dell'utilità anche operativa (in termini di vantaggio competitivo sulla concorrenza) che il committente vuole spesso riservare a se stesso, anche per via del fatto di averla magari pagata a caro prezzo.

Avviene dunque, con notevole frequenza, che i risultati di questo tipo di ricerca vengano tenuti attentamente riservati da chi li realizza e da chi li commissiona, per cui non possono essere studiati e verificati dagli altri ricercatori. C'è peraltro da dire che questo vale anche per la gran parte delle ricerche che utilizzano reattivi psicologici. I quali spesso pretendono di essere scientifici, ma che in effetti vengono spesso prodotti con obiettivi commerciali e quindi di fatto non sono scientificamente verificabili nemmeno loro.[23]

Va considerato anche che la natura commerciale delle ricerche lifestyle fa sì

---

[23] Abbiamo già ampiamente trattato questo tema, della inconsistenza scientifica (a motivo della loro segretezza e dei loro obiettivi strettamente commerciali) che caratterizza molti test psicologici, nella prima parte del manuale di ITAPI-G (Perussia, 2005c). Mentre ci permettiamo di ricordare ancora una volta che il Programma ITAPI è nato, in parte, anche proprio per fornire alla comunità di quanti sono interessati alla psicologia strumenti di ricerca scientificamente rigorosi e trasparenti, invece che commerciali. Il che può essere ottenuto solo rendendo pubblici al massimo grado tutti i passaggi della ricerca; come appunto fa ITAPI, in questo manuale così come in tutti gli altri contributi prodotti nell'ambito del Programma.

che volentieri se ne esasperi l'originalità, da parte di molti Autori (che ne sono spesso anche i venditori). E' quindi difficile che l'eventuale pubblicazione di una ricerca lifestyle si preoccupi di presentare anche un puntuale riferimento alla letteratura scientifica. Il che avviene: non tanto per la scarsa abitudine alla letteratura scientifica da parte di alcuni fra quelli che si occupano di ricerca applicata, quanto piuttosto per la precisa volontà di apparire originali ed esclusivi in un contesto di dura concorrenza sul piano commerciale.

Si aggiunge infine che molte ricerche lifestyle derivano in realtà direttamente (senza dirlo troppo forte) da test psicologici commerciali.[24] Ma di questa origine non si parla mai troppo volentieri, anche per evitare di ritrovarsi a dover pagare qualche royalty ai detentori dei copyright di quei test. Per cui è abbastanza normale utilizzare le fonti più diverse senza citarle. Il che però avviene anche nella normale ricerca scientifica; dove anzi, abitualmente: più si saccheggia e meno si cita (la fonte piratata).

Le ricerche lifestyle di matrice universitaria sono spesso più sofisticate sul piano della consapevolezza teorica e più pedanti in termini metodologici; ma si basano su campioni che sono, in molti casi, poco rappresentativi (tipicamente: i soliti studenti universitari di psicologia). Mentre, per converso, le ricerche di matrice applicativa, che invece dispongono spesso di ampi mezzi e quindi anche di campioni assai precisi, talvolta vanno soggette ad una maggiore approssimazione: non tanto nella rilevazione dei dati (solitamente piuttosto rigorosa), quanto a volte nell'impianto del questionario o nella metodologia di analisi ovvero, quasi sempre, nel confronto con la letteratura scientifica e nella riflessione teorica di fondo, che i ritmi incalzanti della pratica professionale rendono assai difficile da realizzare adeguatamente.

Comunque, conformemente alla filosofia di ITAPI, abbiamo realizzato una rassegna, selezionando una serie di ricerche che contengono segmentazioni del campione con riferimento anche a dimensioni psicologiche (valori, tratti, stili o simili) direttamente rilevati presso campioni di persone.[25] Si tratta generalmente di indagini basate su ricerche quantitative, riferite a campioni estensivi, che sviluppano elaborazioni statistiche spesso fondate sull'analisi fattoriale e sull'analisi dei cluster.[26]

Alla Tavola 2 riferiamo di alcune ricerche lifestyle di carattere generale, che possono essere considerate quasi come dei test di personalità (basati sulla rilevazione di valori e stili di vita) finalizzati alla definizione di tipologie psicosociali relativamente universali. Tali ricerche sono ordinate in base

---

[24] Benché la cosa suoni paradossale: può capitare che autori di test commerciali attingano senza troppi problemi ad altri test commerciali approfittando proprio del fatto che simili test sono più facili da piratare senza che la cosa appaia evidente, in quanto appunto sono tenuti quasi segreti. Mentre anche gli scienziati della disciplina, non avendo facile accesso all'originale, si trovano in difficoltà nel verificare, oltre che l'eventuale scientificità del test (quando c'è), anche il suo eventuale plagio.

[25] Molti di tali lavori, riportati qui di seguito nelle Tavole sinottiche 2 e 3, vengono citati anche in altre parti di questo manuale.

[26] Solo eccezionalmente, per completezza esemplificativa, abbiamo riportato anche qualche caso di ricerca lifestyle basata anch'essa su dati di ricerca, ma di tipo qualitativo (con interviste in profondità e analisi del contenuto).

all'area geografica di riferimento.

Alla Tavola 3 riportiamo invece una serie di ricerche lifestyle ad hoc, ovvero relative ad argomenti più circoscritti, che elenchiamo più o meno in ordine alfabetico. Stante che tale ripartizione per argomenti ha carattere solo indicativo. Capita infatti che i temi affrontati siano più ampi e più numerosi di quelli da noi indicati come preminenti. Risulta anzi normale, proprio per la natura multivariata che è tipica dell'approccio lifestyle, che una stessa occasione di ricerca affronti contemporaneamente una pluralità di variabili. Mentre è utile sottolineare come, nel caso delle ricerche lifestyle di taglio generalista, i temi affrontati possano essere decine e a volte centinaia contemporaneamente, trovandosi quindi a svolgere di fatto anche la funzione di una somma di ricerche lifestyle ad hoc (benché l'impostazione dell'indagine sia appunto di tipo generalista).

Le ricerche elencate qui di seguito a volte riguardano dei tipi umani (ad esempio: i dentisti) altre volte si riferiscono a delle categorie di prodotto-servizio (ad esempio: la moda). Su alcuni temi: abbiamo magari potuto trovare un solo esempio pubblicato in sede pubblica. Su altri temi: la letteratura scientifica è invece piuttosto vasta, per cui ci siamo limitati a proporre solo un campione di citazioni, giusto per fornire una prima idea.

Infine, per non citare che una parte degli interventi a carattere di rassegna o teorici (per lo più ripresi anche in altri punti di questo volume), giusto per rendere l'idea di come il riferimento al tema dei valori e degli stili di vita sia massiccio e incessante in letteratura e di come questo si sia evoluto nel tempo, possiamo ricordare, questa volta in ordine cronologico: Smith (1956); Gilbert (1960); Westfall (1962); Lazer (1963); Levy (1963); Moore (1963); Williams (1966); Ansbacher (1967); Bass, Douglas e Lonsdale (1968); Alpert e Gatty (1969); Gans (1969, 1974); Yankelovich (1969); Bensman e Vidich (1971); Bernay (1971); Kassarjian (1971); Wells e Tigert (1971); Wind (1971); Ziff (1971); Feldman e Thielbar (1972); Frank, Massy e Wind (1972); Mack (1972); Peterson (1972); Heeler e Ray (1972); Reynolds (1973); Schewe (1973); Scott e Lamont (1973); Wells (1973a, 1973b, 1974, 1975); Plummer (1974); Linton e Broadbent (1975); Murphy (1975); Cosmas (1976); Henry (1976); Hirsch (1976); Kinnear e Taylor (1976); McCall (1976); Newman (1976); Zablocki e Kantor (1976); Blackwell e Talarzyk (1977); Wells e Cosmas (1977); Ahmed e Jackson (1979); Bourdieu (1979, 1980); Burns e Harrison (1979); Douglas e Isherwood (1979); Hebdige (1979); Munson e McIntyre (1979); Nichols (1979); Teel, Bearden e Durand (1979); Robertson e Wind (1980); Ouellet (1981); Sobel (1981); Bushman (1982); Dickson (1982); Hann (1982); Lastovicka (1982); Bosserman (1983); Earl (1983); Henry (1983); Anderson e Golden (1984); Atlas (1984); Boote (1984); Kahle (1984); Feist-Fite (1985); Laurent e Kapferer (1985); Paré (1985, 1993); Zeithaml (1985); Gattas et Al (1986); Furth, Gunt e Lyttkens (1986); Roos (1986); Valette-Florence (1986, 1989, 1994); Weinstein (1986); Campbell (1987); Featherstone (1987); Prentice (1987); Scheys (1987); Townsend (1987); Ewen (1988); Feldman (1988, 2003); Homer e Kahle (1988); Lastovicka e Joachimsthaler (1988); Kennedy, Best e Kahle (1988); Kahle, Poulos e Sukhdial (1988); McCracken (1988); O'Brien e Ford (1988); Rice (1988); Valdes (1988); Benjamin (1989); Hamilton-Smith (1989); Hawkins,

Best e Coney (1989); Muller (1989); Weiss (1989, 1999); Filipcova, Glyptis e Tokarski (1990); Lastovicka, Murry e Joachimsthaler (1990); Manz (1990); Mommaas (1990); Swenson (1990); Kamakura e Mazzon (1991); Michman (1991); Piirto (1991); Sheth, Newman e Gross (1991); Burgess (1992); Dittmar (1992); Gunter e Furnham (1992); Miller et Al (1992); Kress e Snyder (1994); Kristiansen e Zanna (1994); Moschis (1994); Rosengren (1994); Wansink (1994); Englis e Solomon (1995); Gilbert e Warren (1995); Siri (1995); Van Deth e Scarbrough (1995); Heath (1996); Endler e Rosenstein (1997); Holt (1997); Kahle e Chiagouris (1997); Ostini e Ellerman (1997); Wynne (1998); Allen e Ng (1999); Campbell e Hunter (2000); Kahle (2000); Lee et Al (2000); Rohan (2000); Haidt (2001); Hansal (2001); Stalnaker e Wedgewood (2001); Tacchi (2001); Advertising Association (2002); Baumgartner (2002); Lawson e Todd (2002); Moon (2002); Peltier et Al (2002); Vyncke (2002); Michman, Mazze e Greco (2003); Cherrier (2004); Orth et Al (2004); Sjöberg e Engelberg (2005); Cahill (2006); Wilska e Haanpaa (2006).

**Tavola 2 – Esempi di ricerche lifestyle a carattere generale, che realizzano una segmentazione del campione con riferimento ai valori, accanto ad altre variabili psicologiche, sociali e comportamentali.**

| AREA | TESTI DI RIFERIMENTO |
|---|---|
| Africa | (Paden, 1980) |
| Australia | (Age, 1976, 1982) |
| Belgio | (Vyncke, 2002) |
| Cina | (Yang, 1986) |
| Corea | (Cha, 1994) |
| Europa | (Reader's Digest, 1970) |
| Europa | (Cathelat, 1985a, 1985b, 1990, e Cathelat, 1991; Burke, 1990) |
| Europa | (Reader's Digest, 1991) |
| Europa post-comunista | (Miller, White e Heywood, 1998) |
| Francia | (Valette-Florence e Jolibert, 1990) |
| Germania | (Walsh, Mitchell e Hennig-Thurau, 2001) |
| Germania | (Hinz et Al, 2002) |
| Giappone | (Murata e Iseki, 1974; Aaker e Reynolds, 1982) |
| Giappone | (Makita e Ida, 2001) |
| Islam | (Moaddel, 2006) |
| Italia | (Calvi, 1976, 1980, 1993) |
| Italia | (Ferrarotti, 1980-1982) |
| Italia | (Fabris e Mortara, 1986) |
| Italia | (Censis, 1989) |
| Italia | (Siri, 1995) |
| Italia | (Caprara e Barbaranelli, 2000) |
| Italia | (Censis, 2004) |
| Italiani negli USA | (Laroche, Kim e Tomiuk, 1998) |
| Nuova Zelanda | (Lawson et Al, 1989) |
| Nuova Zelanda | (Faris, Lawson e Todd, 1996) |
| Nuova Zelanda | (Todd, Lawson e Faris, 1998) |
| Olanda | (Felling, Peters e Schreuder, 1984) |
| Polonia | (Nowak, 1981) |
| Singapore | (Keng e Yang, 1992; Heng, Leu e Beng, 1998) |
| Spagna | (Andres, 1996) |

| AREA | TESTI DI RIFERIMENTO |
|---|---|
| Stati post-sovietici (giovani) | (Tomasi, 1995) |
| Taiwan | (Tao, 2004) |
| USA | (Stanley, 1953) |
| USA | (Barrett, 1961) |
| USA | (Kluckhohn e Strodtbeck, 1961) |
| USA | (Chase, 1965) |
| USA | (Frank e Strain, 1972) |
| USA | (Miller e Sjoberg, 1973) |
| USA | (McCready e Greeley, 1976) |
| USA | (Lowenthal, Thurner e Chiriboga, 1976) |
| USA | (Campbell, Converse e Rodgers, 1976) |
| USA | (Maas e Kuyper, 1977) |
| USA | (Mehrotra e Wells, 1977) |
| USA | (Cosmas, 1982) |
| USA | (Gruenberg, 1983) |
| USA | (Ball-Rokeach, Rokeach e Grube, 1984) |
| USA | (Horley, Carroll e Little, 1988) |
| USA | (DDB Needham, 1995) |
| USA | (Lastovicka et Al, 1999) |
| USA (longitudinali) | (Hoge, Hoge e Wittenberg, 1987; Horley, 1992; Schaie, Willis e Caskie, 2004) |
| USA (LOV) | (Kahle, 1983, 1986, 1996, 2000) |
| USA (VALS1) | (Mitchell, 1981, 1983; Mitchell e MacNulty, 1981; Thomas e Crocker, 1981; Holman, 1984; Crocker, 1985) |
| USA (VALS2) | (Riche, 1989; SRI, 1989; Weinstein, 1994) |
| Yugoslavia | (Bertsch, 1976) |

**Tavola 3 - Alcuni esempi di ricerche, su temi specifici, che realizzano una segmentazione di tipo lifestyle.**

| TEMA | TESTI DI RIFERIMENTO |
|---|---|
| *Abbandoni delle scuole superiori* | (Martin, 1987) |
| *Abbigliamento* | (Gutman e Mills, !982; Havasy, 1986; Cassill e Drake, 1987; Jasper e Lan, 1992; Huddleston, Ford e Bickle, 1993; Oliver, 1993; Shim e Bickle, 1994; Rose, Shoham, Kahle e Batra, 1994; Fok e Chong, 1996; Solomon e Englis, 2000) |
| *Acquirenti donne in Cina* | (Tai e Tam, 1997; Tam e Tai, 1998) |
| *Acquisti a distanza* | (Lumpkin e Hawes, 1985; Gehrt e Carter, 1992; Jasper e Lan, 1992; McDonald, 1995; Swinyard e Smith, 2003) |
| *Acquisti alimentari* | (Roberts e Wortzel, 1979; Jackson, McDaniel e Rao, 1985) |
| *Acquisti compulsivi* | (Kwak, Zinkhan e Roushanzamir, 2004; Park e Burns, 2005) |
| *Acquisti per telefono* | (Thomas, 1981) |
| *Adolescenti e giovani (esteri)[27]* | (Prokhorov et Al, 1993; Wee, 1999; Miles, 2000) |
| *Affettivi* | (Kunzmann, Stange e Jordan, 2005) |
| *Affiliazioni commerciali* | (Pardeu e Ashton, 1975) |
| *Afro-Americani* | (McCord, Friedberg e Harwood, 1969; Willie, 1972; Carter, 1990) |
| *Agricoltori australiani* | (Maybery, Crase e Gullifer, 2005) |
| *Alimentazione in generale* | (Back e Glasgow, 1981; Hulshof et Al, 1993; Brunso, Grunert e Bredahl, 1996; Grunert, Bruns e Bisp, 1997; Dutta e Youn, 1999; Bellisle e Rolland-Cachera (2000); Larsson et Al, 2000; Belangee, Sherman e Kern, 2003; Dutta-Bergman, 2003; McLean e Barr, 2003; Brunso, Scholderer e Grunert, 2004b; Honkanen, Olsen e Myrland, 2004; Ryan et Al, 2004; Scholderer et Al, 2004) |

---

[27] Riportiamo qui solo alcuni esempi, tra i molti altri possibili, prodotti in culture diverse da quella italiana. Per le numerose ricerche, con ampi riferimenti anche al tema dei valori e del *lifestyle*, che sono state condotte in Italia presso campioni di adolescenti e di giovani, che spesso contengono anche delle segmentazioni piuttosto interessanti, si vedano i riferimenti citati poco sopra nel testo.

| TEMA | TESTI DI RIFERIMENTO |
|------|----------------------|
| Alimentazione salutista naturale | (Thompson e Troester, 2002) |
| Alternativi (stili) | (Metcalf, 1984) |
| Antiabortisti e proabortisti | (Staggenborg, 1987) |
| Arredo della casa | (Perussia, 1987) |
| Artritici | (Lichtenberg, Swensen e Skehan, 1986) |
| Assistenza pubblica | (Ahmed e Jackson, 1979) |
| Attivismo sociale | (Thomas, 1986) |
| Automobili, automobilisti, incidenti | (Evans, 1959; Bradstock et Al, 1987; Lastovicka et Al, 1987; Beirness e Simpson, 1988; James e Eroglu, 1990; Gregersen e Berg, 1994; Brodowski, 1998; Liu e Zhang, 2003; Moller, 2004) |
| Autoregolamentazione della salute | (Censis, 2003) |
| Aziende a gestione famigliare | (File e Prince, 1996) |
| Baby boomers | (Lee et Al, 2000; Seniors Research Group, 2002) |
| Back-to-the-land, movimento | (Coffin e Lipsey, 1981; Brinkerhoff e Jacob, 1987) |
| Bambini di strada | (Baker, Panter-Brick e Todd, 1997) |
| Banche | (Harrison, 1999; Peltier et Al, 2002) |
| Basket, abbonati alle partite | (Hackett, 1990) |
| Beneficienza | (Manzur, 1999) |
| Benessere, fitness, wellness | (Censis/Stb, 2001) |
| Biblioteche | (Madden, 1979) |
| Carte di credito | (Plummer, 1971) |
| Case mobili, residenti | (Schiller, 1989) |
| Chat su cellulare | (Nysveen, Pedersen e Thorbjørnsen, 2005) |
| Cinesi e i prodotti esteri | (Dickson et Al, 2004) |
| Cinture di sicurezza | (Wilson, 1990) |
| Cocaina | (Spotts e Shontz, 1976; Bannon, 1987; Castro, Newcomb e Cadish, 1987) |
| Comuni, partecipanti a delle | (Aidala, 1989) |

| TEMA | TESTI DI RIFERIMENTO |
|------|---------------------|
| Consumi in genere | (Censis, 1987, 1990, 2005; Fullerton, 1988) |
| Consumi scorretti | (Babakus et Al, 2004) |
| Contraffazioni di prodotti | (Albers-Miller, 1999) |
| Contro-cultura radical-chic-hip | (Frank, 1997) |
| Coppie bi-reddito | (Townsend e Riche, 1987; Barnett e Rivers, 1998) |
| Coppie senza figli | (Thoen, 1977; Burnside, 1978; Rowland, 1982; Ramu, 1985; Chesner, 1986) |
| Culture individualiste e collettiviste | (Sun, Horn e Merritt, 2004) |
| Dirigenti dell'area marketing | (O'Donnell, 2000) |
| Divorziati Palestinesi Israeliani | (Cohen e Savaya, 2003) |
| Docenti nella formazione universitaria a distanza | (Witchel, 2003) |
| Donne | (Rainwater, Coleman e Handel, 1959; Matthews e Tiederman, 1964; Ginzberg et al, 1966; Green e Cunningham, 1975; O'Connell, 1976, 1980; Douglas e Urban, 1977; Reynolds, Crask e Wells, 1977; Venkatesh, 1980; Pirnot e Dustin,1986; Jaffe e Berger, 1988; Wearing, 1989; Fischer e Arnold, 1994; Sin e Yau, 2004) |
| Donne, condizione | (Rossi e Malerba, 1993) |
| Ecologia[28] | (Perussia, 1989, 1990; Stern, 1992; Stern e Dietz, 1994; Stern et Al, 1995; Guidorossi, 1998; Widegren, 1998) |
| Elezioni, scelte politiche, simpatie ideologiche[29] | (Calvi, 1980; Calvi e Vannucci, 1995; Caprara e Barbaranelli e Vicino, 1999; Caprara e Barbaranelli, 2000; Caprara 2003; Perussia, 2006b) |

---

[28] Sulla dimensione valoriale e anche personologica relativa agli atteggiamenti in tema di ambiente e di ecologia esiste una specifiche rivista scientificha, che viene pubblicata regolarmente dal 1992: *Environmental Values*.

[29] Anche sulle segmentazioni relative ad opinioni e scelte politiche ovvero elettorali, in relazione ai valori ed ai lifestyle, la letteratura di ricerca è molto ampia; specie a motivo del grande interesse che il tema suscita in gruppi ben dotati di mezzi (per finanziare la ricerca) quali sono in particolare i partiti politici e le pubbliche amministrazioni. Rimandiamo tuttavia, per maggiori approfondimenti, ad alcune nostre recenti analisi sul tema, con le relative rassegne della letteratura (Perussia,

| TEMA | TESTI DI RIFERIMENTO |
|---|---|
| Energia, consumi | (Becker et Al, 1981; Black, Stern e Elworth, 1985) |
| Etnocentrismo | (Bannister e Saunders, 1978; Shimp e Sharma, 1987; Han, 1988; Good e Huddleston, 1995; Peterson e Jolibert, 1995; Gürhan-Canli e Maheswaran, 2000) |
| Famiglie[30] | (Tallman e Morgner, 1970; Nicoll e Hawes, 1985; Rader, 1990; Spruill, 1991; Preski e Walker, 1997; Sevcikova et Al, 1997; Cigoli, 2000; Di Nuovo e Buono, 2004; Hennon e Hildenbrand, 2005; Huurre et Al, 2006) |
| Famiglie a doppio reddito | (Paden e Buehler, 1995) |
| Farmaci e anziani | (Shufeldt, Oates e Vaught, 1998) |
| Fibra ottica | (Kang, 2002) |
| Fondi d'investimento | (Smith e Beik, 1982) |
| Generazione Y (studenti di oggi) | (Wolburg e Pokrywczynski, 2002 |
| Giocatori di giochi in rete | (Whang e Chang, 2004) |
| Giocattoli | (Steenhold, 1994) |
| Giornali | (Baker e Fletcher, 1987) |
| Giovani devianti | (Miedema, 1989) |
| Giustizia, concezione | (Rasinski, 1987: Rasinski e Scott, 1990) |
| Homeschool: scuola in casa | (Collom e Mitchell, 2005) |
| Ingegneri italiani | (Pagnoncelli e Alemanno, 2004) |
| Innovatori nella moda | (Morris, 1984) |
| Innovatori nelle organizzazioni | (Robertson e Wind, 1980; Katz-Gerro, 1999) |
| Innovatori varii | (Daghfous, Petrof e Pons, 1999) |
| Insegnanti | (Barbagli e Dei, 1969; Livolsi et Al, 1974; Cobalti e Dei, 1979) |
| Internet | (Dutta-Bergman, 2002; Bargh e McKenna, 2004) |

2006a, 2006b); mentre qui citiamo appena qualche esempio significativo di casi realizzati in italia.

[30] In effetti: molte delle ricerche generaliste sui *lifestyle* (come quelle riportate più sopra: alla Tavola 2) sono anche delle ricerche sulle famiglie. Per cui rimandiamo largamente a quelle, mentre ci limitano qui a citare solo qualche indagine un poco più circoscritta rispetto al tema.

| TEMA | TESTI DI RIFERIMENTO |
|---|---|
| *Ipermercati* | (Shim e Eastlick, 1998) |
| *Ipertesi* | (Hentschel e Bekker, 2004) |
| *Lavoro*[31] | (Rosenberg, 1957; England, 1967; Smith e Cranny, 1968; Hinrichs, 1970; Miner e Dachler, 1973; Baglioni, 1974; Locke, 1975; Girard, 1977; Korman, Greenhaus e Badin, 1977; Talamo, 1979; Hofstede, 1980, 2001; Urbani e Weber, 1984; Zedeck e Cascio, 1984; Beretta, 1995; Bellotto, 1997; Hakim, 2002; Smith, 2002) |
| *Leader locali e investimenti dall'esterno* | (Berkowitz e Turnmire, 1994) |
| *Leisure: tempo libero, ricreazione, sport* | (Havighurst e Feigenbaum, 1959; Breit, 1969; Bishop, 1970; Wilensky, 1970; Hendee, Gale, Catton, 1971; McKechnie, 1974; Schmitz-Scherzer R. et Al 1974; Becker, 1976; London, Crandall e Fizgibbons, 1977; Duncan, 1978; Willis et Al, 1978; Chase e Cheek, 1979; Szybillo, Binstok e Buchanan, 1979; Andreasen e Belk, 1980; Glyptis, 1981; Marsden et Al, 1982; Greenberg e Frank, 1983; Hughes e Peterson, 1983; Kelly, 1983; Bernard, 1984, 1988, 1989; Shoham et Al 1997) |
| *Limiti mentali (portatori di)* | (Freeman e Gintner, 1989; Harner e Heal, 1993; Neumayer e Bleasdale, 1996; Yu, Jupp e Taylor, 1996) |
| *Luoghi di acquisto-consumo* | (Bellenger e Korgaonkar, 1980; Lumpkin, 1985; Gehrt e Shim, 1998; Censis, 2005) |
| *Madri per conto proprio* | (Lipten, 1979; Jorgensen e Newlon, 1988; Katz, 1998) |
| *Mamme statunitensi e giapponesi* | (Rose e Shoham, 2000) |
| *Marijuana* | (Green e Haymes, 1973; Weckowicz e Janssen, 1973; Kimlicka e Cross, 1978; Bachman et Al, 1988; Schulenberg et Al, 2005) |

---

[31] La segmentazione relativa al lavoro, sulla base di rilevazioni legate a valori e stili di vita, è talmente ampia da meritare una trattazione autonoma e approfondita a parte, che non è il caso di svolgere in questa sede. Basti pensare a quanto tali elementi pesano in rilevazioni connesse con temi psicologici classici quali: l'assessment, l'orientamento, la selezione, lo sviluppo organizzativo, la formazione, la gestione delle imprese ecc. Qui ci limitiamo dunque a citare un campione davvero minimo di rassegne e lavori, che aiutino a delineare soltanto un primo quadro sul tema.

| TEMA | TESTI DI RIFERIMENTO |
|------|----------------------|
| Media audience, radio e televisione | (Kline, 1971; Peterson, 1972; Plummer, 1972; Tigert, 1974; Villani, 1975a; Teel, Bearden e Durand, 1979; Frank e Greenberg, 1980; Becker e Connor, 1981; Hornik e Schlinger, 1981; Ritchie e Clarke, 1981; Donohew, Palmgreen e Rayburn, 1987; McCarty e Shrum, 1993; Leung, 1998; Harwood, 1999; Adams, 2000; Censis, 2002; Censis/Ucsi, 2005) |
| Medici (e aspitanti tali) | (Cho e Gilgen, 1980; Feather, 1982; Bosio, 1986; Schwartz et Al, 1989, 1990; Sun et Al, 1995; Helkama et Al, 2003) |
| Militari | (Moskos, 1976; Priest, Fullerton e Bridge, 1982; Gade, Lakhani e Kimmel, 1991; Roush e Atwater, 1992; Moskos, Williams e Segal, 2000; Caforio e Nuciari, 2003) |
| Modi strumentali e simbolici di possesso (degli oggetti) | (Prentice, 1987) |
| Musei | (Thyne, 2001; Todd, 2001) |
| Musicisti e avvocati | (Tamayo et Al, 1998) |
| Musicofili, fans | (Hinerman, 1978; Katz-Gerro, 1999) |
| Nativi Americani | (Bachtold e Eckvall, 1978) |
| Negozi ed etnie | (Eckman, Kotsiopulos e Bickle, 1997) |
| Neo-adulti | (Tua e Perussia, 1987) |
| Nuovi prodotti (adopters) | (Darden e Reynolds, 1974; Goldsmith, 1983; Kwang et Al, 2005) |
| Orientamento temporale | (Settle, Alreck e Glasheen, 1978) |
| Partecipazione civica | (Scheufele e Shah, 2000) |
| Partner e stili amorosi | (Violet, Garland e Pendleton, 1986; Perussia e Grohrock, 1997) |
| Personal computer innovativi | (Dickerson e Gentry, 1983) |
| Preservativi | (Tamayo et Al, 2001; Dahl et Al, 2005) |
| Preti cattolici nigeriani | (Okorie, 1995) |
| Prezzo e/o praticità nei consumi | (Morganovsky, 1986) |
| Prigionieri (potenziali) di guerra | (Leach, 2002) |
| Professori e businessmen | (Porter, 1967) |

| TEMA | TESTI DI RIFERIMENTO |
|---|---|
| Prostitute | (Kawale, 1990; Green et Al, 1993) |
| Psicologi italiani | (Bosio, 2004) |
| Regali | (Beatty et Al, 1993; Lotz, Shim e Gehrt, 2003) |
| Religione | (Parenti, 1967; Rokeach, 1969; Tate e Miller, 1971; Mellor e Andre, 1980; Paloutzian, 1981; Christenson et Al, 1984; Gorsuch, 1988; Lau, 1989; Moore, 1994; Schwartz e Huysmans, 1995; Siu e Woo, 1999; Fontaine, Luyten e Corveleyn, 2000; Garelli, Guizzardi e Pace, 2003; Spilka et Al, 2003; Fontaine et Al, 2005; Lindridge, 2005) |
| Residenze | (Bell, 1958; Burchard et Al, 1991; Scheiner e Kasper, 2003) |
| Rifugiate vietnamite | (Chung e Bemak, 1998) |
| Riscaldamento domestico | (Karns e Khera, 1983) |
| Riviste settimanali e mensili | (Michaels, 1972) |
| Salute[32] | (Hollis, Connor e Matarazzo, 1982; Wingard, 1984; Forner, 1985; Cox et Al, 1987; Cox, Huppert e Whichelow, 1993; Moorman e Matulich, 1993; Kemper, 1995; Marks e Lutgendorf, 1999; Pravettoni e Miglioretti, 2003; Wardle e Steptoe, 2003; Divine e Lepisto, 2005) |
| Schizofrenici paranoici | (Pavlovic, 1994) |
| Semplicità volontaria | (Shama e Wisenblit, 1984) |
| Servizi territoriali, dall'ospedale psichiatrico | (Anderes e Fortier, 1987) |
| Sesso | (Pankhurst, 1982; Johnson et Al, 1989; Wellings et Al, 1994; Hogan-Finlay, 1996; Bialeschki e Pearce, 1997; Rouse, 2002; Katz e Marshall, 2003; La Sala, 2003; Fraser, Maticka-Tyndale e Smylie, 2005) |
| Sintomi pre-mestruali | (Hourani, Yuan e Bray, 2004) |
| Soddisfatti della vita | (Sanchez-Lopez e Diaz Morales, 1998) |
| Telefono | (Veltri e Schiffman, 1984) |

---

[32] Anche i comportamenti legati alla salute rappresentano una delle aree maggiormente frequentate in termini di analisi degli stili di vita. Basti considerare tutta la ricerca psicosomatica ovvero quella sui fattori sociali nelle malattie. Ne presentiamo dunque appena qualche citazione, a scopo indicativo.

| TEMA | TESTI DI RIFERIMENTO |
|------|----------------------|
| Televisione digitale interattiva | (Lekakos e Giaglis, 2004) |
| Terapeuti (psicologi e non) | (Jensen e Bergin, 1988) |
| Terza età, anziani, pensionati | (Williams e Wirths, 1965; Havighurst e De Vries, 1969; Towle e Martin, 1976; Schutz, Baird e Hawke, 1979; Glatzer e Volkert, 1980; Taylor e Ford, 1981; French e Fox, 1985; Kelly, 1987; Mertens e Wimmers, 1987; Tokarski, 1987; Voges e Pongratz, 1988; Tongren, 1988; Sorce, Tyler e Loomis, 1989; Wolfe, 1990; Coleman e Militello, 1995; Oates, Schufeldt e Vaught, 1996) |
| Tossicità varie: alcool, fumo (ed eventuale loro riduzione) | (Stone, 1962; Toler, 1975; Budziack, 1987; Pederson e Stavraky, 1987; Marin et Al, 1989; Newcomb, McCarthy e Bentler, 1989; Wallace e Bachman, 1991; Skinner, 1994; Walters, 1994; Taylor, 1998; Baron, 1999; Kropp, Lavack e Holden, 1999; Slovic, 2001; Ling e Glantz, 2002; Schulenberg e Maggs, 2002; Baker, Brandon e Chassin, 2004; Gonzalez Carrasco, 2004; Shim e Maggs, 2005) |
| Turismo, viaggi, vacanze | (Darden e Darden, 1976; MacCannell, 1976; Woodside e Pitts, 1976; Hawes, 1977; Perreault, Darden e Darden, 1977; Pitts e, Woodside, 1986; Shih, 1986; Muller, 1991; Lowyck, Van Langenhove e Bollaert, 1992; Madrigal e Kahle, 1994; Lawson et Al, 1999; McCleary e Choi, 1999; Kozak, 2002; Xinran, O'Leary e Morrison, 2002) |
| Universitarie, lavoratrici | (Taylor e Spencer, 1988) |
| Uomini, condizione | (Oliver, 1996) |
| Valori del sud-est asiatico e Valori latino-americani | (Wong-Rieger e Quintana, 1987) |
| Valori e stili latino americani | (Mendoza, 1989; Lim, Zalloco e Ghingold, 1997; Nichols, Roslow e Dublish, 1997) |
| Valori occidentali e valori cinesi | (Chinese Culture Connection, 1987; Bond, 1988; Wei, 1997; Tam e Tai, 1998) |
| Valori statunitensi visti dai Russi | (Zatsepina e Rodriguez, 2000) |
| Value-conscious consumatori | (Ailawadi, Neslin e Gedenk, 2001) |

| TEMA | TESTI DI RIFERIMENTO |
|------|----------------------|
| *Vegetariani* | (Dwyer, 1974; Cooper, Wise e Mann, 1985; Freeland-Graves et Al, 1986; Beardsworth e Keil, 1992; Dietz et Al, 1995; MacNair, 1998; Jabs, Sobal e Devine, 2000; Hoek et Al, 2004) |
| *Videoregistratori* | (Potter et Al, 1988) |
| *Vietnamiti negli USA* | (Marino, Stuart e Minas, 2000) |
| *Violenza giovanile* | (Nofziger e Kurtz, 2005) |
| *Volontariato* | (Dutta-Bergman, 2004) |

## 2. Contenuti di Itapi-VALORI (35 item) e modalità di somministrazione

Il tema della misurazione dei valori mostra a volte degli aspetti paradossali, già a partire dal fatto che si tratta appunto di valutare valori (in inglese: *to value values*). Il che rappresenta una forma di contorsionismo epistemologico interessante, ma anche potenzialmente confusivo. Visto che si tratta di utilizzare le medesime categorie concettuali con riferimento tanto all'oggetto quanto al soggetto ovvero al metro della ricerca; con tutte le possibili circolarità logiche del caso.

Un tema relativamente dibattuto nella ricerca sui valori è del resto proprio quello metodologico, specie per quanto riguarda il confronto fra metodi detti "di valutazione" (attribuire un giudizio-peso a ciascun item, uno per volta) da una parte e metodi detti "di ordinazione" (mettere in sequenza, tutti insieme, gli item secondo un criterio comune) dall'altra parte. La controversia viene talvolta definita anche come confronto tra "rating and ranking".

Il dibattito fra queste due strategie affianca un po' tutta la ricerca sui valori, anche perchè lo *Study of Values* di Allport, Vernon e Lindsay (1931-1951-1960) è stato costruito su di un metodo valutativo, mentre la *Value Survey* di Rokeach (1967, 1973, 1979) utilizza un metodo ordinativo. Comunque: nella pratica e nella letteratura scientifica, il metodo che richiede una valutazione separata per ciascun item (*rating*) prevale in misura quasi plebiscitaria sul metodo che consiste nell'ordinare insieme tutti gli item uno in fila all'altro (*ranking*). Il metodo valutativo domina peraltro tutta la ricerca (di psicologia sociale e delle personalità) anche perché risulta più maneggevole specie nel caso delle ricerche estensive, oltre che molto più adatto per rilevazioni che somministrano l'inventario per auto-compilazione.

In misura minore, sono oggetto di controversia anche: la misura esatta dell'effetto che può essere esercitato dalla desiderabilità sociale nello spingere all'adesione o meno a taluni valori (problema che emerge maggiormente nel caso di interviste dirette faccia-a-faccia) nonché il dubbio se il concetto di valore sia di per sé un costrutto davvero esistente, stabile e misurabile. Più precisamente: soprattutto fino agli anni Cinquanta, si è molto dibattuto sulla effettiva possibilità di misurare empiricamente i valori, dato che alcuni li ritengono un tema filosofico relativamente astratto, che sarebbe più adatto a riflessioni di ordine solo teorico.

Si tratta peraltro di incertezze che, pure con variazioni da caso a caso, ricorrono in tutta la ricerca psicologica, quando questa si occupa di raccogliere informazioni dalla testimonianza diretta delle persone. Dove sono compresenti dubbi ampi e sottili di ordine epistemologico, da una parte; e dall'altra parte: una pratica di ricerca la quale avanza martellante (anche per la frenetica richiesta da parte dei committenti) a volte quasi senza porsi alcun interrogativo di natura epistemologica.

Su questi ed altri temi metodologici, con riferimento specifico alla questione dei valori, esiste comunque una discreta letteratura, all'interno della quale merita citare, fra gli altri: Conklin e Sutherland (1923); Lundberg (1950); Grace e Grace (1952); Catton (1954); Albert (1956); Podell (1956); Wilson e Nye (1966); Poulton (1968); Feather (1973); Moore (1975); Fischhoff, Slovic e Lichtenstein (1980); Rankin e Grube (1980); Reynolds e Jolly (1980); Ng (1982); DeMaio (1984); Turner e Martin (1984); Alwin e Krosnick (1985); Miethe (1985); Angleitner e Wiggins (1986); Pouiton (1989); Hellevik (1994); Sagie e Elizur (1996); Klein et Al (2004).

Venendo invece al caso concreto di Itapi-VALORI: il primo passo, per la costruzione dell'inventario, è consistito nel definire un gruppo di item che fossero ampiamente rappresentativi dei possibili valori di riferimento che caratterizzano la popolazione.

Per identificare i temi ovvero gli item che possono diventare strumenti di una ricerca sui valori, la metodologia che è stata utilizzata storicamente dalla gran parte degli studiosi è stata quella di esaminare la letteratura psicologica precedente. Benché qualcuno abbia anche condotto delle interviste, o si sia basato sul proprio occhio clinico.

Poi, in genere, i ricercatori ne hanno ricavato un elenco composto da molti item; per poi somministrarli ad un campione di soggetti. Alcuni studiosi organizzano a priori l'insieme degli item così identificati per categorie generali. Altri li organizzano a posteriori, sulla base di opportune analisi fattoriali.

Va peraltro notato che: per quanto i lavori di ricerca psicologica sui valori siano numerosi, le categorie dei valori cui fare riferimento per le indagini sul campo non risultano invece essere poi così tante. Naturalmente: avremmo potuto selezionare anche un numero maggiore di item da cui partire, ma certo non *molti* di più (per evitare di avere ripetizioni eccessive di costrutti simili, se non quasi identici, tra loro).

Siamo dunque partiti da 118 item, relativi ad un'ampia gamma di riferimenti valoriali, i quali, sulla base di un'approfondita analisi della letteratura scientifica internazionale nel campo della psicologia sociale e delle personalità (che appunto abbiamo cercato di evocare nelle pagine precedenti di questo Manuale), sono risultati essere almeno in parte rappresentativi al fine di realizzare una segmentazione (in termini di tratti-atteggiamenti-valori) della popolazione.

Anche nel caso della ricerca sui valori, si pone peraltro un problema di base che è relativo alla pubblicazione di un po' tutti gli strumenti psicologici. Come già accennato: molti test vengono infatti pubblicati in forma incompleta, soprattutto per mantenere il controllo del reattivo per un suo eventuale sfruttamento economico e commerciale. Oppure i reattivi vengono pubblicati (si fa per dire) in scritti che non sono di normale circolazione, ma che possono essere avvicinati solo dopo averli acquistati privatamente (solitamente: a caro prezzo) e solo in una forma molto riservata.

Uno dei risultati di tale prassi, scientificamente ben poco limpida, è che capita spesso di incontrare tracce e citazioni iniziatiche di test di cui non è praticamente possibile trovare poi degli elementi pubblicati in modo chiaro, o almeno secondo i criteri minimi di affidabilità scientifica delle pubblicazioni.

Per un approfondimento su tale prassi, davvero inconsueta rispetto alla normale trasparenza della ricerca scientifica in generale, ma invece molto diffusa nella ricerca psicologica tramite test, rimandiamo peraltro nuovamente alla prima parte lavoro preliminare per ITAPI-G (Perussia, 2004, 2005c), che sarebbe pleonastico riprendere ancora in questa sede.

Abbiamo comunque fatto riferimento, come punto di partenza, a un certo numero di strumenti di rilevazione, riferiti ai valori, di cui è possibile reperire una relativa esplicitazione in letteratura. Li riportiamo, in ordine cronologico di pubblicazione, alla Tavola 4, indicandone la denominazione assieme ai riferimenti bibliografici disponibili in cui sono stati originariamente proposti.

Abbiamo poi tenuto conto di alcuni volumi che si sono presi cura di raccogliere diversi esempi di scale, questionari, inventari, test e altri reattivi psicologici di vario tipo (riferibili anche al tema dei valori), presentandoli a volte, nei limiti del possibile, in forma completa o quasi.

Abbiamo dunque preso in considerazione, oltre ai già citati contributi legati alla World Value Survey e alla European Social Survey, anche le utili raccolte realizzate da: Bonjean, Hill e McLemore (1967); Shaw e Wright (1967); Robinson, Athanasiou e Head (1969); Hogan (1972); Robinson e Shaver (1973); Fredman e Sherman (1987); Serebriakoff (1988); Bowling (1991); Miller (1991); Robinson, Shaver e Wrightsman (1991, 1999); Brooke et Al (1994); Rubin, Palmgreen e Sypher (1994); Schutte e Malouff (1995); Aiken e Aiken (1996); Aiken (1997); Salek (1998); Fetzer Institute (1999); Hill e Hood (1999); Fayers e Machin (2000); Lester e Bishop (2001); Touliatos, Perlmutter e Straus (2001); Hilsenroth, Segal e Hersen (2003); Gordon (2004); Lopez e Snyder (2003); Taras (2006), Taras e Rowney (2006).[33]

Anche in Italia è presente una tradizione di ricerca, di buon livello, sulla psicologia dei valori (Marradi e Arculeo, 1984). Un campione di queste indagini comprende diverse rilevazioni, che in parte abbiamo già citato: alcune a carattere generale e di sfondo (Calvi, 1976; Calvaruso e Abruzzese, 1985; Censis, 1989); altre con riferimento anche ad aree più specifiche come i consumi (Censis, 1987).

Va anche notato che un qualche riferimento ai valori, quanto meno in una forma marginale benché magari con soli pochi item, è presente in una grande quantità di ricerche, italiane o di altri Paesi. Benché a volte queste abbiano come proprio fulcro di ricerca argomenti specifici rispetto ai quali i valori rappresentano solo una variabile fra le altre.

Abbiamo infine tenuto conto anche di una serie di ricerche realizzate in passato all'interno del *Personality Psychology Workshop*, di cui abbiamo già riferito in precedenti pubblicazioni, relative al lavoro preliminare per ITAPI-G e per ITAPI-S (Perussia, 2004, 2005c; Perussia e Viano, 2006a).

---

[33] Alcune di queste pubblicazioni sono state ulteriormente riviste dai loro Autori anche dopo che avevamo completato il lavoro preliminare per Itapi-VALORI. Per fornire una ulteriore occasione di aggiornamento ai colleghi ricercatori, le citiamo però nella più recente edizione disponibile alla data di pubblicazione di questo manuale (settembre 2006).

Come quadro di sfondo, abbiamo naturalmente tenuto conto anche della letteratura di carattere manualistico sui test psicologici in generale e sulla psicologia delle personalità in particolare. Tale insieme di lavori è più o meno lo stesso per tutto il Programma ITAPI, cui abbiamo fatto riferimento nel caso dei manuali di ITAPI-G (Perussia, 2005c) e di ITAPI-S (Perussia e Viano, 2006a). Per un approfondimento in materia rimandiamo dunque a quelle recenti pubblicazioni.

Non intendiamo passare in rassegna il dettaglio delle ricerche empiriche sui valori disponibili in letteratura, al di là di quanto già rilevato nelle pagine precedenti di questo saggio. Riteniamo tuttavia utile sottolineare qualche ulteriore aspetto che possa aiutare a delineare meglio alcune scelte realizzate per Itapi-VALORI.

Un dato di base è che molti di questi test sui valori (come anche sulle personalità), almeno fino agli anni Sessanta-Settanta, derivano spesso da ipotesi del tutto personali che gli Autori hanno sviluppate con serietà ma a loro discrezione (cioè: piuttosto idiosincratiche).

Tali inventari storici, oltre ad essere verificati, nella maggior parte dei casi (come peraltro abbiamo già ricordato accadere per molti test psicologici), quasi solo con campioni di studenti che frequentano l'equivalente delle nostre scuole superiori o università, non presentano in genere inquadramenti psicometrici sofisticati (tanto che in alcuni casi non ne presentano affatto).

Ma vediamo più da vicino quelli che abbiamo già notato essere i due test più stimati e più popolari nel contesto della ricerca psicologica sui valori, anche perchè sono in circolazione da qualche diecina d'anni, ovvero: lo *Study of Values* e la *Value Survey*.

Lo *Study of Values* (Allport, Vernon e Lindzey, 1931-1951-1960; Cantril e Allport, 1933; Duffy, 1940; Brogden, 1952) è stato costruito originariamente su studenti di college statunitensi. E' un questionario per auto-compilazione che comprende 30 domande, con le quali si richiede di valutare fra due risposte alternative (per ciascun item: ci sono 3 punti da distribuire fra le due possibili risposte); e altri 15 item che richiedono di ordinare, per ciascuno di essi, quattro possibili risposte in ordine di preferenza.

Lo *Study of Values* rileva sei categorie principali di valori, che gli Autori hanno dichiarato di derivare dai sei tipi di uomo proposti originariamente dall'analisi di Eduard Spranger (1925); e cioè: teorico, economico, estetico, sociale, politico, religioso. I valori che si ritiene di indagare si riferiscono, a loro volta, alla "relativa preminenza di sei interessi o motivi basici nelle personalità: teorico, economico, estetico, sociale, politico e religioso" (Allport, Vernon e Linzey, 1960:3).

La *Value Survey* (Rokeach, 1960, 1967, 1968, 1973; Braithwaite e Law, 1985; Thompson, Leviton e Miederhoff, 1982), alla cui denominazione ufficiale l'Autore (Milton Rokeach) tende ad aggiungere anche il proprio nome (per cui diventa: *Rokeach Value Survey*), consiste di un questionario per auto-compilazione con due blocchi di 18 item, riferiti a due categorie generali di fattori, che l'Autore definisce rispettivamente "terminal" ed "instrumental". Per ciascuno dei quali blocchi: si chiede al soggetto di produrre una graduatoria, in termini di importanza, su una scala che va dal primo al diciottesimo.

La scelta degli item inseriti nel test deriva dallo studio della letteratura in materia; nonché dalle esperienze e dalle convinzioni personali di Rokeach. La *Value Survey* non si propone una classificazione per tipologie. Non vengono nemmeno indicate possibili letture in termini di valori-tratti-fattori; anche perché l'Autore non sviluppa analisi statistiche specifiche né si interessa particolarmente a quelle successivamente prodotte da altri.

La scelta dei valori discende appunto dalle convinzioni di Rokeach stesso, per cui diversi Autori l'hanno messa in dubbio anche per il fatto che, specie se si sottopone la rilevazione ad analisi statistiche sofisticate, i 36 item risultano essere troppo numerosi e ridondanti (oltre che troppo arbitrari). Rokeach, dopo avere osservato diverse critiche, conclude tuttavia ribadendo la sua convinzione sul fatto che: "I 36 valori terminali e strumentali non possono essere facilmente ridotti" (1973:48).

I due strumenti appena citati sono certamente i più diffusamente utilizzati ancora oggi, almeno negli Stati Uniti (ma non solo), per lo studio estensivo dei valori. Sono anche fra gli strumenti che appaiono più approssimativi e più sospetti, specie per quanto riguarda la selezione degli item. La quale in effetti è stata quasi solo di costrutto (cioè: dipendente dalle convinzioni, peraltro autorevoli, dei ricercatori).

Si tratta infatti di item che hanno alle spalle ragionamenti interessanti, ma che però evidenziano pure, ad occhi minimamente esperti, una notevole dimensione valutativa implicita. Tale rischio è peraltro sempre presente in tutti i tipi di test, come già abbiamo visto, ancora una volta, nella prima parte del manuale di ITAPI-G (Perussia, 2005c).

Ad esempio[34], nell'inventario di Allport, Vernon e Lindzey (1931-1951-1960) le domande sono a scelta forzata di questo tipo (ne riportiamo letteralmente qualche esempio): "Lo scopo principale della ricerca scientifica dovrebbe essere la scoperta della verità piuttosto che la sua applicazione pratica" (risposte possibili: Sì o No). Oppure: "Posto che tu ne abbia le sufficienti capacità, preferiresti essere: un banchiere o un politico?". Oppure: "If you lived in a small town and had more than enough income for your needs, you would prefer to, A: apply it productively to assist commercial and industrial development, B: help to advance the activities of local religious groups, C: give it to the development of scientific research in your locality, D: give it to The Family Welfare Society."

---

[34] Riportiamo solo qualche caso di item, tra i molti altri possibili. Questo dipende da ragioni di opportunità (in questa sede: ci preme soprattutto presentare il manuale di Itapi-VALORI) ma discende anche dal fatto che risulta piuttosto complesso consultare gli item originali (almeno nel caso dello *Study of Values*). E si tratta nuovamente di un problema piuttosto paradossale, specie nel caso di ricerche con pretese di scientificità (la scienza è pubblica e condivisa per definizione). Eppure capita generalmente che gli Autori o gli Editori vietino di pubblicare o di citare direttamente anche solo qualche item del test (e comunque quasi mai l'inventario per intero) in quanto si tratta di materiali commerciali, il cui utilizzo e la cui visione è possibile solo dietro pagamento.

Nello strumento di Rokeach (1967, 1973) le valutazioni che si chiede di mettere in ordine sono, nel caso dei 18 valori detti "terminali", espressi nella forma di sostantivi, quali ad esempio: "A sense of accomplishment (lasting contribution)"; "A world of beauty (beauty of nature and the arts)"; "Mature love (sexual and spiritual intimacy)"; "National security (protection from attack)"; "True friendship (close companionship)". Nel caso dei 18 valori detti "strumentali", che vengono espressi sotto forma di aggettivi riferiti a come il soggetto ritiene sia importante essere: "Ambitious (hard-working, aspiring)"; "Courageous (standing up for your beliefs)"; "Imaginative (daring, creative)"; "Obedient (dutiful, respectful)"; "Responsible (dependent, self-disciplined)".

Come in tutti i test a scelta forzata di questo tipo: se anche il soggetto cui viene somministrato il reattivo ha in mente delle altre risposte, si trova però necessariamente confinato nella ideologia di chi ha redatto l'inventario. Il quale, nel caso dei test psicologici tradizionali, è generalmente il solito fiducioso esponente del movimento scientifico-industriale nella più classica versione middle-class statunitense.

Sarà infatti quasi inutile sottolineare che, restringendo le riposte a poche possibilità, si dà per scontato (e quindi, una volta raccolti i dati, implicitamente si dimostra), per restare alle sole voci appena riportate (ma il dubbio vale un po' per tutti gli item di entrambi i test) ad esempio che: non possono esistere persone che si occupano di ricerca scientifica soprattutto perché questa rende molto denaro; non è logico che qualcuno aspiri (posto che ne abbia le capacità) a fare il panettiere o l'impiegato delle poste; risulta ovvio che se uno investe dei soldi, lo fa eventualmente "to apply it productively to assist commercial and industrial development" ma non certo per diventare il più ricco possibile (risposta che non è prevista dal test, il quale pure vuole rilevare i più autentici valori americani).

E si noti che non viene chiesto al soggetto di valutare l'amore o l'amicizia, bensì l'amore "maturo" e l'amicizia "vera". Mentre l'implicita dichiarazione di principio secondo cui esistono i "valori veri", come appunto l'amore serio e l'amicizia autentica (peraltro spesso citati anche nella pubblicità dei biscotti o degli amari), presuppone naturalmente che ci sia il loro contrario ovvero gli (esecrabili) "amici falsi" e "amori immaturi". Ovvero, più in generale, che si diano punti di riferimento valoriali che sono "validi" e altri che invece sono "in-validi"; benché questi ultimi non siano presenti nell'elenco (per cui non è possibile scegliere eventualmente di metterli ai primi posti). D'altra parte: perchè mai dovrebbe rappresentare un valore il fatto di vivere per la propria ambizione, peraltro nel senso di essere affogati nel lavoro (hard-working), ovvero nella disperazione di sentirsi diversi da come si vorrebbe essere (aspiring)? Perché mai il concetto di "responsabilità" si sostanzierebbe nella sola condizione di chi è dipendente e coatto? E così via.

Considerando che si potrebbe andare avanti molto a lungo con esempi analoghi; ma che non è questa l'occasione per farlo. Sempre a proposito di simili temi, possiamo però ricordare, a titolo di ulteriore esempio, qualcuna delle variazioni che sono state sviluppate in altri inventari per la ricerca sui valori, magari utilizzati con minore frequenza ma comunque assai rilevanti nella letteratura scientifica internazionale.

Ad esempio: il *Ways to Live* (Morris, 1956), che parte dalla volontà di rilevare 3 componenti principali delle personalità (Dionisiaca, Prometeica, Buddistica), consiste di 13 descrizioni di modi di vita. Ciascun profilo ha più o meno le dimensioni dell'abstract di un articolo scientifico. Si chiede al soggetto di valutare ciascuna descrizione con una scala di valutazione soggettiva a 7 punti. Ne è stata prodotta anche una versione sintetica, detta *Short Form Ways to Live* (Dempsey e Dukes, 1966), in cui ciascun profilo valoriale viene ridotto a circa un quarto dell'originale e di cui esiste anche una versione ancor più ridotta, sotto forma di 13 item (di 5/10 parole ciascuno).

Dal canto loro: il *Value Profile* (Bales e Couch, 1969) si compone di 144 item da giudicare con una scala di valutazione soggettiva a 6 punti; il *Goal and Mode Values Inventories* (Braithwaite e Law, 1985) si compone di 79 item da giudicare con una scala di valutazione soggettiva a 7 punti; la *Life Roles Inventory Values Scales* (Fitzsimmons, Macnab e Casserly, 1985) utilizza 20 scale di 5 item ciascuna da giudicare con un metro di valutazione soggettiva a 4 punti; la *Conceptions of the Desirable* (Lorr, Suziedelis e Tonesk, 1973) si compone di 139 item da giudicare su una scala soggettiva a 5 punti; la *Empirically Derived Value Construction* (Gorlow e Noll, 1967) utilizza 75 schede che si chiede al soggetto di assemblare in 13 pile corrispondenti ai vari livelli di importanza (da "valore minimo = 1" a "valore massimo = 13"); le *Morally Debatable Behaviors Scales* (Harding e Phillips, 1986) si compongono di 22 item da giudicare su una scala di valutazione soggettiva a 10 punti. E così via.

Sulla base di tutto questo lavoro di osservazione, di confronto, di adattamento e di invenzione, cui abbiamo accennato (anche perché sarebbe davvero impossibile sintetizzarlo esaurientemente nella sede di un Manuale per il test), abbiamo dunque identificato i 118 item di partenza per Itapi-VALORI.

Questi si propongono come un campione ampiamente rappresentativo delle voci che, secondo la ricerca psicologica tanto classica quanto recente, sembrano essere dei possibili e importanti riferimenti valoriali per la generalità dei soggetti umani (con particolare attenzione, naturalmente, anche alla specifica cultura italiana ed europea).

Si potevano seguire altre strade per la costruzione di Itapi-VALORI, anche considerando la varietà, oltre che l'ampiezza, della letteratura cui abbiamo fatto cenno nelle pagine precedenti. Ed anzi: di fronte alla mole di riferimenti che abbiamo evocato, il tentativo di realizzare un punto di riferimento per la ricerca, come quello che cerchiamo di realizzare qui a ulteriore completamento del Programma ITAPI, può apparire ben poca cosa. Il tema riguarda però tutta la Nuova Psicologia Scientifica. Né pensiamo di avere risolto il problema, bensì ci limitiamo ad offrire un piccolo contributo.

Tuttavia: il nostro obiettivo, conformemente alla filosofia del Programma ITAPI nel suo complesso, è quello di realizzare strumenti che siano rigorosi ed efficaci, ma anche relativamente semplici da usare. Per cui, tra le sue varie qualità, Itapi-VALORI (analogamente a quanto avviene per ITAPI-G e per ITAPI-S) ha la caratteristica di prestarsi ad essere somministrato in modo facile e rapido, ovvero anche per auto-compilazione.

Gli strumenti prodotti nell'ambito del Programma ITAPI cercano di essere i più chiari possibile. Uno degli obiettivi del programma è infatti proprio quello di favorire la ricerca; possibilmente anche nel caso di indagini su vasti campioni, che vogliano essere rappresentativi della popolazione adulta nel suo complesso (e non solo degli studenti universitari di psicologia). Tali campioni, appunto per essere rappresentativi della popolazione, comprendono anche soggetti di cultura media o bassa.[35]

Per l'identificazione dei 35 item che fanno parte della forma definitiva di Itapi-VALORI abbiamo dunque seguito la procedura, basata su una serie di analisi fattoriali, già dettagliatamente pubblicata in un precedente Rapporto Tecnico (Perussia, 2005b) cui rimandiamo per ulteriori approfondimenti.

In questa sede ricordiamo, in sintesi, che abbiamo somministrato i 118 item del pool di partenza a un campione di 1.125 soggetti adult; di cui: 51.7% uomini e 48.3% donne; 32.7% di 18-29 anni, 43.4% di 30-45 anni, 23.9% di 46-89 anni; per lo più residenti in varie provincie del Piemonte, della Liguria, della Valle d'Aosta e della Lombardia. Sui risultati di tale rilevazione, abbiamo condotto una serie di analisi fattoriali, che hanno portato all'identificazione dei 35 item, ovvero dei 7 Valori-Tratti-Fattori principali che definiscono il test.

Come si evince chiaramente dalla letteratura, esiste un certo ventaglio di variazioni metodologiche in tema di rilevazione del costrutto valori, ma molte di queste sono di fatto ricerche di laboratorio o vengono utilizzate assai poco. La forma assolutamente prevalente (nel senso che è quella su cui si basa la larga maggioranza delle somministrazioni) è comunque quella della scala soggettiva di valutazione a 4 o a 5 punti sulla base di un elenco di item, che consistono ciascuno di una o poche parole.

Anche in questa occasione, come è notoriamente nella tradizione del Programma ITAPI, abbiamo preferito una scala di valutazione soggettiva a 4 punti e senza valore intermedio (di incertezza sulla risposta). Si tratta cioè, in sostanza, di una scala a scelta forzata facilitata.[36]

Analogamente a quanto è avvenuto nelle altre nostre ricerche condotte precedentemente, anche Itapi-VALORI è stato somministrato ai soggetti per

---

[35] Ricordiamo, tanto per fare riferimento alla nostra cultura, che attualmente (dati Istat): oltre un terzo della popolazione ha conseguito, come massimo titolo di studio, quello di scuola elementare. Mentre la popolazione con un'istruzione che vada oltre la scuola media inferiore rappresenta, in tutto, circa un terzo degli Italiani.

[36] Anche le ragioni di questa scelta, nel caso di Itapi-VALORI, sono analoghe a quelle che abbiamo già sintetizzato per il caso di ITAPI-G e di ITAPI-S (Perussia, 2005c; Perussia e Viano, 2006a). In sostanza: abbiamo voluto evitare che la mancata risposta venga valutata d'ufficio come una risposta intermedia (3, in una scala a 5 punti), che a sua volta non corrisponde affatto necessariamente alla media delle risposte del campione. Nel caso di Itapi-VALORI, ad esempio, dato che la media delle risposte varia da 2.22 a 3.82 (cfr Tabella 4), attribuire 3 a una non-risposta significherebbe fingere artificiosamente che il soggetto sia decisamente al di sopra della media nel primo caso e decisamente al di sotto nel secondo caso.

auto-compilazione.

Le persone sono state avvicinate in modo casuale. Il test veniva consegnato a singoli soggetti o a piccoli gruppi di soggetti, chiedendo loro di completarlo. Terminata la somministrazione, veniva ritirato, numerato e messo da parte per essere riversato su computer.

La somministrazione, in molti casi, è avvenuta direttamente da parte degli Autori, o di altri collaboratori al progetto. In altri casi, è stata realizzata da una quindicina di laureandi presso la Facoltà di Psicologia nell'Università degli Studi di Torino, cui il questionario preliminare è stato fornito come strumento di lavoro (atto a realizzare un'appendice, intesa come approfondimento di ricerca) da utilizzare nell'ambito della produzione della loro tesi di laurea in psicologia (sostenuta, in linea di massima, con Felice Perussia e/o Renata Viano come relatore e/o correlatore).

L'elenco definitivo degli item è riportato alla Tavola 5 di questo manuale, che rappresenta anche un possibile modulo per la somministrazione del reattivo.

**Tavola 4 - I principali test psicologici relativi ai valori di cui, a diversi livelli, abbiamo tenuto conto nella definizione dei 118 item di partenza per Itapi-VALORI (in ordine alfabetico).**

| TEST | PUBBLICAZIONI DI RIFERIMENTO |
|---|---|
| *Activities, Interests, Opinions* | (Plummer, 1972, 1974) |
| *American Style* | (Morrison, 1958) |
| *Analysis of Russian Values* | (Imbert et Al, 2002) |
| *Asian Values Scale* | (Kim, Atkinson e Yang, 1999) |
| *Beliefs, Events, and Values Inventory* | (Shealy, 2004, 2005) |
| *Brief Inventory of Values* | (Stern, Dietz e Guagnano, 1998) |
| *Child Socialization Value Survey* | (Echter et Al, 1998) |
| *Chinese Value Survey* | (Chinese Culture Connection, 1987; Bond, 1988; Bond e Chi, 1997) |
| *Circumplex Scales of Interpersonal Values* | (Locke, 2000) |
| *Conceptions of the Desirable* | (Lorr, Suziedelis e Tonesk, 1973; Kluckhohn, 1931) |
| *Current Life Orientation Scale* | (Madhere, 1993) |
| *Defining Issues Test* | (Rest, 1974a, 1979a; Thoma et Al, 1999) |
| *Dimensions of Values* | (Withey, 1965) |
| *Disimpegno morale* | (Caprara, Pastorelli e Bandura, 1995; Caprara et Al, 1996) |
| *East-West Questionnaire* | (Gilgen e Cho, 1979) |
| *Empirically Derived Value Construction* | (Gorlow e Noll, 1967) |
| *European Values Study* | (Stoetzel, 1983; Ashford e Timms, 1992; Barker, Halman e Vloet, 1992; Ester, Halman e De Moor, 1993; Gubert, 2000; Arts, Halman e Hagenaars, 2003; Inglehart, 2003; Halman, Luijkx e Zundert, 2005) |

| TEST | PUBBLICAZIONI DI RIFERIMENTO |
|------|------------------------------|
| *Experiment in value measurement* | (Canter, 1956) |
| *Foundational Value Scale* | (Jason et Al, 2001) |
| *Free-format Values Inventory* | (Glencross, 1996) |
| *Goal and Mode Values Inventories* | (Braithwaite e Law, 1985) |
| *Hartman Value Profile* | (Hartman, 1967; 1973) |
| *Higher Education Values Inventory* | (Luttrell, 2000) |
| *Inventory of Beliefs* | (Dressel, 1953) |
| *Inventory of Values* | (Hall et Al, 1986) |
| *Life Roles Inventory Values and Salience* | (Fitzsimmons, Macnab e Casserly, 1985; Macnab, Fitzsimmons e Casserly, 1985, 1987; Super e Sverko, 1995; Niles e Goodnough, 1996) |
| *Life Values Inventory* | (Crace, 1993; Crace e Brown, 1996; Swift, 1996) |
| *List of Values* | (Veroff, Douvan e Kulka, 1981; Kahle, 1983; Beatty et Al, 1985; Kahle, Beatty e Homer, 1986; Novak e MacEvoy, 1990; Perri, 1990; Kamakura e Novak, 1992; McIntyre, Claxton e Jones, 1994; Herche, 1994) |
| *Maffer Inventory of Feminine and Masculine Values* | (Steinmann, Fox e Toro, 1985) |
| *Minnesota Importance Questionnaire* | (Gay et Al, 1971; Rounds et Al, 1981) |
| *Moral Behavior Scale* | (Crissman, 1942; Rettig e Pasamanick, 1959a, 1959b) |
| *Morally Debatable Behaviors Scales* | (Harding, Phillips e Fogarty, 1986) |
| *Motives Values Preferences Inventory* | (Hogan e Hogan, 1996) |
| *Multidimensional Value Scale* | (Deb, 1984) |

| TEST | PUBBLICAZIONI DI RIFERIMENTO |
|---|---|
| *Organization Cultural Values and Dimensions* | (Hofstede, 1980, 1991, 2001; Hofstede e Bond, 1984; Hofstede e McCrae, 2004) |
| *Personal Goal-Values* | (Wickert, 1940) |
| *Personal Orientation Dimensions* | (Shostrom, 1964, 1977) |
| *Personal Orientation Inventory* | (Wise, 1977) |
| *Personal Values Inventory* | (Roy, 2004) |
| *Personal Values Questionnaire* | (Fink e Mansfield, 1997) |
| *Personal Values Scales* | (Scott, 1965) |
| *Portrait Values Questionnaire* | (Schwartz et Al, 2001; Capanna, Vecchione e Schwartz, 2005) |
| *Questionario per la rilevazone dei valori* | (Antonelli, Vidi, Rubini e Saviane, 2001) |
| *Salience Inventory* | (Super e Nevill, 1986) |
| *Scale of value judgments* | (Hart, 1945) |
| *Service Personal Values* | (Lages e Fernandes, 2005) |
| *Short Form Ways to Live* | (Dempsey e Dukes, 1966) |
| *Social Values Inventory* | (Heaven, 1993) |
| *Study of Values* | (Allport, Vernon e Lindzey, 1960; Allport, 1961; Kopelman, Rovenpor e Guanc, 2003) |
| *Survey of Interpersonal Values* | (Gordon, 1960, 1975) |
| *Survey of Personal Values* | (Gordon, 1967) |
| *Tertiary Student Values Scale* | (Marino e Stuart, 2005) |
| *Test of personal values* | (Vernon e Allport, 1931) |
| *Test of Values Activities* | (Shorr, 1953) |
| *Valori e Stili di Vita* | (Calvi, 1976, 1980, 1993; Meroni e Vecchia, 1984; Calvi e Vannucci, 1995) |

| TEST | PUBBLICAZIONI DI RIFERIMENTO |
|---|---|
| *Value Implications of Activities* | (Horley, 2000) |
| *Value Profile* | (Bales e Couch, 1969) |
| *Value Scale* | (Schwartz e Bilsky, 1987, 1990; Schwartz, 1992) |
| *Value scales and dimensions* | (Morris e Jones, 1955) |
| *Value Survey* | (Rokeach, 1967, 1968, 1968-1969, 1973, 1974, 1979; Vinson, Munson e Nakanishi, 1976; Rokeach e Ball-Rokeach, 1989) |
| *Values and Interest in Social Change* | (Neal, 1964, 1965) |
| *Values and Life-Styles* | (Mitchell, 1983) |
| *Values and Motives Inventory* | (Psytech, 2003) |
| *Values inventory* | (VanDusen, Wimberly e Mosier, 1949) |
| *Values of the Dutch* | (Oppenhuisen e Sikken, 2001) |
| *Values Orientations* | (Kluckhohn e Strodtbeck, 1961) |
| *Values Preference Indicator* | (Robinson, 1990-2004) |
| *Values Scale* | (Nevill e Super, 1986) |
| *Virtues Scale* | (Cawley, Martin e Johnson, 2000) |
| *Ways to Live* | (Morris, 1956) |
| *Wellness Evaluation of Lifestyle* | (Myers et Al, 1998) |
| *World Values Survey* | (Inglehart, 1977, 1997; Inglehart e Baker, 2000; Inglehart, Basanez e Moreno, 1998) |

### Tavola 5 - Modulo per la somministrazione di Itapi-VALORI.

*Ognuno di noi ha interessi, aspirazioni e obiettivi molto diversi per i vari elementi, piccoli e grandi, della vita. Indichi quanto contano, non tanto in generale quanto piuttosto per lei personalmente, cioè come punti di riferimento importanti nella sua vita, gli aspetti indicati qui sotto. Dia, per favore, una valutazione su quanto conta ovvero è importante per lei ciascuna singola voce. Per ogni voce, le viene chiesto di esprimere la sua risposta su una scala a quattro punti, che indicano: 4 = MOLTO; 3 = ABBASTANZA; 2 = POCO; 1 = PER NULLA. Facciamo presente che il questionario è anonimo.*
*Grazie per la collaborazione.*

| | | | | | |
|---|---|---|---|---|---|
| Ottenere il successo | 4 | 3 | 2 | 1 | 1 |
| Le mostre, i musei | 4 | 3 | 2 | 1 | 2 |
| Prendersi cura del proprio corpo | 4 | 3 | 2 | 1 | 3 |
| La fede in Dio | 4 | 3 | 2 | 1 | 4 |
| L'amore | 4 | 3 | 2 | 1 | 5 |
| La buona tavola | 4 | 3 | 2 | 1 | 6 |
| L'indipendenza, l'autonomia personale | 4 | 3 | 2 | 1 | 7 |
| La competitività, l'ambizione | 4 | 3 | 2 | 1 | 8 |
| L'arte | 4 | 3 | 2 | 1 | 9 |
| Mantenere un aspetto gradevole, curato | 4 | 3 | 2 | 1 | 10 |
| La preghiera | 4 | 3 | 2 | 1 | 11 |
| Il mio partner (compagno, coniuge, fidanzata) | 4 | 3 | 2 | 1 | 12 |
| Il cibo, il mangiare | 4 | 3 | 2 | 1 | 13 |
| L'intelligenza | 4 | 3 | 2 | 1 | 14 |
| Fare carriera | 4 | 3 | 2 | 1 | 15 |
| I libri, la lettura | 4 | 3 | 2 | 1 | 16 |
| Avere un bel corpo | 4 | 3 | 2 | 1 | 17 |
| Il mio Paese, la mia Patria | 4 | 3 | 2 | 1 | 18 |
| Quando ci si innamora | 4 | 3 | 2 | 1 | 19 |
| La cucina | 4 | 3 | 2 | 1 | 20 |
| La libertà | 4 | 3 | 2 | 1 | 21 |
| Il potere | 4 | 3 | 2 | 1 | 22 |
| La passione per lo studio e la lettura | 4 | 3 | 2 | 1 | 23 |
| La bellezza | 4 | 3 | 2 | 1 | 24 |
| L'unità della nazione | 4 | 3 | 2 | 1 | 25 |
| I sentimenti, le emozioni | 4 | 3 | 2 | 1 | 26 |
| Il riposo, il relax | 4 | 3 | 2 | 1 | 27 |
| La serenità interiore | 4 | 3 | 2 | 1 | 28 |
| La capacità di sfruttare le situazioni a proprio favore | 4 | 3 | 2 | 1 | 29 |
| I concerti | 4 | 3 | 2 | 1 | 30 |
| I bei vestiti, essere eleganti | 4 | 3 | 2 | 1 | 31 |
| Le tradizioni della mia regione | 4 | 3 | 2 | 1 | 32 |
| Gli affetti | 4 | 3 | 2 | 1 | 33 |
| I piaceri della vita | 4 | 3 | 2 | 1 | 34 |
| La determinazione, la perseveranza, la pazienza | 4 | 3 | 2 | 1 | 35 |

# 3. Campione per la standardizzazione nazionale italiana (1.716 casi)

A questo punto abbiamo selezionato un campione adeguato a partire dagli stessi soggetti del lavoro relativo a ITAPI-G (Perussia, 2005b), cui si è aggiunto un certo numero di persone che sono state sottoposte al reattivo successivamente, in diverse altre circostanze tra cui, in particolare, nel caso della ricerca sul rapporto tra personalità e atteggiamenti politici (Perussia, 2006b), nell'ambito della quale abbiamo somministrato tanto il test Itapi-VALORI quanto il test di personalità ITAPI-S (Perussia e Viano, 2006a). Si tratta di persone cui il reattivo, nella versione sintetica di cui riferiamo qui, è stato somministrato tra il maggio 2004 e il febbraio 2006.

Siamo dunque partiti dall'insieme dei protocolli accumulati fino al momento dell'analisi di cui riferiamo in questa sede. che assommavano a oltre 4.000 casi. Questi erano ampiamente distribuiti in base al sesso e all'età, ma di fatto relativamente sovra-rappresentati per quanto concerne la presenza di soggetti donne e di età più giovane.

Abbiamo dunque ricavato il campione specifico per Itapi-VALORI (1.716 persone), impostandolo principalmente per ottenere, a partire dall'insieme dei protocolli di cui disponevamo, la migliore rappresentatività possibile: specie per quanto riguarda il sesso (il campione è diviso esattamente a metà in base al sesso degli intervistati) e l'età (rispetto alla quale presenta un buon livello di rappresentatività della popolazione italiana adulta).

Dall'insieme degli oltre 4.000 protocolli di partenza, sono stati dunque estratti (con una procedura casuale computerizzata) quote uguali di uomini e di donne, ottenendo così un discreto grado di equilibrio e di rappresentatività rispetto alla curva delle età che caratterizza attualmente il profilo demografico degli Italiani (in base al censimento della popolazione) tra i soggetti suddividendoli equamente in 3 fasce d'età: 18/30 anni; 31/45 anni; 47/70 anni. Presentiamo una descrizione analitica del campione nella Tabella 1.

Possiamo altresì aggiungere, tra gli elementi non riportati direttamente alla Tabella 1, che: l'età media del campione nel suo insieme è di 39.25 anni (Deviazione standard: 13.85; Varianza: 191.7); l'età media degli uomini è di 39.4 anni (Deviazione standard: 13.78; Varianza: 189.9); l'età media delle donne è di 39.1 anni (Deviazione standard: 13.92; Varianza: 193.7).

**Tabella 1 - Struttura del campione normativo nazionale definitivo per la taratura e la definizione psicometrica di Itapi-VALORI (1.716 soggetti).**

| | | Valori assoluti | Percentuali valide |
|---|---|---|---|
| Sesso | Uomini | 858 | 50 |
| | Donne | 858 | 50 |
| Età | 18/30 | 572 (286 M; 286 F) | 33.3 |
| | 31/45 | 572 (286 M; 286 F) | 33.3 |
| | 46/70 | 572 (286 M; 286 F) | 33.3 |
| Istruzione | Elementari | 105 | 6.1 |
| | Medie Inferiori | 409 | 23.9 |
| | Medie Superiori | 906 | 52.9 |
| | Università | 292 | 17.1 |
| | Non indica | 4 | - |
| Stato civile | Coniugato/a | 786 | 46.0 |
| | Celibe/Nubile | 751 | 43.9 |
| | Separato/a | 139 | 8.1 |
| | Vedovo/a | 34 | 2.0 |
| | Non indica | 6 | - |
| Professione | Impiegato | 503 | 29.4 |
| | Operaio | 243 | 14.2 |
| | Studente | 240 | 14.0 |
| | Professionista | 194 | 11.3 |
| | Pensionato/a | 147 | 8.6 |
| | Casalinga | 116 | 6.8 |
| | Imprenditore | 142 | 8.3 |
| | Disoccupato | 51 | 3.0 |
| | Quadro | 48 | 2.8 |
| | Dirigente | 29 | 1.7 |
| | Non indica | 3 | - |
| Residenza | Torino | 625 | 36.4 |
| | Genova | 257 | 15.0 |
| | Vercelli | 227 | 13.2 |
| | Cuneo | 153 | 8.9 |
| | Imperia | 123 | 7.2 |
| | Asti | 106 | 6.2 |
| | Alessandria | 85 | 5.0 |
| | Reggio Calabria | 31 | 1.8 |
| | Milano | 28 | 1.6 |
| | Pisa | 17 | .9 |
| | Altre province | 64 | 3.7 |

# 4. Analisi dei 35 item di Itapi-VALORI: Coerenza e omogeneità interna

Riportiamo in questo capitolo una serie di elaborazioni statistiche, che definiscono la struttura psicometrica di Itapi-VALORI sulla base dei dati ricavati attraverso la somministrazione dell'inventario al campione nazionale normativo (descritto analiticamente in Tabella 1).

Presentiamo dunque, nella Tabella 2, l'Analisi Fattoriale condotta sull'insieme dei 1.716 protocolli (che rappresentano il campione normativo di Itapi-VALORI). Tale analisi è stata effettuata con: metodo di estrazione delle componenti principali; rotazione varimax; normalizzazione di Kaiser. La rotazione ha raggiunto i criteri di convergenza in 6 iterazioni.

La varianza totale spiegata dall'insieme dei 7 Fattori è risultata essere del 52.96%; ripartita nel modo di cui riferiamo in Tabella 3.

Riportiamo infine la media, la deviazione standard, il livello di simmetria (Skewness) e la forma della distribuzione (Kurtosis) per le valutazioni fornite a ciascuno dei 35 item con riferimento a: campione totale (Tabella 4); campione degli uomini (Tabella 5); campione delle donne (Tabella 6); campione con età fra i 18 e i 35 anni (Tabella 7); campione con età fra i 36 e i 70 anni (Tabella 8).

**Tabella 2 - Struttura fattoriale (saturazioni superiori a .30) degli item che compongono Itapi-VALORI presso il campione totale (n=1.716).**

| | V1 | V2 | V3 | V4 | V5 | V6 | V7 |
|---|---|---|---|---|---|---|---|
| 1 Ottenere il successo | .76 | | | | | | |
| 8 La competitività. l'ambizione | .74 | | | | | | |
| 15 Fare carriera | .74 | | | | | | |
| 22 Il potere | .73 | | | | | | |
| 29 La capacità di sfruttare le situazioni a proprio favore | .71 | | | | | | |
| 2 Le mostre. i musei | | .80 | | | | | |
| 9 L'arte | | .76 | | | | | |
| 16 I libri. la lettura | | .74 | | | | | |
| 23 La passione per lo studio e la lettura | | .74 | | | | | |
| 30 I concerti | | .64 | | | | | |
| 3 Prendersi cura del proprio corpo | | | .73 | | | | |
| 10 Mantenere un aspetto gradevole. curato | | | .73 | | | | |
| 17 Avere un bel corpo | | | .70 | | | | |
| 24 La bellezza | | | .66 | | | | |
| 31 I bei vestiti. essere eleganti | .35 | | .64 | | | | |
| 4 La fede in Dio | | | | .77 | | | |
| 11 La preghiera | | | | .76 | | | |
| 18 Il mio Paese. la mia Patria | | | | .68 | | | |
| 25 L'unità della nazione | | | | .64 | | | |
| 32 Le tradizioni della mia regione | | | | .59 | | | |
| 5 L'amore | | | | | .72 | | |
| 12 Il mio partner (compagno. coniuge. fidanzata) | | | | | .69 | | |
| 19 Quando ci si innamora | | | | | .66 | | |
| 26 I sentimenti. le emozioni | | | | | .64 | | |
| 33 Gli affetti | | | | | .61 | | |
| 6 La buona tavola | | | | | | .86 | |
| 13 Il cibo. il mangiare | | | | | | .81 | |
| 20 La cucina | | | | | | .79 | |
| 27 Il riposo. il relax | | | | | | .42 | .35 |
| 34 I piaceri della vita | | | | .31 | | .33 | |
| 7 L'indipendenza. l'autonomia personale | | | | | | | .69 |
| 14 L'intelligenza | | | | | | | .59 |
| 21 La libertà | | | | | | | .59 |
| 28 La serenità interiore | | | | | .30 | | .52 |
| 35 La determinazione. la perseveranza. la pazienza | | | | | | | .45 |

**Tabella 3 – Varianza spiegata dai 7 fattori di Itapi-VALORI in base al campione totale (n=1.716).**

| Component e | Autovalori iniziali | | | Pesi dei fattori ruotati | | |
|---|---|---|---|---|---|---|
| | Total e | % di va-rianza | % cu-mulata | Total e | % di va-rianza | % cumu-lata |
| 1 | 5.548 | 15.853 | 15.853 | 5.548 | 15.853 | 15.853 |
| 2 | 4.090 | 11.686 | 27.539 | 4.090 | 11.686 | 27.539 |
| 3 | 2.649 | 7.569 | 35.107 | 2.649 | 7.569 | 35.107 |
| 4 | 2.046 | 5.847 | 40.954 | 2.046 | 5.847 | 40.954 |
| 5 | 2.023 | 5.780 | 46.734 | 2.023 | 5.780 | 46.734 |
| 6 | 1.470 | 4.200 | 50.935 | 1.470 | 4.200 | 50.935 |
| 7 | 1.201 | 3.432 | 54.367 | 1.201 | 3.432 | 54.367 |

**Tabella 4 – Media, deviazione standard, livello di simmetria, forma della distribuzione per le valutazioni fornite a ciascuno dei 35 item di Itapi-VALORI da parte del campione complessivo (n=1.716).**

| | Item | Media | Dev Stand | Skewness | Kurtosis |
|---|---|---|---|---|---|
| 1 | Ottenere il successo | 2.63 | .90 | -.18 | -.74 |
| 2 | Le mostre, i musei | 2.43 | .94 | .08 | -.87 |
| 3 | Prendersi cura del proprio corpo | 3.21 | .68 | -.46 | -.13 |
| 4 | La fede in Dio | 2.97 | 1.03 | -.59 | -.85 |
| 5 | L'amore | 3.74 | .54 | -2.29 | 5.75 |
| 6 | L'indipendenza, l'autonomia personale | 3.61 | .57 | -1.22 | .93 |
| 7 | La buona tavola | 3.15 | .73 | -.46 | -.29 |
| 8 | La competitività, l'ambizione | 2.65 | .88 | -.11 | -.72 |
| 9 | L'arte | 2.71 | .97 | -.22 | -.96 |
| 10 | Mantenere un aspetto gradevole, curato | 3.30 | .67 | -.72 | .55 |
| 11 | La preghiera | 2.65 | 1.01 | -.16 | -1.08 |
| 12 | Il mio partner (compagno, coniuge, fidanzata) | 3.64 | .66 | -2.04 | 4.19 |
| 13 | L'intelligenza | 3.72 | .49 | -1.57 | 1.89 |
| 14 | Il cibo, il mangiare | 3.11 | .70 | -.33 | -.36 |
| 15 | Fare carriera | 2.77 | .91 | -.35 | -.66 |
| 16 | I libri, la lettura | 3.00 | .90 | -.56 | -.51 |
| 17 | Avere un bel corpo | 2.82 | .75 | -.30 | -.14 |
| 18 | Il mio Paese, la mia Patria | 2.85 | .95 | -.42 | -.74 |
| 19 | Quando ci si innamora | 3.52 | .71 | -1.50 | 2.09 |
| 20 | La libertà | 3.77 | .51 | -2.49 | 7.29 |
| 21 | La cucina | 3.00 | .81 | -.46 | -.34 |
| 22 | Il potere | 2.35 | .91 | .15 | -.78 |
| 23 | La passione per lo studio e la lettura | 3.02 | .84 | -.51 | -.41 |
| 24 | La bellezza | 2.86 | .75 | -.31 | -.14 |
| 25 | L'unità della nazione | 3.00 | .91 | -.60 | -.45 |
| 26 | I sentimenti, le emozioni | 3.72 | .53 | -1.87 | 3.28 |
| 27 | La serenità interiore | 3.72 | .54 | -1.94 | 3.67 |
| 28 | Il riposo, il relax | 3.35 | .69 | -.75 | .08 |
| 29 | La capacità di sfruttare le situazioni a proprio favore | 2.71 | .91 | -.18 | -.78 |
| 30 | I concerti | 2.22 | .97 | .31 | -.92 |
| 31 | I bei vestiti, essere eleganti | 2.61 | .83 | -.13 | -.53 |
| 32 | Le tradizioni della mia regione | 2.58 | .95 | -.11 | -.89 |
| 33 | Gli affetti | 3.82 | .44 | -2.70 | 8.22 |
| 34 | La determinazione, la perseveranza, la pazienza | 3.40 | .67 | -.84 | .20 |
| 35 | I piaceri della vita | 3.38 | .64 | -.70 | .20 |

**Tabella 5 – Media, deviazione standard, livello di simmetria, forma della distribuzione per le valutazioni fornite a ciascuno dei 35 item di Itapi-VALORI da parte del campione degli uomini (n=858).**

|  | Item | Media | Dev Stand | Skewness | Kurtosis |
|---|---|---|---|---|---|
| 1 | Ottenere il successo | 2.74 | .90 | -.28 | -.66 |
| 2 | Le mostre, i musei | 2.32 | .94 | .19 | -.86 |
| 3 | Prendersi cura del proprio corpo | 3.17 | .70 | -.42 | -.28 |
| 4 | La fede in Dio | 2.84 | 1.05 | -.39 | -1.09 |
| 5 | L'amore | 3.65 | .61 | -1.83 | 3.50 |
| 6 | L'indipendenza, l'autonomia personale | 3.56 | .60 | -1.16 | .94 |
| 7 | La buona tavola | 3.24 | .72 | -.56 | -.31 |
| 8 | La competitività, l'ambizione | 2.74 | .90 | -.19 | -.76 |
| 9 | L'arte | 2.62 | .99 | -.09 | -1.06 |
| 10 | Mantenere un aspetto gradevole, curato | 3.21 | .71 | -.63 | .30 |
| 11 | La preghiera | 2.44 | 1.01 | .06 | -1.09 |
| 12 | Il mio partner (compagno, coniuge, fidanzata) | 3.59 | .68 | -1.78 | 3.06 |
| 13 | L'intelligenza | 3.67 | .52 | -1.31 | 1.03 |
| 14 | Il cibo, il mangiare | 3.17 | .70 | -.38 | -.50 |
| 15 | Fare carriera | 2.85 | .90 | -.40 | -.61 |
| 16 | I libri, la lettura | 2.87 | .93 | -.45 | -.67 |
| 17 | Avere un bel corpo | 2.81 | .77 | -.22 | -.32 |
| 18 | Il mio Paese, la mia Patria | 2.79 | .98 | -.35 | -.89 |
| 19 | Quando ci si innamora | 3.43 | .74 | -1.27 | 1.29 |
| 20 | La libertà | 3.74 | .53 | -2.25 | 5.86 |
| 21 | La cucina | 3.05 | .81 | -.48 | -.42 |
| 22 | Il potere | 2.44 | .94 | .03 | -.88 |
| 23 | La passione per lo studio e la lettura | 2.91 | .88 | -.39 | -.62 |
| 24 | La bellezza | 2.82 | .79 | -.30 | -.30 |
| 25 | L'unità della nazione | 2.94 | .96 | -.52 | -.73 |
| 26 | I sentimenti, le emozioni | 3.63 | .59 | -1.47 | 1.80 |
| 27 | La serenità interiore | 3.61 | .62 | -1.54 | 2.02 |
| 28 | Il riposo, il relax | 3.31 | .70 | -.69 | .01 |
| 29 | La capacità di sfruttare le situazioni a proprio favore | 2.83 | .90 | -.28 | -.76 |
| 30 | I concerti | 2.17 | 1.01 | .37 | -1.00 |
| 31 | I bei vestiti, essere eleganti | 2.58 | .89 | -.11 | -.72 |
| 32 | Le tradizioni della mia regione | 2.55 | .98 | -.09 | -.99 |
| 33 | Gli affetti | 3.75 | .52 | -2.26 | 5.59 |
| 34 | La determinazione, la perseveranza, la pazienza | 3.35 | .68 | -.75 | .18 |
| 35 | I piaceri della vita | 3.41 | .62 | -.68 | .08 |

Tabella 6 – Media, deviazione standard, livello di simmetria, forma della distribuzione per le valutazioni fornite a ciascuno dei 35 item di Itapi-VALORI da parte del campione delle donne (n=858).

| | Item | Media | Dev Stand | Skewness | Kurtosis |
|---|---|---|---|---|---|
| 1 | Ottenere il successo | 2.51 | .89 | -.08 | -.75 |
| 2 | Le mostre, i musei | 2.53 | .92 | -.02 | -.82 |
| 3 | Prendersi cura del proprio corpo | 3.26 | .65 | -.46 | .02 |
| 4 | La fede in Dio | 3.09 | .98 | -.81 | -.45 |
| 5 | L'amore | 3.84 | .43 | -3.01 | 10.35 |
| 6 | L'indipendenza, l'autonomia personale | 3.67 | .52 | -1.24 | .53 |
| 7 | La buona tavola | 3.06 | .72 | -.38 | -.19 |
| 8 | La competitività, l'ambizione | 2.56 | .86 | -.06 | -.64 |
| 9 | L'arte | 2.80 | .94 | -.34 | -.79 |
| 10 | Mantenere un aspetto gradevole, curato | 3.39 | .63 | -.77 | .81 |
| 11 | La preghiera | 2.85 | .97 | -.39 | -.88 |
| 12 | Il mio partner (compagno, coniuge, fidanzata) | 3.69 | .63 | -2.37 | 5.85 |
| 13 | L'intelligenza | 3.77 | .46 | -1.89 | 3.22 |
| 14 | Il cibo, il mangiare | 3.05 | .69 | -.30 | -.17 |
| 15 | Fare carriera | 2.70 | .91 | -.29 | -.70 |
| 16 | I libri, la lettura | 3.14 | .84 | -.66 | -.35 |
| 17 | Avere un bel corpo | 2.84 | .74 | -.39 | .06 |
| 18 | Il mio Paese, la mia Patria | 2.90 | .91 | -.47 | -.57 |
| 19 | Quando ci si innamora | 3.60 | .65 | -1.81 | 3.39 |
| 20 | La libertà | 3.79 | .49 | -2.78 | 9.26 |
| 21 | La cucina | 2.94 | .81 | -.45 | -.26 |
| 22 | Il potere | 2.25 | .87 | .24 | -.63 |
| 23 | La passione per lo studio e la lettura | 3.14 | .78 | -.59 | -.18 |
| 24 | La bellezza | 2.89 | .71 | -.29 | -.01 |
| 25 | L'unità della nazione | 3.07 | .84 | -.66 | -.15 |
| 26 | I sentimenti, le emozioni | 3.82 | .44 | -2.42 | 5.92 |
| 27 | La serenità interiore | 3.82 | .42 | -2.46 | 6.19 |
| 28 | Il riposo, il relax | 3.39 | .67 | -.81 | .18 |
| 29 | La capacità di sfruttare le situazioni a proprio favore | 2.59 | .90 | -.10 | -.76 |
| 30 | I concerti | 2.27 | .93 | .25 | -.80 |
| 31 | I bei vestiti, essere eleganti | 2.64 | .77 | -.12 | -.35 |
| 32 | Le tradizioni della mia regione | 2.62 | .91 | -.12 | -.79 |
| 33 | Gli affetti | 3.90 | .32 | -3.11 | 9.38 |
| 34 | La determinazione, la perseveranza, la pazienza | 3.46 | .66 | -.94 | .28 |
| 35 | I piaceri della vita | 3.34 | .66 | -.71 | .25 |

**Tabella 7 – Media, deviazione standard, livello di simmetria, forma della distribuzione per le valutazioni fornite a ciascuno dei 35 item di Itapi-VALORI da parte del campione 18-35 anni (n=787).**

| | Item | Media | Dev Stand | Skewness | Kurtosis |
|---|---|---|---|---|---|
| 1 | Ottenere il successo | 2.79 | .86 | -.35 | -.49 |
| 2 | Le mostre, i musei | 2.46 | .91 | .06 | -.79 |
| 3 | Prendersi cura del proprio corpo | 3.30 | .66 | -.52 | -.26 |
| 4 | La fede in Dio | 2.79 | 1.04 | -.35 | -1.06 |
| 5 | L'amore | 3.78 | .51 | -2.67 | 8.12 |
| 6 | L'indipendenza, l'autonomia personale | 3.64 | .54 | -1.21 | .75 |
| 7 | La buona tavola | 3.12 | .76 | -.49 | -.29 |
| 8 | La competitività, l'ambizione | 2.75 | .87 | -.23 | -.66 |
| 9 | L'arte | 2.75 | .95 | -.22 | -.92 |
| 10 | Mantenere un aspetto gradevole, curato | 3.33 | .67 | -.77 | .60 |
| 11 | La preghiera | 2.49 | 1.01 | .00 | -1.09 |
| 12 | Il mio partner (compagno, coniuge, fidanzata) | 3.63 | .65 | -1.98 | 4.12 |
| 13 | L'intelligenza | 3.76 | .46 | -1.79 | 2.85 |
| 14 | Il cibo, il mangiare | 3.15 | .73 | -.48 | -.22 |
| 15 | Fare carriera | 2.99 | .83 | -.51 | -.31 |
| 16 | I libri, la lettura | 3.00 | .86 | -.50 | -.49 |
| 17 | Avere un bel corpo | 2.91 | .72 | -.34 | .01 |
| 18 | Il mio Paese, la mia Patria | 2.68 | .93 | -.23 | -.81 |
| 19 | Quando ci si innamora | 3.65 | .60 | -1.85 | 3.79 |
| 20 | La libertà | 3.76 | .54 | -2.69 | 8.58 |
| 21 | La cucina | 2.93 | .85 | -.41 | -.50 |
| 22 | Il potere | 2.42 | .90 | .05 | -.77 |
| 23 | La passione per lo studio e la lettura | 3.04 | .81 | -.47 | -.41 |
| 24 | La bellezza | 2.94 | .72 | -.28 | -.12 |
| 25 | L'unità della nazione | 2.89 | .90 | -.45 | -.57 |
| 26 | I sentimenti, le emozioni | 3.78 | .48 | -2.15 | 4.37 |
| 27 | La serenità interiore | 3.73 | .52 | -1.91 | 3.37 |
| 28 | Il riposo, il relax | 3.39 | .69 | -.87 | .32 |
| 29 | La capacità di sfruttare le situazioni a proprio favore | 2.86 | .87 | -.34 | -.61 |
| 30 | I concerti | 2.33 | .99 | .19 | -.99 |
| 31 | I bei vestiti, essere eleganti | 2.69 | .85 | -.26 | -.51 |
| 32 | Le tradizioni della mia regione | 2.38 | .93 | .06 | -.88 |
| 33 | Gli affetti | 3.82 | .44 | -2.79 | 9.02 |
| 34 | La determinazione, la perseveranza, la pazienza | 3.42 | .65 | -.84 | .38 |
| 35 | I piaceri della vita | 3.47 | .63 | -.90 | .37 |

**Tabella 8 – Media, deviazione standard, livello di simmetria, forma della distribuzione per le valutazioni fornite a ciascuno dei 35 item di Itapi-VALORI da parte del campione 36-70 anni (n=929).**

| | Item | Media | Dev Stand | Skewness | Kurtosis |
|---|---|---|---|---|---|
| 1 | Ottenere il successo | 2.49 | .91 | -.02 | -.81 |
| 2 | Le mostre, i musei | 2.40 | .96 | .10 | -.93 |
| 3 | Prendersi cura del proprio corpo | 3.14 | .68 | -.41 | .00 |
| 4 | La fede in Dio | 3.12 | .99 | -.82 | -.49 |
| 5 | L'amore | 3.71 | .56 | -2.03 | 4.39 |
| 6 | L'indipendenza, l'autonomia personale | 3.59 | .59 | -1.22 | .97 |
| 7 | La buona tavola | 3.17 | .70 | -.40 | -.35 |
| 8 | La competitività, l'ambizione | 2.57 | .88 | -.01 | -.72 |
| 9 | L'arte | 2.68 | .99 | -.21 | -1.00 |
| 10 | Mantenere un aspetto gradevole, curato | 3.27 | .68 | -.68 | .53 |
| 11 | La preghiera | 2.78 | 1.00 | -.30 | -1.00 |
| 12 | Il mio partner (compagno, coniuge, fidanzata) | 3.65 | .67 | -2.09 | 4.29 |
| 13 | L'intelligenza | 3.69 | .52 | -1.40 | 1.30 |
| 14 | Il cibo, il mangiare | 3.08 | .68 | -.20 | -.46 |
| 15 | Fare carriera | 2.59 | .93 | -.17 | -.82 |
| 16 | I libri, la lettura | 3.00 | .93 | -.61 | -.54 |
| 17 | Avere un bel corpo | 2.75 | .77 | -.25 | -.25 |
| 18 | Il mio Paese, la mia Patria | 2.98 | .93 | -.61 | -.52 |
| 19 | Quando ci si innamora | 3.41 | .77 | -1.25 | 1.18 |
| 20 | La libertà | 3.77 | .48 | -2.22 | 5.24 |
| 21 | La cucina | 3.06 | .78 | -.49 | -.22 |
| 22 | Il potere | 2.28 | .91 | .24 | -.76 |
| 23 | La passione per lo studio e la lettura | 3.01 | .86 | -.53 | -.43 |
| 24 | La bellezza | 2.79 | .77 | -.30 | -.20 |
| 25 | L'unità della nazione | 3.10 | .90 | -.76 | -.24 |
| 26 | I sentimenti, le emozioni | 3.67 | .56 | -1.67 | 2.57 |
| 27 | La serenità interiore | 3.71 | .55 | -1.96 | 3.85 |
| 28 | Il riposo, il relax | 3.31 | .69 | -.65 | -.06 |
| 29 | La capacità di sfruttare le situazioni a proprio favore | 2.59 | .92 | -.05 | -.83 |
| 30 | I concerti | 2.13 | .95 | .40 | -.82 |
| 31 | I bei vestiti, essere eleganti | 2.54 | .81 | -.03 | -.48 |
| 32 | Le tradizioni della mia regione | 2.76 | .92 | -.25 | -.81 |
| 33 | Gli affetti | 3.82 | .43 | -2.63 | 7.52 |
| 34 | La determinazione, la perseveranza, la pazienza | 3.39 | .69 | -.83 | .07 |
| 35 | I piaceri della vita | 3.29 | .65 | -.57 | .22 |

# 5. Analisi delle 7 scale di Itapi-VALORI: Attendibilità dei Valori-Fattori

Riportiamo quindi, per ciascuna delle 7 Scale, gli indici di attendibilità: (Alpha di Cronbach; Split Half stime dei parametri; Spearman Brown; Guttman); alla Tabella 9.

Riportiamo poi le matrici delle intercorrelazioni tra i 7 Valori-Tratti di Itapi-VALORI su: campione totale (Tabella 10); campione uomini (Tabella 11); campione donne (Tabella 12); campione dei soggetti fra 18 e 35 anni d'età (Tabella 13); campione dei soggetti fra 36 e 70 anni d'età (Tabella 14).

Riportiamo inoltre (sempre riferiti al campione totale) i coefficienti di attendibilità (Scala media se l'item è escluso; Scala di varianza se l'item è escluso; Correlazione del totale item corretta; Alfa di Cronbach se l'item è escluso) di ciascuno degli Item di Itapi-VALORI appartenenti a: Scala V1 *Successo* (Tabella 15); Scala V2 *Cultura* (Tabella 16); Scala V3 *Fisicità* (Tabella 17); Scala V4 *Fede* (Tabella 18); Scala V5 *Amore* (Tabella 19); Scala V6 *Autonomia* (Tabella 20); Scala V7 *Tavola* (Tabella 21).

Tabella 9 – Indici di attendibilità per le Scale di Itapi-VALORI sul campione totale (n=1.716).

| | Valore-Fattore | Alpha di Cronbach | Split Half stime dei parametri | Spearman Brown | Guttman |
|---|---|---|---|---|---|
| V1 | SUCCESSO | .825 | .679 | .814 | .777 |
| V2 | CULTURA | .812 | .682 | .816 | .763 |
| V3 | FISICITA' | .787 | .622 | .773 | .757 |
| V4 | FEDE | .758 | .513 | .685 | .631 |
| V5 | AMORE | .726 | .522 | .692 | .613 |
| V6 | AUTONOMIA | .635 | .402 | .581 | .568 |
| V7 | TAVOLA | .735 | .354 | .529 | .459 |

Tabella 10 – Matrici delle intercorrelazioni tra i 7 Valori-Tratti di Itapi-VALORI sul campione totale (n=1.716).

| | Intercorrelazioni tra le Scale (r di Pearson) | V1 Successo | V2 Cultura | V3 Fisicità | V4 Fede | V5 Amore | V6 Autonomia | V7 Tavola |
|---|---|---|---|---|---|---|---|---|
| V1 | SUCCESSO | 1 | | | | | | |
| V2 | CULTURA | .004 | 1 | | | | | |
| V3 | FISICITA' | .473 | .094 | 1 | | | | |
| V4 | FEDE | -.007 | .120 | .120 | 1 | | | |
| V5 | AMORE | -.002 | .236 | .156 | .221 | 1 | | |
| V6 | AUTONOMIA | .007 | .620 | .124 | .210 | .448 | 1 | |
| V7 | TAVOLA | .274 | .073 | .297 | .123 | .174 | .140 | 1 |

**Tabella 11 – Matrici delle intercorrelazioni tra i 7 Valori-Tratti di Itapi-VALORI sul campione di uomini (n=858).**

| Intercorrelazioni tra le Scale (r di Pearson) | | V1 Suc-cesso | V2 Cul-tura | V3 Fisicità | V4 Fede | V5 Amore | V6 Auto-nomia | V7 Tavola |
|---|---|---|---|---|---|---|---|---|
| V1 | SUCCESSO | 1 | | | | | | |
| V2 | CULTURA | .020 | 1 | | | | | |
| V3 | FISICITA' | .528 | .103 | 1 | | | | |
| V4 | FEDE | .016 | .151 | .148 | 1 | | | |
| V5 | AMORE | .026 | .220 | .139 | .255 | 1 | | |
| V6 | AUTONOMIA | .070 | .621 | .121 | .205 | .455 | 1 | |
| V7 | TAVOLA | .309 | .061 | .344 | .138 | .211 | .179 | 1 |

**Tabella 12 – Matrici delle intercorrelazioni tra i 7 Valori-Tratti di Itapi-VALORI sul campione di donne (n=858).**

| Intercorrelazioni tra le Scale (r di Pearson) | | V1 Suc-cesso | V2 Cul-tura | V3 Fisicità | V4 Fede | V5 Amore | V6 Auto-nomia | V7 Tavola |
|---|---|---|---|---|---|---|---|---|
| V1 | SUCCESSO | 1 | | | | | | |
| V2 | CULTURA | .030 | 1 | | | | | |
| V3 | FISICITA' | .448 | .059 | 1 | | | | |
| V4 | FEDE | .012 | .047 | .063 | 1 | | | |
| V5 | AMORE | .032 | .209 | .150 | .120 | 1 | | |
| V6 | AUTONOMIA | -.008 | .598 | .097 | .168 | .382 | 1 | |
| V7 | TAVOLA | .220 | .112 | .260 | .134 | .177 | .135 | 1 |

**Tabella 13 – Matrici delle intercorrelazioni tra i 7 Valori-Tratti di Itapi-VALORI (campione 18-35enni: 787 soggetti).**

| | Intercorrelazioni tra le Scale (r di Pearson) | V1 Suc-cesso | V2 Cul-tura | V3 Fisicità | V4 Fede | V5 Amore | V6 Auto-nomia | V7 Tavola |
|----|----|----|----|----|----|----|----|----|
| V1 | SUCCESSO | 1 | | | | | | |
| V2 | CULTURA | -.008 | 1 | | | | | |
| V3 | FISICITA' | .518 | .058 | 1 | | | | |
| V4 | FEDE | .064 | .155 | .116 | 1 | | | |
| V5 | AMORE | -.031 | .165 | .107 | .205 | 1 | | |
| V6 | AUTONOMIA | -.010 | .564 | .066 | .218 | .402 | 1 | |
| V7 | TAVOLA | .248 | .135 | .291 | .126 | .202 | .167 | 1 |

**Tabella 14 – Matrici delle intercorrelazioni tra i 7 Valori-Tratti di Itapi-VALORI (campione 36-70enni: 929).**

| | Intercorrelazioni tra le Scale (r di Pearson) | V1 Suc-cesso | V2 Cul-tura | V3 Fisicità | V4 Fede | V5 Amore | V6 Auto-nomia | V7 Tavola |
|----|----|----|----|----|----|----|----|----|
| V1 | SUCCESSO | 1 | | | | | | |
| V2 | CULTURA | -.004 | 1 | | | | | |
| V3 | FISICITA' | .417 | .112 | 1 | | | | |
| V4 | FEDE | .014 | .119 | .181 | 1 | | | |
| V5 | AMORE | -.014 | .280 | .176 | .285 | 1 | | |
| V6 | AUTONOMIA | .013 | .659 | .167 | .221 | .481 | 1 | |
| V7 | TAVOLA | .296 | .018 | .300 | .139 | .148 | .119 | 1 |

**Tabella 15 – Coefficienti di attendibilità degli Item di Itapi-VALORI appartenenti alla Scala V1 sul campione totale (n=1.716 soggetti).**

| | V1 Scala di SUCCESSO | Scala media se l'item è escluso | Scala varianza se l'item è escluso | Correlazione del totale item corretta | Alfa di Cronbach se l'item è escluso |
|---|---|---|---|---|---|
| 1 | Ottenere il successo | 10.4854 | 7.715 | .684 | .771 |
| 8 | La competitività, l'ambizione | 10.4604 | 8.057 | .624 | .789 |
| 15 | Fare carriera | 10.3397 | 7.981 | .613 | .792 |
| 22 | Il potere | 10.7646 | 7.988 | .612 | .792 |
| 29 | La capacità di sfruttare le situazioni a proprio favore | 10.3998 | 8.209 | .565 | .806 |

**Tabella 16 – Coefficienti di attendibilità degli Item di Itapi-VALORI appartenenti alla Scala V2 sul campione totale (n=1.716 soggetti).**

| | V2 Scala di CULTURA | Scala media se l'item è escluso | Scala varianza se l'item è escluso | Correlazione del totale item corretta | Alfa di Cronbach se l'item è escluso |
|---|---|---|---|---|---|
| 2 | Le mostre, i musei | 10.9598 | 7.852 | .665 | .756 |
| 9 | L'arte | 10.6725 | 7.782 | .642 | .763 |
| 16 | I libri, la lettura | 10.3834 | 8.196 | .623 | .769 |
| 23 | La passione per lo studio e la lettura | 10.3636 | 8.381 | .646 | .764 |
| 30 | I concerti | 11.1661 | 8.701 | .447 | .823 |

Tabella 17 – Coefficienti di attendibilità degli Item di Itapi-VALORI appartenenti alla Scala V3 sul campione totale (n=1.716 soggetti).

| | V3 Scala di FISICITA' | Scala media se l'item è escluso | Scala varianza se l'item è escluso | Correlazione del totale item corretta | Alfa di Cronbach se l'item è escluso |
|---|---|---|---|---|---|
| 3 | Prendersi cura del proprio corpo | 11.5886 | 5.185 | .559 | .749 |
| 10 | Mantenere un aspetto gradevole, curato | 11.5047 | 5.162 | .571 | .746 |
| 17 | Avere un bel corpo | 11.9761 | 4.905 | .569 | .745 |
| 24 | La bellezza | 11.9452 | 4.874 | .584 | .740 |
| 31 | I bei vestiti, essere eleganti | 12.1882 | 4.704 | .547 | .755 |

Tabella 18 – Coefficienti di attendibilità degli Item di Itapi-VALORI appartenenti alla Scala V4 sul campione totale (n=1.716 soggetti).

| | V4 Scala di FEDE | Scala media se l'item è escluso | Scala varianza se l'item è escluso | Correlazione del totale item corretta | Alfa di Cronbach se l'item è escluso |
|---|---|---|---|---|---|
| 4 | La fede in Dio | 11.0787 | 7.513 | .594 | .688 |
| 11 | La preghiera | 11.3986 | 7.588 | .589 | .690 |
| 18 | Il mio Paese, la mia Patria | 11.1999 | 8.124 | .536 | .710 |
| 25 | L'unità della nazione | 11.0431 | 8.505 | .488 | .727 |
| 32 | Le tradizioni della mia regione | 11.4615 | 8.680 | .418 | .751 |

**Tabella 19 – Coefficienti di attendibilità degli Item di Itapi-VALORI appartenenti alla Scala V5 sul campione totale (n=1.716 soggetti).**

| | V5 Scala di AMORE | Scala media se l'item è escluso | Scala varianza se l'item è escluso | Correlazio ne del totale item corretta | Alfa di Cronbach se l'item è escluso |
|---|---|---|---|---|---|
| 5 | L'amore | 14.7028 | 2.729 | .571 | .648 |
| 12 | Il mio partner (compagno, coniuge, fidanzata) | 14.8042 | 2.622 | .456 | .695 |
| 19 | Quando ci si innamora | 14.9295 | 2.440 | .495 | .682 |
| 26 | I sentimenti, le emozioni | 14.7232 | 2.850 | .507 | .672 |
| 33 | Gli affetti | 14.6212 | 3.140 | .450 | .697 |

**Tabella 20 – Coefficienti di attendibilità degli Item di Itapi-VALORI appartenenti alla Scala V6 sul campione totale (n=1.716 soggetti).**

| | V6 Scala di AUTONOMIA | Scala media se l'item è escluso | Scala varianza se l'item è escluso | Correlazio ne del totale item corretta | Alfa di Cronbach se l'item è escluso |
|---|---|---|---|---|---|
| 6 | L'indipendenza, l'autonomia personale | 14.6101 | 2.139 | .434 | .558 |
| 13 | L'intelligenza | 14.5029 | 2.318 | .410 | .574 |
| 20 | La libertà | 14.4580 | 2.356 | .358 | .595 |
| 27 | La serenità interiore | 14.5047 | 2.221 | .415 | .568 |
| 34 | La determinazione, la perseveranza, la pazienza | 14.8193 | 2.069 | .344 | .613 |

**Tabella 21 – Coefficienti di attendibilità degli Item di Itapi-VALORI appartenenti alla Scala V7 sul campione totale (n=1.716 soggetti).**

| V7 Scala di TAVOLA | | Scala media se l'item è escluso | Scala varianza se l'item è escluso | Correlazione del totale item corretta | Alfa di Cronbach se l'item è escluso |
|---|---|---|---|---|---|
| 7 | La buona tavola | 12.8316 | 3.814 | .668 | .620 |
| 14 | Il cibo, il mangiare | 12.8712 | 4.015 | .614 | .644 |
| 21 | La cucina | 12.9866 | 3.718 | .588 | .651 |
| 28 | Il riposo, il relax | 12.6352 | 4.762 | .332 | .747 |
| 35 | I piaceri della vita | 12.6055 | 4.949 | .303 | .753 |

# 6. Norme statistiche (taratura italiana) di Itapi-VALORI: Frequenze, percentuali, punti Z, punti T

In questo capitolo presentiamo le norme statistiche relative alle risposte fornite all'inventario Itapi-VALORI. Queste rappresentano, in sostanza, la distribuzione tipica delle risposte nel campione rappresentativo nazionale, su cui basarsi per definire il profilo di ciascun singolo soggetto rispetto all'insieme della popolazione di riferimento.

Riportiamo dunque le misure della tendenza centrale (media, deviazione standard, mediana, moda e varianza) dei punteggi relativi alle 7 Scale di Valore-Tratto-Fattore sia per quanto riguarda il campione totale (Tabella 22) sia con riferimento ai sub-campioni ripartiti in base al sesso e all'età (Tabella 23).

Per completare il quadro relativo alla taratura di Itapi-VALORI ovvero alle norme relative alla popolazione italiana, presentiamo infine le tabelle di conversione (frequenze e punteggi standardizzati) per i valori grezzi relativi ai vari gruppi di 5 Item di Itapi-VALORI, che rilevano ciascuno rispettivamente i Tratti-Fattori: 1 *Successo* (Tabella 24); 2 *Cultura* (Tabella 25); 3 *Fisicità* (Tabella 26); 4 *Fede* (Tabella 27); 5 *Amore* (Tabella 28); 6 *Autonomia* (Tabella 29); 7 *Tavola* (Tabella 30).

**Tabella 22 – Statistiche descrittive relative alle 7 Scale di Itapi-VALORI sul campione totale (n=1.716).**

|    |          | Punteggio medio | Dev Standard | Mediana | Moda  | Varianza |
|----|----------|-----------------|--------------|---------|-------|----------|
| V1 | SUCCESSO | 13.11           | 3.46         | 13.00   | 14.00 | 11.96    |
| V2 | CULTURA  | 13.39           | 3.49         | 13.00   | 13.00 | 12.21    |
| V3 | FISICITA' | 14.80          | 2.71         | 15.00   | 15.00 | 7.37     |
| V4 | FEDE     | 14.05           | 3.45         | 14.00   | 15.00 | 11.91    |
| V5 | AMORE    | 18.45           | 2.01         | 19.00   | 20.00 | 4.03     |
| V6 | AUTONOMIA | 17.51          | 1.96         | 18.00   | 18.00 | 3.86     |
| V7 | TAVOLA   | 15.98           | 2.50         | 16.00   | 15.00 | 6.23     |

**Tabella 23 – Statistiche descrittive relative alle 7 Scale di Itapi-VALORI per Sesso e Fasce d'età.**

|    |          | UOMINI (n=858) | | DONNE (n=858) | | 18/35 (n=787) | | 36/70 (n=929) | |
|----|----------|-------|---------|-------|---------|-------|---------|-------|---------|
|    |          | Media | Dev Std | Media | Dev Std | Media | Dev Std | Media | Dev Std |
| V1 | SUCCESSO | 13.61 | 3.50    | 12.62 | 3.35    | 13.82 | 3.27    | 12.51 | 3.50    |
| V2 | CULTURA  | 12.89 | 3.58    | 13.88 | 3.34    | 13.58 | 3.32    | 13.22 | 3.63    |
| V3 | FISICITA' | 14.58 | 2.89   | 15.02 | 2.51    | 15.16 | 2.71    | 14.49 | 2.69    |
| V4 | FEDE     | 13.56 | 3.51    | 14.53 | 3.32    | 13.23 | 3.35    | 14.74 | 3.38    |
| V5 | AMORE    | 18.04 | 2.26    | 18.85 | 1.62    | 18.66 | 1.91    | 18.26 | 2.07    |
| V6 | AUTONOMIA | 17.13 | 2.07   | 17.88 | 1.77    | 17.55 | 1.85    | 17.47 | 2.06    |
| V7 | TAVOLA   | 16.18 | 2.52    | 15.79 | 2.46    | 16.06 | 2.62    | 15.91 | 2.39    |

**Tabella 24 – Tabella di conversione (frequenze e punteggi standardizzati) della somma delle risposte (valori grezzi), sul campione totale (n=1.716), relative ai 4 Item di Itapi-VALORI che rilevano il Valore-Fattore 1 (Successo).**

| V1 Successo | Frequenza sul campione Totale (n=1.716) | % sul Totale | Punti Z | Punti T |
|---|---|---|---|---|
| 5 | 20 | 1.2 | -2.34 | 26.6 |
| 6 | 35 | 2.0 | -2.05 | 29.5 |
| 7 | 44 | 2.6 | -1.76 | 32.4 |
| 8 | 70 | 4.1 | -1.47 | 35.3 |
| 9 | 88 | 5.1 | -1.18 | 38.2 |
| 10 | 141 | 8.2 | -.90 | 41.0 |
| 11 | 169 | 9.8 | -.61 | 43.9 |
| 12 | 164 | 9.6 | -.32 | 46.8 |
| 13 | 194 | 11.3 | -.03 | 49.7 |
| 14 | 198 | 11.5 | .26 | 52.6 |
| 15 | 164 | 9.6 | .55 | 55.5 |
| 16 | 134 | 7.8 | .84 | 58.4 |
| 17 | 91 | 5.3 | 1.13 | 61.3 |
| 18 | 89 | 5.2 | 1.42 | 64.2 |
| 19 | 53 | 3.1 | 1.71 | 67.1 |
| 20 | 62 | 3.6 | 1.99 | 69.9 |

Tabella 25 – Tabella di conversione (frequenze e punteggi standardizzati) della somma delle risposte (valori grezzi), sul campione totale (n=1.716), relative ai 4 Item di Itapi-VALORI che rilevano il Valore-Fattore 2 (Cultura).

| V2 Cultura | Frequenza sul campione Totale (n=1.716) | % sul Totale | Punti Z | Punti T |
|---|---|---|---|---|
| 5 | 21 | 1.2 | -2.40 | 26.0 |
| 6 | 25 | 1.5 | -2.12 | 28.8 |
| 7 | 44 | 2.6 | -1.83 | 31.7 |
| 8 | 73 | 4.3 | -1.54 | 34.6 |
| 9 | 95 | 5.5 | -1.26 | 37.4 |
| 10 | 98 | 5.7 | -.97 | 40.3 |
| 11 | 150 | 8.7 | -.68 | 43.2 |
| 12 | 166 | 9.7 | -.40 | 46.0 |
| 13 | 202 | 11.8 | -.11 | 48.9 |
| 14 | 166 | 9.7 | .17 | 51.7 |
| 15 | 186 | 10.8 | .46 | 54.6 |
| 16 | 147 | 8.6 | .75 | 57.5 |
| 17 | 118 | 6.9 | 1.03 | 60.3 |
| 18 | 85 | 5.0 | 1.32 | 63.2 |
| 19 | 81 | 4.7 | 1.61 | 66.1 |
| 20 | 59 | 3.4 | 1.89 | 68.9 |

Tabella 26 – Tabella di conversione (frequenze e punteggi standardizzati) della somma delle risposte (valori grezzi), sul campione totale (n=1.716), relative ai 4 Item di Itapi-VALORI che rilevano il Valore-Fattore 3 (Fisicità).

| V3<br>Fisicità | Frequenza sul campione Totale<br>(n=1.716) | % sul<br>Totale | Punti<br>Z | Punti<br>T |
|---|---|---|---|---|
| 5 | 2 | .1 | -3.62 | 13.8 |
| 6 | 4 | .2 | -3.25 | 17.5 |
| 7 | 6 | .3 | -2.88 | 21.2 |
| 8 | 12 | .7 | -2.51 | 24.9 |
| 9 | 35 | 2.0 | -2.14 | 28.6 |
| 10 | 48 | 2.8 | -1.77 | 32.3 |
| 11 | 87 | 5.1 | -1.40 | 36.0 |
| 12 | 126 | 7.3 | -1.03 | 39.7 |
| 13 | 199 | 11.6 | -.66 | 43.4 |
| 14 | 224 | 13.1 | -.30 | 47.0 |
| 15 | 291 | 17.0 | .07 | 50.7 |
| 16 | 226 | 13.2 | .44 | 54.4 |
| 17 | 187 | 10.9 | .81 | 58.1 |
| 18 | 105 | 6.1 | 1.18 | 61.8 |
| 19 | 91 | 5.3 | 1.55 | 65.5 |
| 20 | 73 | 4.3 | 1.92 | 69.2 |

Tabella 27 – Tabella di conversione (frequenze e punteggi standardizzati) della somma delle risposte (valori grezzi), sul campione totale (n=1.716), relative ai 4 Item di Itapi-VALORI che rilevano il Valore-Fattore 4 (Fede).

| V4 Fede | Frequenza sul campione Totale (n=1.716) | % sul Totale | Punti Z | Punti T |
|---|---|---|---|---|
| 5 | 13 | .8 | -2.62 | 23.8 |
| 6 | 21 | 1.2 | -2.33 | 26.7 |
| 7 | 38 | 2.2 | -2.04 | 29.6 |
| 8 | 45 | 2.6 | -1.75 | 32.5 |
| 9 | 79 | 4.6 | -1.46 | 35.4 |
| 10 | 86 | 5.0 | -1.17 | 38.3 |
| 11 | 120 | 7.0 | -.88 | 41.2 |
| 12 | 145 | 8.4 | -.59 | 44.1 |
| 13 | 171 | 10.0 | -.30 | 47.0 |
| 14 | 160 | 9.3 | -.01 | 49.9 |
| 15 | 211 | 12.3 | .28 | 52.8 |
| 16 | 161 | 9.4 | .57 | 55.7 |
| 17 | 181 | 10.5 | .86 | 58.6 |
| 18 | 108 | 6.3 | 1.14 | 61.4 |
| 19 | 111 | 6.5 | 1.43 | 64.3 |
| 20 | 66 | 3.8 | 1.72 | 67.2 |

**Tabella 28 – Tabella di conversione (frequenze e punteggi standardizzati) della somma delle risposte (valori grezzi), sul campione totale (n=1.716), relative ai 4 Item di Itapi-VALORI che rilevano il Valore-Fattore 5 (Amore).**

| V5 Amore | Frequenza sul campione Totale (n=1.716) | % sul Totale | Punti Z | Punti T |
|---|---|---|---|---|
| 5 | 1 | .1 | -6.69 | -16.9 |
| 6 | 3 | .2 | -6.19 | -11.9 |
| 7 | 1 | .1 | -5.70 | -7.0 |
| 8 | 2 | .1 | -5.20 | -2.0 |
| 9 | 5 | .3 | -4.70 | 3.0 |
| 10 | 8 | .5 | -4.20 | 8.0 |
| 11 | 7 | .4 | -3.71 | 12.9 |
| 12 | 17 | 1.0 | -3.21 | 17.9 |
| 13 | 41 | 2.4 | -2.71 | 22.9 |
| 14 | 73 | 4.3 | -2.21 | 27.9 |
| 15 | 102 | 5.9 | -1.72 | 32.8 |
| 16 | 146 | 8.5 | -1.22 | 37.8 |
| 17 | 220 | 12.8 | -.72 | 42.8 |
| 18 | 386 | 22.5 | -.22 | 47.8 |
| 19 | 704 | 41.0 | .27 | 52.7 |
| 20 | 1 | .1 | .77 | 57.7 |

Tabella 29 – Tabella di conversione (frequenze e punteggi standardizzati) della somma delle risposte (valori grezzi), sul campione totale (n=1.716), relative ai 4 Item di Itapi-VALORI che rilevano il Valore-Fattore 6 (Autonomia).

| V6 Autonomia | Frequenza sul campione Totale (n=1.716) | % sul Totale | Punti Z | Punti T |
|---|---|---|---|---|
| 5 | 1 | .1 | -6.38 | -13.8 |
| 6 | 1 | .1 | -5.87 | -8.7 |
| 7 | 2 | .1 | -5.36 | -3.6 |
| 8 | 1 | .1 | -4.85 | 1.5 |
| 9 | 9 | .5 | -4.34 | 6.6 |
| 10 | 14 | .8 | -3.83 | 11.7 |
| 11 | 40 | 2.3 | -3.32 | 16.8 |
| 12 | 65 | 3.8 | -2.81 | 21.9 |
| 13 | 128 | 7.5 | -2.30 | 27.0 |
| 14 | 192 | 11.2 | -1.79 | 32.1 |
| 15 | 282 | 16.4 | -1.28 | 37.2 |
| 16 | 383 | 22.3 | -.77 | 42.3 |
| 17 | 339 | 19.8 | -.26 | 47.4 |
| 18 | 259 | 15.1 | .25 | 52.5 |
| 19 | 1 | .1 | .76 | 57.6 |
| 20 | 1 | .1 | 1.27 | 62.7 |

**Tabella 30 – Tabella di conversione (frequenze e punteggi standardizzati) della somma delle risposte (valori grezzi), sul campione totale (n=1.716), relative ai 4 Item di Itapi-VALORI che rilevano il Valore-Fattore 7 (Tavola).**

| V7 Tavola | Frequenza sul campione Totale (n=1.716) | % sul Totale | Punti Z | Punti T |
|---|---|---|---|---|
| 5 | 1 | .1 | -4.39 | 6.1 |
| 6 | 1 | .1 | -3.99 | 10.1 |
| 7 | 6 | .3 | -3.59 | 14.1 |
| 8 | 10 | .6 | -3.19 | 18.1 |
| 9 | 23 | 1.3 | -2.79 | 22.1 |
| 10 | 26 | 1.5 | -2.39 | 26.1 |
| 11 | 89 | 5.2 | -1.99 | 30.1 |
| 12 | 108 | 6.3 | -1.59 | 34.1 |
| 13 | 170 | 9.9 | -1.19 | 38.1 |
| 14 | 281 | 16.4 | -.79 | 42.1 |
| 15 | 270 | 15.7 | -.39 | 46.1 |
| 16 | 239 | 13.9 | .01 | 50.1 |
| 17 | 174 | 10.1 | .41 | 54.1 |
| 18 | 181 | 10.5 | .81 | 58.1 |
| 19 | 137 | 8.0 | 1.21 | 62.1 |
| 20 | 1 | .1 | 1.61 | 66.1 |

# 7. Norme statistiche (taratura italiana) di Itapi-VALORI: Distribuzioni percentili

Per completare il quadro relativo alla taratura di Itapi-VALORI con riferimento alla popolazione italiana, attraverso il campione totale di riferimento (cfr: Tabella 1), riportiamo qui le distribuzioni percentili che fanno da tabella di conversione per le risposte grezze fornite dal campione normativo con riferimento alle 7 Scale valoriali nel loro insieme.

Tali distribuzioni percentili vengono riportate per: il campione totale (Tabella 31); il campione degli uomini (Tabella 32); il campione delle donne (Tabella 33); il campione fra 18 e 35 anni d'età (Tabella 34); il campione fra 36 e 86 anni d'età (Tabella 35).

Tabella 31 – Taratura in centili della somma delle risposte (valori grezzi) relative alle 7 Scale di Valore-Fattore presenti nel campione totale di Itapi-VALORI (n=1.716).

| Percen tili sul campio ne totale | V1 Success o | V2 Cultura | V3 Fisicità | V4 Fede | V5 Amore | V6 Autono mia | V7 Tavola |
|---|---|---|---|---|---|---|---|
| 5 | 1.2 | 1.2 | .1 | .8 | .1 | 0 | .1 |
| 6 | 3.2 | 2.7 | .3 | 2.0 | .1 | .1 | .1 |
| 7 | 5.8 | 5.2 | .7 | 4.2 | .2 | .1 | .1 |
| 8 | 9.8 | 9.5 | 1.4 | 6.8 | .3 | .1 | .5 |
| 9 | 15.0 | 15.0 | 3.4 | 11.4 | .4 | .2 | 1.0 |
| 10 | 23.2 | 20.7 | 6.2 | 16.4 | .7 | .3 | 2.4 |
| 11 | 33.0 | 29.5 | 11.3 | 23.4 | 1.2 | .8 | 3.9 |
| 12 | 42.6 | 39.2 | 18.6 | 31.9 | 1.6 | 1.6 | 9.1 |
| 13 | 53.9 | 50.9 | 30.2 | 41.8 | 2.6 | 4.0 | 15.4 |
| 14 | 65.4 | 60.6 | 43.3 | 51.2 | 5.0 | 7.8 | 25.3 |
| 15 | 75.0 | 71.4 | 60.3 | 63.5 | 9.2 | 15.2 | 41.7 |
| 16 | 82.8 | 80.0 | 73.4 | 72.8 | 15.2 | 26.4 | 57.4 |
| 17 | 88.1 | 86.9 | 84.3 | 83.4 | 23.7 | 42.8 | 71.3 |
| 18 | 93.3 | 91.8 | 90.4 | 89.7 | 36.5 | 65.2 | 81.5 |
| 19 | 96.4 | 96.6 | 95.7 | 96.2 | 59.0 | 84.9 | 92.0 |
| 20 | 100.0 | 100.0 | 100.0 | 100.0 | 100.0 | 100.0 | 100.0 |

Tabella 32 – Taratura in centili della somma delle risposte (valori grezzi) relative alle 7 Scale di Valore-Fattore presenti nel campione di uomini per Itapi-VALORI (n=858).

| Percen tili sul campio ne di uomini | V1 Success o | V2 Cultura | V3 Fisicità | V4 Fede | V5 Amore | V6 Autono mia | V7 Tavola |
|---|---|---|---|---|---|---|---|
| 5 | .8 | 2.3 | .2 | .9 | .1 | 0 | 0 |
| 6 | 2.3 | 4.2 | .6 | 2.2 | .1 | .1 | .1 |
| 7 | 4.4 | 7.2 | 1.0 | 5.5 | .5 | .1 | |
| 8 | 8.4 | 11.5 | 2.2 | 8.9 | .6 | .2 | .5 |
| 9 | 12.7 | 18.5 | 5.0 | 14.5 | .7 | .3 | .8 |
| 10 | 19.6 | 25.5 | 8.6 | 19.6 | 1.2 | .3 | 1.7 |
| 11 | 28.6 | 35.5 | 14.3 | 28.4 | 2.0 | 1.3 | 2.9 |
| 12 | 36.4 | 45.5 | 21.7 | 37.8 | 2.4 | 2.4 | 8.9 |
| 13 | 48.1 | 55.9 | 33.3 | 48.5 | 4.1 | 5.7 | 14.5 |
| 14 | 59.6 | 65.6 | 47.9 | 57.5 | 7.1 | 10.7 | 24.2 |
| 15 | 69.9 | 75.9 | 62.6 | 69.5 | 13.2 | 20.0 | 40.0 |
| 16 | 78.3 | 83.4 | 75.5 | 77.5 | 21.1 | 33.3 | 53.6 |
| 17 | 84.1 | 89.5 | 83.8 | 85.7 | 31.1 | 50.8 | 66.7 |
| 18 | 91.3 | 93.2 | 89.9 | 91.6 | 45.1 | 72.5 | 76.8 |
| 19 | 94.8 | 96.6 | 95.6 | 96.5 | 66.8 | 88.6 | 91.3 |
| 20 | 100.0 | 100.0 | 100.0 | 100.0 | 100.0 | 100.0 | 100.0 |

Tabella 33 – Taratura in centili della somma delle risposte (valori grezzi) relative alle 7 Scale di Valore-Fattore presenti nel campione di donne per Itapi-VALORI (n=858).

| Percentili sul campione di donne | V1 Successo | V2 Cultura | V3 Fisicità | V4 Fede | V5 Amore | V6 Autonomia | V7 Tavola |
|---|---|---|---|---|---|---|---|
| 5 | 1.5 | .1 | 0 | .6 | 0 | 0 | .1 |
| 6 | 4.1 | 1.2 | .1 | 1.7 | 0 | 0 | .1 |
| 7 | 7.1 | 3.3 | .3 | 2.9 | 0 | 0 | .1 |
| 8 | 11.3 | 7.5 | .6 | 4.8 | 0 | 0 | .5 |
| 9 | 17.2 | 11.5 | 1.9 | 8.4 | .1 | .1 | 1.3 |
| 10 | 26.8 | 16.0 | 3.8 | 13.3 | .2 | .2 | 3.0 |
| 11 | 37.5 | 23.4 | 8.3 | 18.4 | .3 | .3 | 4.9 |
| 12 | 48.8 | 32.9 | 15.6 | 26.0 | .7 | .8 | 9.3 |
| 13 | 59.7 | 45.9 | 27.2 | 35.2 | 1.0 | 2.2 | 16.3 |
| 14 | 71.3 | 55.6 | 38.7 | 44.9 | 2.8 | 4.8 | 26.3 |
| 15 | 80.1 | 67.0 | 57.9 | 57.5 | 5.2 | 10.4 | 43.4 |
| 16 | 87.3 | 76.6 | 71.3 | 68.2 | 9.2 | 19.5 | 61.2 |
| 17 | 92.1 | 84.3 | 84.8 | 81.1 | 16.2 | 34.8 | 76.0 |
| 18 | 95.3 | 90.4 | 91.0 | 87.8 | 27.9 | 57.8 | 86.1 |
| 19 | 98.0 | 96.5 | 95.9 | 95.8 | 51.2 | 81.2 | 92.8 |
| 20 | 100.0 | 100.0 | 100.0 | 100.0 | 100.0 | 100.0 | 100.0 |

Tabella 34 – Taratura in centili della somma delle risposte (valori grezzi) relative alle 7 Scale di Valore-Fattore presenti nel campione di 18-35 anni di Itapi-VALORI (n=787).

| Percentili sul campione 18-35 anni | V1 Successo | V2 Cultura | V3 Fisicità | V4 Fede | V5 Amore | V6 Autonomia | V7 Tavola |
|---|---|---|---|---|---|---|---|
| 5 | .5 | .8 | .1 | .9 | .1 | 0 | .1 |
| 6 | 1.7 | 1.5 | .3 | 2.5 | .1 | .1 | .3 |
| 7 | 3.2 | 3.4 | .6 | 5.6 | .3 | .1 | .3 |
| 8 | 5.8 | 6.7 | 1.1 | 9.7 | .4 | .3 | 1.0 |
| 9 | 10.3 | 12.2 | 2.9 | 15.2 | .4 | .3 | 1.8 |
| 10 | 17.2 | 17.4 | 5.6 | 21.3 | .5 | .3 | 3.0 |
| 11 | 25.3 | 26.7 | 9.3 | 29.0 | .9 | .4 | 4.6 |
| 12 | 32.8 | 36.8 | 15.0 | 40.4 | 1.3 | 1.0 | 10.0 |
| 13 | 43.7 | 50.4 | 25.7 | 52.4 | 2.0 | 3.2 | 14.9 |
| 14 | 57.1 | 60.4 | 37.1 | 62.0 | 3.8 | 6.6 | 24.5 |
| 15 | 66.8 | 70.8 | 54.3 | 73.6 | 7.8 | 13.5 | 39.0 |
| 16 | 78.0 | 80.2 | 68.4 | 81.6 | 12.5 | 24.1 | 54.3 |
| 17 | 85.8 | 86.7 | 79.8 | 89.5 | 19.3 | 42.2 | 69.0 |
| 18 | 92.9 | 91.9 | 88.3 | 94.4 | 31.3 | 67.0 | 79.9 |
| 19 | 96.7 | 96.1 | 95.3 | 99.0 | 53.1 | 86.5 | 91.1 |
| 20 | 100.0 | 100.0 | 100.0 | 100.0 | 100.0 | 100.0 | 100.0 |

Tabella 35 – Taratura in centili della somma delle risposte (valori grezzi) relative alle 7 Scale di Valore-Fattore presenti nel campione di 36-70 anni di Itapi-VALORI (n=929).

| Percentili sul campione 36-70 anni | V1 Successo | V2 Cultura | V3 Fisicità | V4 Fede | V5 Amore | V6 Autonomia | V7 Tavola |
|---|---|---|---|---|---|---|---|
| 5 | 1.7 | 1.6 | .1 | .6 | 0 | 0 | 0 |
| 6 | 4.5 | 3.7 | .4 | 1.5 | 0 | 0 | 0 |
| 7 | 8.0 | 6.8 | .8 | 3.0 | .2 | 0 | 0 |
| 8 | 13.2 | 11.8 | 1.6 | 4.4 | .2 | .1 | 0 |
| 9 | 18.9 | 17.4 | 3.9 | 8.2 | .4 | .2 | .4 |
| 10 | 28.3 | 23.6 | 6.8 | 12.3 | .9 | .3 | 1.8 |
| 11 | 39.6 | 31.9 | 13.0 | 18.7 | 1.4 | 1.2 | 3.3 |
| 12 | 50.9 | 41.1 | 21.7 | 24.7 | 1.8 | 2.2 | 8.3 |
| 13 | 62.5 | 51.3 | 34.1 | 32.9 | 3.0 | 4.6 | 15.8 |
| 14 | 72.6 | 60.8 | 48.5 | 42.0 | 5.9 | 8.7 | 25.9 |
| 15 | 81.9 | 72.0 | 65.3 | 54.9 | 10.4 | 16.7 | 43.9 |
| 16 | 86.9 | 79.9 | 77.7 | 65.4 | 17.4 | 28.3 | 60.1 |
| 17 | 90.1 | 87.1 | 88.2 | 78.3 | 27.3 | 43.4 | 73.3 |
| 18 | 93.6 | 91.8 | 92.2 | 85.7 | 40.9 | 63.6 | 82.8 |
| 19 | 96.1 | 97.0 | 96.1 | 93.8 | 63.9 | 83.5 | 92.8 |
| 20 | 100.0 | 100.0 | 100.0 | 100.0 | 100.0 | 100.0 | 100.0 |

# 8. Assegnazione del punteggio per il Profilo di Itapi-VALORI

Il punteggio relativo alle diverse Scale di Itapi-VALORI viene assegnato sommando i punti (1, 2, 3, 4) relativi alle riposte che ciascuna persona ha fornito a ciascuno dei 5 item della Scala.

Una sinossi con l'"elenco degli item relativi a ciascuna delle 7 Scale di Itapi-VALORI, con il loro relativo numero d'ordine nel questionario, viene riportata in Tabella 36.

Presentiamo quindi, subito dopo, dei moduli-schemi utili a definire, in modo rapido e visivamente immediato, il profilo di personalità valoriale per ciascuna persona con riferimento alla sua collocazione (Bassa, Media, Alta) rispetto alla norma psicometrica italiana di: campione totale (Tabella 37); uomini fra 18 e 35 anni d'età (Tabella 38); uomini fra 36 e 70 anni d'età (Tabella 39); donne fra 18 e 35 anni d'età (Tabella 40); donne fra 36 e 70 anni d'età (Tabella 41).

**Tabella 38 – Numerazione degli item che appartengono a ciascuno dei 7 fattori di Itapi-VALORI.**

| | VALORE-FATTORE | LISTA DEGLI ITEM PER CIASCUN VALORE-FATTORE | | | | |
|-----|-----------------|------|------|------|------|------|
| V1  | SUCCESSO        | 1    | 8    | 15   | 22   | 29   |
| V2  | CULTURA         | 2    | 9    | 16   | 23   | 30   |
| V3  | FISICITA'       | 3    | 10   | 17   | 24   | 31   |
| V4  | FEDE            | 4    | 11   | 18   | 25   | 32   |
| V5  | AMORE           | 5    | 12   | 19   | 26   | 33   |
| V6  | AUTONOMIA       | 6    | 13   | 20   | 27   | 34   |
| V7  | TAVOLA          | 7    | 14   | 21   | 28   | 35   |

Tabella 39 – Modulo di riferimento per l'assegnazione del profilo Itapi-VALORI di personalità per un individuo appartenente alla tipologia: Adulti in generale (n=1.716).

| Valore-Fattore (TOTALE ADULTI: 1.716) | | BASSO | | Un po' Basso | | MEDIO | | Un po' Alto | | ALTO | |
|---|---|---|---|---|---|---|---|---|---|---|---|
| | | 10 | 20 | 30 | 40 | 50 | 60 | 70 | 80 | 90 | 100 |
| V1 | SUCCESSO | 5/8 | 9 | 10/11 | 12 | 13 | 14 | 15 | 16 | 17/18 | 19/20 |
| V2 | CULTURA | 5/8 | 9/10 | 11 | 12 | 13 | 14 | 15 | 16 | 17/18 | 19/20 |
| V3 | FISICITA' | 5/11 | 12 | 13 | 14 | 14 | 15 | 16 | 17 | 18 | 19/20 |
| V4 | FEDE | 5/9 | 10/11 | 12 | 13 | 14 | 15 | 16 | 17 | 18 | 19/20 |
| V5 | AMORE | 5/15 | 16/17 | 16/17 | 18 | 18 | 19 | 20 | 20 | 20 | 20 |
| V6 | AUTONOMIA | 5/14 | 15 | 16 | 17 | 17 | 17 | 18 | 19 | 20 | 20 |
| V7 | TAVOLA | 5/12 | 13 | 14 | 15 | 15 | 16 | 17 | 18 | 19 | 20 |

Tabella 40 – Modulo di riferimento per l'assegnazione del profilo Itapi-VALORI di personalità per un individuo appartenente alla tipologia: uomini fra 18 e 35 anni d'età (n=403).

| Valore-Fattore (Uomini 18-35 anni: 403) | | BASSO | | Un po' Basso | | MEDIO | | Un po' Alto | | ALTO | |
|---|---|---|---|---|---|---|---|---|---|---|---|
| | | 10 | 20 | 30 | 40 | 50 | 60 | 70 | 80 | 90 | 100 |
| V1 | SUCCESSO | 5/9 | 10/11 | 12 | 13 | 14 | 15 | 16 | 17 | 18 | 19/20 |
| V2 | CULTURA | 5/8 | 9/10 | 11 | 12 | 13 | 14 | 15 | 16 | 17/18 | 19/20 |
| V3 | FISICITA' | 5/11 | 12 | 13 | 14 | 15 | 15 | 16 | 17 | 18 | 19/20 |
| V4 | FEDE | 5/8 | 9/10 | 11 | 12 | 12 | 13/14 | 14 | 15/16 | 17 | 18/20 |
| V5 | AMORE | 5/15 | 16 | 17 | 18 | 18 | 19 | 20 | 20 | 20 | 20 |
| V6 | AUTONOMIA | 5/14 | 15 | 16 | 16 | 17 | 17 | 18 | 18 | 19 | 20 |
| V7 | TAVOLA | 5/13 | 14 | 14 | 15 | 16 | 16 | 17 | 18 | 19 | 20 |

Tabella 41 – Modulo di riferimento per l'assegnazione del profilo Itapi-VALORI di personalità per un individuo appartenente alla tipologia: uomini fra 36 e 70 anni d'età (n=455).

| Valore-Fattore (Uomini 36-70 anni: 455) | | BASSO | | Un po' Basso | | MEDIO | | Un po' Alto | | ALTO | |
|---|---|---|---|---|---|---|---|---|---|---|---|
| | | 10 | 20 | 30 | 40 | 50 | 60 | 70 | 80 | 90 | 100 |
| V1 | SUCCESSO | 5/8 | 9/10 | 11 | 12 | 12 | 13 | 14 | 15/16 | 17/19 | 20 |
| V2 | CULTURA | 5/8 | 9 | 10 | 11 | 12 | 13 | 14 | 16 | 17/18 | 19/20 |
| V3 | FISICITA' | 5/10 | 11 | 12 | 13 | 14 | 14 | 15 | 16 | 17/18 | 19/20 |
| V4 | FEDE | 5/10 | 11 | 12 | 13 | 14 | 15 | 16 | 17 | 18/19 | 20 |
| V5 | AMORE | 5/15 | 16 | 17 | 17 | 18 | 18 | 19 | 20 | 20 | 20 |
| V6 | AUTONOMIA | 5/14 | 15 | 15 | 16 | 17 | 17 | 18 | 18 | 19 | 20 |
| V7 | TAVOLA | 5/12 | 13 | 14 | 15 | 15 | 16 | 17 | 18 | 19 | 20 |

Tabella 42 – Modulo di riferimento per l'assegnazione del profilo Itapi-VALORI di personalità per un individuo appartenente alla tipologia: donne fra 18 e 35 anni d'età (n=384).

| Valore-Fattore (Donne 18-35 anni: 384) | | BASSO | | Un po' Basso | | MEDIO | | Un po' Alto | | ALTO | |
|---|---|---|---|---|---|---|---|---|---|---|---|
| | | 10 | 20 | 30 | 40 | 50 | 60 | 70 | 80 | 90 | 100 |
| V1 | SUCCESSO | 5/9 | 10 | 11 | 12 | 13 | 14 | 15 | 16 | 17 | 18/20 |
| V2 | CULTURA | 5/10 | 11 | 12 | 12 | 13 | 14 | 15 | 16/17 | 18 | 19/20 |
| V3 | FISICITA' | 5/12 | 13 | 14 | 14 | 15 | 15 | 16 | 17 | 18/19 | 20 |
| V4 | FEDE | 5/10 | 11 | 11 | 12 | 13 | 14 | 15 | 16 | 17/18 | 19/20 |
| V5 | AMORE | 5/17 | 18 | 18 | 19 | 20 | 20 | 20 | 20 | 20 | 20 |
| V6 | AUTONOMIA | 5/15 | 16 | 17 | 17 | 17 | 18 | 18 | 19 | 20 | 20 |
| V7 | TAVOLA | 5/12 | 13 | 14 | 15 | 15 | 16 | 17 | 18 | 19 | 20 |

Tabella 43 – Modulo di riferimento per l'assegnazione del profilo Itapi-VALORI di personalità per un individuo appartenente alla tipologia: donne fra 36 e 70 anni d'età (n=474).

| Valore-Fattore (Uomini 18-35 anni: 474) | | BASSO | | Un po' Basso | | MEDIO | | Un po' Alto | | ALTO | |
|---|---|---|---|---|---|---|---|---|---|---|---|
| | | 10 | 20 | 30 | 40 | 50 | 60 | 70 | 80 | 90 | 100 |
| V1 | SUCCESSO | 5/7 | 8/9 | 10 | 10 | 11 | 12 | 13 | 14 | 15/17 | 18/20 |
| V2 | CULTURA | 5/9 | 10 | 11 | 12 | 13 | 14 | 15 | 16/17 | 18 | 19/20 |
| V3 | FISICITA' | 5/11 | 12 | 13 | 14 | 14 | 15 | 16 | 16 | 17/18 | 19/20 |
| V4 | FEDE | 5/11 | 12/13 | 14 | 14 | 15 | 16 | 17 | 18 | 19 | 20 |
| V5 | AMORE | 5/16 | 17 | 18 | 18 | 18 | 19 | 20 | 20 | 20 | 20 |
| V6 | AUTONOMIA | 5/15 | 16 | 17 | 17 | 17 | 18 | 18 | 19 | 20 | 20 |
| V7 | TAVOLA | 5/12 | 13 | 14 | 15 | 15 | 16 | 16 | 17 | 18/19 | 20 |

# 9. Itapi-VALORI: segmentazione in 4 Cluster

A contorno del manuale di Itapi-VALORI, proponiamo una possibile analisi dei cluster in cui può essere segmentato il campione avvicinato. Questo tipo di analisi è poco frequente nei vecchi manuali degli inventari psicologici più classici, essendo spesso sostituita da una tipologia che discende dalle radicate convinzioni teorico-cliniche dell'Autore del test stesso.

La presenza di una tipologia definita in termini statistici si è andata però diffondendo nei lavori più recenti, mentre è quasi onnipresente nelle ricerche di tipo lifestyle (di cui abbiamo citato numerosi esempi nella parte introduttiva di questo saggio).

Sviluppare una tipologia in termini statisticamente sistematici può del resto risultare utile in varie circostanze di impiego del test. Mentre contribuisce anche a ridurre il tipico fraintendimento che spesso si determina negli utilizzatori meno esperti, i quali confondono facilmente i Valori-Tratti (Fattori) con i Tipi (Cluster).

Merita altresì ricordare, ancora una volta, che con l'analisi dei cluster, così come accade in genere nelle procedure di segmentazione, i tipi che si ottengono rappresentano solo delle possibili tendenze probabilistiche. Sono dei ritratti ovvero degli schizzi, in un certo senso anche un po' caricaturali, ma efficaci per fini indicativi e di sintesi, che non valgono certo in senso assoluto.

Ciascuna personalità si può avvicinare più o meno a questo o quel cluster-tipo, ma solo indicativamente. Ciascun soggetto mantiene cioè un proprio profilo con tutta la sua individualità, anche se può risultare tendenzialmente descrivibile pure con riferimento almeno parziale a questi tipi-modelli.

Ricordiamo infine che il numero dei tipi-cluster ricavabili da uno stesso campione (analogamente a quanto accade anche per il numero dei tratti-fattori che da questo si possono trarre) è decisamente arbitrario, ancorché spesso collegato a tradizioni statistiche ricorrenti, a loro volta ridondanti di variazioni sul tema e di eccezioni alle regole.

Abbiamo quindi sviluppata, sull'insieme delle risposte che i 1.716 soggetti hanno fornito ai 35 item dell'inventario, un'analisi dei cluster del tipo two-step standard di SPSS. Ne sono derivati 4 Cluster principali, in cui può essere suddiviso il campione standardizzato italiano di Itapi-VALORI.

A ciascuno di tali 4 Tipi-Cluster, come d'uso, abbiamo attribuito anche un nome di fantasia, che può aiutare a definire (sempre in termini puramente indicativi ed emblematici) le diverse tipologie. Descriviamo meglio tali profili tipologici, con riferimento alle loro tipicità statistiche di risposta e con un certo livello di dettaglio, nel capitolo successivo.

Abbiamo dunque rilevato la presenza di: Tipo-Cluster 1, con 503 soggetti pari al 29.3% del campione, definibili icasticamente come "Intellettuali"; Tipo-Cluster 2, con 430 soggetti pari al 25.1% del campione, definibili come

"Ambiziosi"; Tipo-Cluster 3, con 440 soggetti pari al 25.6% del campione, definibili come "Credenti"; Tipo-Cluster 4, con 343 soggetti pari al 20.0% del campione, definibili come "Delusi".

Nella Tabella 44 presentiamo dunque la media dei profili di personalità per ciascun Cluster. Nella Tabella 45 riportiamo la percentuale di accordo all'interno di ciascun Tipo-Cluster per ciascun item. Nella Tabella 46 riportiamo, per ciascuno dei 35 item, la distanza della percentuale di accordo tra la totalità del campione e il sub-campione degli appartenenti a ciascuno dei Tipo-Cluster. Nella Tabella 47 sintetizziamo infine le caratteristiche anagrafiche degli appartenenti a ciascuno dei 4 Tipi-Cluster.

**Tabella 44 – Analisi dei Cluster: media dei profili valoriali, con riferimento a ciascun Valore-Fattore, per ciascun Cluster; percentuale di accordo in ciascun Tipo-Cluster per ciascun item.**

| Item | TOT | C1 n=503 29.3% Intellettuali | C2 n=430 25.1% Ambiziosi | C3 n=440 25.6% Credenti | C4 n=343 20.0% Delusi |
|---|---|---|---|---|---|
| **PUNTEGGI GREZZI** (media) | | | | | |
| V1 Successo | 13.1 | 13.1 | 16.8 | 10.9 | 11.4 |
| V2 Cultura | 13.4 | 16.9 | 12.2 | 11.5 | 12.2 |
| V3 Fisicità | 14.8 | 15.2 | 16.9 | 13.8 | 12.9 |
| V4 Fede | 14.0 | 15.7 | 13.2 | 16.1 | 10.0 |
| V5 Amore | 18.4 | 19.2 | 18.3 | 18.6 | 17.3 |
| V6 Autonomia | 17.5 | 18.8 | 17.1 | 17.2 | 16.4 |
| V7 Tavola | 16.0 | 16.7 | 17.2 | 15.1 | 14.5 |
| **PUNTEGGI Z** (media) | | | | | |
| V1 Successo | - | .00 | 1.06 | -.65 | -.49 |
| V2 Cultura | - | 1.00 | -.35 | -.54 | -.33 |
| V3 Fisicità | - | .15 | .77 | -.38 | -.70 |
| V4 Fede | - | .47 | -.23 | .61 | -1.18 |
| V5 Amore | - | .36 | -.05 | .08 | -.58 |
| V6 Autonomia | - | .68 | -.18 | -.18 | -.55 |
| V7 Tavola | - | .29 | .48 | -.34 | -.58 |
| **PUNTEGGI T** (media) | | | | | |
| V1 Successo | - | 50.0 | 60.6 | 43.5 | 45.1 |
| V2 Cultura | - | 60.0 | 46.5 | 44.6 | 46.7 |
| V3 Fisicità | - | 51.5 | 57.7 | 46.2 | 43.0 |
| V4 Fede | - | 54.7 | 47.7 | 56.1 | 38.2 |
| V5 Amore | - | 53.6 | 49.5 | 50.8 | 44.2 |
| V6 Autonomia | - | 56.8 | 48.2 | 48.2 | 44.5 |
| V7 Tavola | - | 52.9 | 54.8 | 46.6 | 44.2 |

**Tabella 45 – Analisi dei Cluster: percentuale di accordo in ciascun Tipo-Cluster per ciascun item.**

| | ITEM: livello di accordo (abbastanza + molto) % | TOT | C1 n=503 29.3% Intellettuali | C2 n=430 25.1% Ambiziosi | C3 n=440 25.6% Credenti | C4 n=343 20.0% Delusi |
|---|---|---|---|---|---|---|
| 1 | Ottenere il successo | 57.7 | 62.2 | 94.0 | 29.1 | 42.3 |
| 2 | Le mostre, i musei | 46.4 | 87.3 | 29.5 | 24.5 | 35.6 |
| 3 | Prendersi cura del proprio corpo | 87.2 | 93.2 | 96.7 | 84.5 | 69.7 |
| 4 | La fede in Dio | 69.2 | 81.9 | 60.2 | 96.4 | 27.1 |
| 5 | L'amore | 96.7 | 99.2 | 95.3 | 98.2 | 92.7 |
| 6 | L'indipendenza, l'autonomia personale | 96.3 | 99.4 | 97.9 | 93.4 | 93.3 |
| 7 | La buona tavola | 82.9 | 91.7 | 90.7 | 78.6 | 65.9 |
| 8 | La competitività, l'ambizione | 57.1 | 58.4 | 91.4 | 38.0 | 36.7 |
| 9 | L'arte | 59.3 | 95.8 | 42.3 | 43.0 | 47.8 |
| 10 | Mantenere un aspetto gradevole, curato | 90.6 | 96.0 | 97.9 | 90.2 | 74.1 |
| 11 | La preghiera | 56.4 | 72.8 | 41.2 | 86.4 | 12.8 |
| 12 | Il mio partner (compagno, coniuge, fidanzata) | 94.0 | 96.0 | 92.1 | 96.4 | 90.4 |
| 13 | L'intelligenza | 98.1 | 99.6 | 99.3 | 97.5 | 95.0 |
| 14 | Il cibo, il mangiare | 82.4 | 88.5 | 92.3 | 77.7 | 67.1 |
| 15 | Fare carriera | 65.0 | 68.8 | 94.7 | 43.0 | 50.4 |
| 16 | I libri, la lettura | 73.3 | 97.4 | 59.5 | 64.3 | 66.5 |
| 17 | Avere un bel corpo | 69.9 | 74.6 | 90.9 | 56.8 | 53.6 |
| 18 | Il mio Paese, la mia Patria | 67.0 | 80.5 | 64.9 | 83.6 | 28.3 |
| 19 | Quando ci si innamora | 92.1 | 97.2 | 93.0 | 91.8 | 84.0 |
| 20 | La libertà | 97.6 | 98.8 | 98.1 | 97.7 | 94.8 |
| 21 | La cucina | 75.1 | 85.7 | 82.8 | 74.3 | 51.0 |
| 22 | Il potere | 42.5 | 39.4 | 82.1 | 21.6 | 24.5 |
| 23 | La passione per lo studio e la lettura | 75.2 | 96.4 | 67.7 | 68.0 | 62.7 |
| 24 | La bellezza | 71.4 | 79.1 | 90.9 | 60.5 | 49.6 |
| 25 | L'unità della nazione | 73.9 | 88.5 | 73.5 | 84.8 | 39.1 |
| 26 | I sentimenti, le emozioni | 96.7 | 99.8 | 95.3 | 98.0 | 92.4 |
| 27 | La serenità interiore | 96.4 | 99.0 | 95.3 | 97.7 | 92.1 |
| 28 | Il riposo, il relax | 89.6 | 94.2 | 93.0 | 85.5 | 84.0 |
| 29 | La capacità di sfruttare le situazioni a proprio favore | 59.8 | 59.2 | 89.8 | 38.0 | 51.3 |

|  | ITEM: *livello di accordo (abbastanza + molto) %* | TOT | C1 n=503 29.3% Intellettuali | C2 n=430 25.1% Ambiziosi | C3 n=440 25.6% Credenti | C4 n=343 20.0% Delusi |
|---|---|---|---|---|---|---|
| 30 | I concerti | 37.5 | 64.8 | 38.1 | 12.3 | 29.2 |
| 31 | I bei vestiti, essere eleganti | 56.8 | 60.4 | 86.3 | 40.9 | 35.0 |
| 32 | Le tradizioni della mia regione | 54.6 | 71.2 | 46.0 | 65.5 | 27.1 |
| 33 | Gli affetti | 98.3 | 99.8 | 97.7 | 99.5 | 95.0 |
| 34 | La determinazione, la perseveranza, la pazienza | 91.2 | 97.8 | 91.6 | 92.0 | 79.9 |
| 35 | I piaceri della vita | 92.4 | 96.8 | 98.4 | 84.5 | 88.6 |

**Tabella 46 – Distanza della percentuale di accordo tra la media del campione e la media degli appartenenti a ciascun Tipo-Cluster.**

| | ITEM: livello di accordo (abbastanza + molto) % | TOT | C1 n=503 29.3% Intellettuali | C2 n=430 25.1% Ambiziosi | C3 n=440 25.6% Credenti | C4 n=343 20.0% Delusi |
|---|---|---|---|---|---|---|
| 20 | La libertà | 97.6 | 1.2 | .5 | .1 | -2.8 |
| 6 | L'indipendenza, l'autonomia personale | 96.3 | 3.1 | 1.6 | -2.9 | -3.0 |
| 13 | L'intelligenza | 98.1 | 1.5 | 1.2 | -.6 | -3.1 |
| 33 | Gli affetti | 98.3 | 1.5 | -.6 | 1.2 | -3.3 |
| 12 | Il mio partner (compagno, coniuge, fidanzata) | 94.0 | 2.0 | -1.9 | 2.4 | -3.6 |
| 35 | I piaceri della vita | 92.4 | 4.4 | 6.0 | -7.9 | -3.8 |
| 5 | L'amore | 96.7 | 2.5 | -1.4 | 1.5 | -4.0 |
| 27 | La serenità interiore | 96.4 | 2.6 | -1.1 | 1.3 | -4.3 |
| 26 | I sentimenti, le emozioni | 96.7 | 3.1 | -1.4 | 1.3 | -4.3 |
| 28 | Il riposo, il relax | 89.6 | 4.6 | 3.4 | -4.1 | -5.6 |
| 16 | I libri, la lettura | 73.3 | 24.1 | -13.8 | -9.0 | -6.8 |
| 19 | Quando ci si innamora | 92.1 | 5.1 | .9 | -.3 | -8.1 |
| 30 | I concerti | 37.5 | 27.3 | .6 | -25.2 | -8.3 |
| 29 | La capacità di sfruttare le situazioni a proprio favore | 59.8 | -.6 | 30.0 | -21.8 | -8.5 |
| 2 | Le mostre, i musei | 46.4 | 40.9 | -16.9 | -21.9 | -10.8 |
| 34 | La determinazione, la perseveranza, la pazienza | 91.2 | 6.6 | .4 | .8 | -11.3 |
| 9 | L'arte | 59.3 | 36.5 | -17.0 | -16.3 | -11.5 |
| 23 | La passione per lo studio e la lettura | 75.2 | 21.2 | -7.5 | -7.2 | -12.5 |
| 15 | Fare carriera | 65.0 | 3.8 | 29.7 | -22.0 | -14.6 |
| 14 | Il cibo, il mangiare | 82.4 | 6.1 | 9.9 | -4.7 | -15.3 |
| 1 | Ottenere il successo | 57.7 | 4.5 | 36.3 | -28.6 | -15.4 |
| 17 | Avere un bel corpo | 69.9 | 4.7 | 21.0 | -13.1 | -16.3 |
| 10 | Mantenere un aspetto gradevole, curato | 90.6 | 5.4 | 7.3 | -.4 | -16.5 |
| 7 | La buona tavola | 82.9 | 8.8 | 7.8 | -4.3 | -17.0 |
| 3 | Prendersi cura del proprio corpo | 87.2 | 6.0 | 9.5 | -2.7 | -17.5 |

| | ITEM: livello di accordo (abbastanza + molto) % | TOT | C1 n=503 29.3% Intellettuali | C2 n=430 25.1% Ambiziosi | C3 n=440 25.6% Credenti | C4 n=343 20.0% Delusi |
|---|---|---|---|---|---|---|
| 22 | Il potere | 42.5 | -3.1 | 39.6 | -20.9 | -18.0 |
| 8 | La competitività, l'ambizione | 57.1 | 1.3 | 34.3 | -19.1 | -20.4 |
| 24 | La bellezza | 71.4 | 7.7 | 19.5 | -10.9 | -21.8 |
| 31 | I bei vestiti, essere eleganti | 56.8 | 3.6 | 29.5 | -15.9 | -21.8 |
| 21 | La cucina | 75.1 | 10.6 | 7.7 | -.8 | -24.1 |
| 32 | Le tradizioni della mia regione | 54.6 | 16.6 | -8.6 | 10.9 | -27.5 |
| 25 | L'unità della nazione | 73.9 | 14.6 | -.4 | 10.9 | -34.8 |
| 18 | Il mio Paese, la mia Patria | 67.0 | 13.5 | -2.1 | 16.6 | -38.7 |
| 4 | La fede in Dio | 69.2 | 12.7 | -9.0 | 27.2 | -42.1 |
| 11 | La preghiera | 56.4 | 16.4 | -15.2 | 30.0 | -43.6 |

Tabella 47 – Caratteristiche anagrafiche degli appartenenti a ciascuno dei 4 Tipi-Cluster.

| | TOT | C1 n=503 29.3% Intellettuali | C2 n=430 25.1% Ambiziosi | C3 n=440 25.6% Credenti | C4 n=343 20.0% Delusi |
|---|---|---|---|---|---|
| **PROFILI ANAGRAFICI (%)** | | | | | |
| Uomini | 50.0 | 40.2 | 61.4 | 40.2 | 62.7 |
| Donne | 50.0 | 59.8 | 38.6 | 59.8 | 37.3 |
| 18/30 | 33.3 | 32.6 | 46.3 | 18.4 | 37.3 |
| 31/45 | 33.3 | 36.2 | 31.4 | 33.0 | 32.1 |
| 46/70 | 33.3 | 31.2 | 22.3 | 48.6 | 30.6 |
| Elementari | 6.1 | 3.2 | 4.9 | 12.1 | 4.4 |
| Medie Inferiori | 23.9 | 17.8 | 27.9 | 28.5 | 21.9 |
| Medie Superiori | 52.9 | 58.2 | 53.0 | 47.6 | 51.9 |
| Università | 17.1 | 20.8 | 14.2 | 11.8 | 21.9 |
| Coniugato/a | 46.0 | 42.2 | 34.7 | 65.5 | 40.4 |
| Celibe/Nubile | 43.9 | 45.0 | 54.2 | 26.8 | 51.5 |
| Separato/a | 8.1 | 10.8 | 9.6 | 4.8 | 6.7 |
| Vedovo/a | 2.0 | 2.0 | 1.4 | 3.0 | 1.5 |
| Impiegato. Quadro | 32.1 | 35.3 | 24.7 | 33.8 | 35.0 |
| Studente | 14.0 | 14.9 | 19.1 | 6.2 | 16.3 |
| Operaio | 14.2 | 9.8 | 17.7 | 15.1 | 15.2 |
| Dirigente. Imprenditore. Professionista | 21.3 | 22.9 | 23.9 | 16.2 | 22.2 |
| Pensionato-a. Disoccupato. Casalinga | 18.3 | 17.2 | 14.6 | 28.8 | 11.3 |

# 10. Itapi-VALORI: Profilo sintetico dei 4 Cluster

Riportiamo in questo capitolo un breve, quanto relativamente analitico, profilo di ciascuno dei 4 possibili Tipi-Cluster, sulla base delle risultanze statistiche che sono emerse.

### Tipo-Cluster 1: Intellettuali

Gli appartenenti al Tipo-Cluster 1, da un punto di vista anagrafico (cfr Tabella 47) risultano essere: in prevalenza donne; con una distribuzione sostanzialmente media per quanto riguarda l'età; con un livello di istruzione leggermente superiore alla media; un po' più spesso single o separati e un po' meno sposati; un po' più spesso lavoratori (impiegati, quadri o dirigenti) che pensionati o casalinghe.

Dal punto di vista valoriale, la distribuzione in termini di intensità per ciascuno dei 7 Valori-Tratti-Fattori (cfr Tabella 44), negli appartenenti al Tipo-Cluster 1, viene presentata, utilizzando i moduli di riferimento per il profilo proposti nel capitolo precedente, in Tabella 48.

Gli Item rispetto ai quali gli appartenenti al Tipo-Cluster 1 si discostano maggiormente (in più o in meno, oltre tutti gli altri) rispetto alla media del campione (cfr: Tabella 46) risultano essere:

Nettamente superiori (fra + 30% e + 50%): Le mostre, i musei; L'arte.

Superiori (fra + 15% e + 29%): I concerti; I libri, la lettura; La passione per lo studio e la lettura; Le tradizioni della mia regione; La preghiera.

Moderatamente superiori (fra + 5% e + 14%): L'unità della nazione; Il mio Paese, la mia Patria; La fede in Dio; La cucina; La buona tavola; La bellezza; La determinazione, la perseveranza, la pazienza; Il cibo, il mangiare; Prendersi cura del proprio corpo; Mantenere un aspetto gradevole, curato; Quando ci si innamora.

Nettamente inferiori (fra - 50% e - 30%): nessuno.

Inferiori (fra - 29% e - 15%): nessuno.

Moderatamente inferiori (fra - 14% e - 5%): nessuno. Solo il potere è leggermente negativo (- 3.1%).

### Tipo-Cluster 2: Ambiziosi

Gli appartenenti al Tipo-Cluster 2, da un punto di vista anagrafico (cfr Tabella 47) risultano invece essere: i più equamente distribuiti dal punto di vista del sesso biologico di appartenenza; di età appena più giovane della media; con un titolo di istruzione leggermente più basso rispetto agli altri; un po' meno spesso con un legame matrimoniale rispetto alla media; appena meno spesso in attività lavorativa (impiegati, operai, quadri, dirigenti) e appena più spesso definibili come non-occupati (studenti, pensionati, casalinghe) rispetto alla media del campione totale.

Dal punto di vista valoriale, la distribuzione in termini di intensità per ciascuno dei 7 Valori-Tratti-Fattori (cfr Tabella 44), negli appartenenti al Tipo-Cluster 2 viene presentata, utilizzando i moduli di riferimento per il profilo proposti nel capitolo precedente, in Tabella 49.

Gli Item rispetto ai quali gli appartenenti al Tipo-Cluster 2 si discostano maggiormente (in più o in meno, oltre tutti gli altri) rispetto alla media del campione (cfr: Tabella 46) risultano essere:

Nettamente superiori (fra + 30% e + 50%): Il potere; Ottenere il successo; La competitività, l'ambizione; La capacità di sfruttare le situazioni a proprio favore; Fare carriera.

Superiori (fra + 15% e + 29%): I bei vestiti, essere eleganti; Avere un bel corpo; La bellezza.

Moderatamente superiori (fra + 5% e + 14%): Il cibo, il mangiare; Prendersi cura del proprio corpo; La buona tavola; La cucina; Mantenere un aspetto gradevole, curato; I piaceri della vita.

Nettamente inferiori (fra - 50% e - 30%): nessuno.

Inferiori (fra - 29% e - 15%): L'arte; Le mostre. i musei; La preghiera.

Moderatamente inferiori (fra - 14% e - 5%): I libri. la lettura; La fede in Dio; Le tradizioni della mia regione; La passione per lo studio e la lettura.

## Tipo-Cluster 3: Credenti

Gli appartenenti al Tipo-Cluster 3, da un punto di vista anagrafico (cfr Tabella 47) risultano essere: più donne che uomini; di età nettamente più giovane della media; con livello di istruzione chiaramente più alto della media; meno sposati della media; più non-occupati (studenti, pensionati, casalinghe) che lavoratori (impiegati, operai, quadri, dirigenti) rispetto alla media.

Dal punto di vista valoriale, la distribuzione in termini di intensità di ciascuno dei 7 Valori-Tratti-Fattori (cfr Tabella 44), negli appartenenti al Tipo-Cluster 3 viene presentata, utilizzando i moduli di riferimento per il profilo proposti nel capitolo precedente, in Tabella 50.

Gli Item rispetto ai quali gli appartenenti al Tipo-Cluster 3 si discostano maggiormente (di almeno il 5%, in più o in meno, oltre tutti gli altri) rispetto alla media del campione (cfr: Tabella 46) risultano essere:

Nettamente superiori (fra + 30% e + 50%): La preghiera.

Superiori (fra + 15% e + 29%): La fede in Dio; Il mio Paese. la mia Patria.

Moderatamente superiori (fra + 5% e + 14%): Le tradizioni della mia regione; L'unità della nazione.

Nettamente inferiori (fra - 50% e - 30%): nessuno.

Inferiori (fra - 29% e - 15%): Ottenere il successo; I concerti; Fare carriera; Le mostre. i musei; La capacità di sfruttare le situazioni a proprio favore; Il potere; La competitività, l'ambizione; L'arte; I bei vestiti, essere eleganti.

Moderatamente inferiori (fra - 14% e - 5%): Avere un bel corpo; La bellezza; I libri, la lettura; I piaceri della vita; La passione per lo studio e la lettura.

### Tipo-Cluster 4: Delusi

Gli appartenenti al Tipo-Cluster 4, da un punto di vista anagrafico (cfr Tabella 47) risultano essere: più spesso donne che uomini; di età superiore alla media; con livello di istruzione più basso della media; più spesso sposati della media; più lavoratori (impiegati, operai, quadri, dirigenti) che non-occupati (studenti, pensionati, casalinghe) rispetto alla media.

Dal punto di vista valoriale, la distribuzione in termini di intensità di ciascuno dei 7 Valori-Tratti-Fattori (cfr Tabella 44), negli appartenenti al Tipo-Cluster 4 viene presentata, utilizzando i moduli di riferimento per il profilo proposti nel capitolo precedente, in Tabella 51.

Gli Item rispetto ai quali gli appartenenti al Tipo-Cluster 3 si discostano maggiormente (di almeno il 5%, in più o in meno, oltre tutti gli altri) rispetto alla media del campione (cfr: Tabella 46) risultano essere:

Nettamente superiori (fra + 30% e + 50%): nessuno.

Superiori (fra + 15% e + 29%): nessuno.

Moderatamente superiori (fra + 5% e + 14%): nessuno.

Nettamente inferiori (fra - 50% e - 30%): La preghiera; La fede in Dio; Il mio Paese, la mia Patria; L'unità della nazione.

Inferiori (fra - 29% e - 15%): Le tradizioni della mia regione; La cucina; I bei vestiti, essere eleganti; La bellezza; La competitività, l'ambizione; Il potere; Prendersi cura del proprio corpo; La buona tavola; Mantenere un aspetto gradevole, curato; Avere un bel corpo; Ottenere il successo; Il cibo, il mangiare; Fare carriera.

Moderatamente inferiori (fra - 14% e - 5%): La passione per lo studio e la lettura; L'arte; La determinazione, la perseveranza. la pazienza; Le mostre, i musei; La capacità di sfruttare le situazioni a proprio favore; I concerti; Quando ci si innamora; I libri, la lettura; Il riposo, il relax.

**Tabella 48 – Profilo medio dei Tratti-Fattori nel Tipo-Cluster 1: Intellettuali.**

| Tipo-Cluster 1 (29.3 %) | | BASSO | | Un po' Basso | | MEDIO | | Un po' Alto | | ALTO | |
|---|---|---|---|---|---|---|---|---|---|---|---|
| | | 10 | 20 | 30 | 40 | 50 | 60 | 70 | 80 | 90 | 100 |
| V1 | SUCCESSO | 5/8 | 9 | 10/11 | 12 | 13 | | | | | |
| V2 | CULTURA | 5/8 | 9/10 | 11 | 12 | 13 | 14 | 15 | 16 | 17/18 | |
| V3 | FISICITA' | 5/11 | 12 | 13 | 14 | 14 | 15 | | | | |
| V4 | FEDE | 5/9 | 10/11 | 12 | 13 | 14 | 15 | 16 | | | |
| V5 | AMORE | 5/15 | 16/17 | 16/17 | 18 | 18 | 19 | | | | |
| V6 | AUTONOMIA | 5/14 | 15 | 16 | 17 | 17 | 17 | 18 | 19 | | |
| V7 | TAVOLA | 5/12 | 13 | 14 | 15 | 15 | 16 | 17 | | | |

**Tabella 49 – Profilo medio dei Tratti-Fattori nel Tipo-Cluster 2: Ambiziosi.**

| Tipo-Cluster 2 (25.1 %) | | BASSO | | Un po' Basso | | MEDIO | | Un po' Alto | | ALTO | |
|---|---|---|---|---|---|---|---|---|---|---|---|
| | | 10 | 20 | 30 | 40 | 50 | 60 | 70 | 80 | 90 | 100 |
| V1 | SUCCESSO | 5/8 | 9 | 10/11 | 12 | 13 | 14 | 15 | 16 | 17/18 | |
| V2 | CULTURA | 5/8 | 9/10 | 11 | 12 | | | | | | |
| V3 | FISICITA' | 5/11 | 12 | 13 | 14 | 14 | 15 | 16 | 17 | | |
| V4 | FEDE | 5/9 | 10/11 | 12 | 13 | | | | | | |
| V5 | AMORE | 5/15 | 16/17 | 16/17 | 18 | 18 | | | | | |
| V6 | AUTONOMIA | 5/14 | 15 | 16 | 17 | 17 | 17 | | | | |
| V7 | TAVOLA | 5/12 | 13 | 14 | 15 | 15 | 16 | 17 | | | |

**Tabella 50 – Profilo medio dei Tratti-Fattori nel Tipo-Cluster 3: Credenti.**

| Tipo-Cluster 3 (25.6 %) | | BASSO | | Un po' Basso | | MEDIO | | Un po' Alto | | ALTO | |
|---|---|---|---|---|---|---|---|---|---|---|---|
| | | 10 | 20 | 30 | 40 | 50 | 60 | 70 | 80 | 90 | 100 |
| V1 | SUCCESSO | 5/8 | 9 | 10/11 | | | | | | | |
| V2 | CULTURA | 5/8 | 9/10 | 11 | | | | | | | |
| V3 | FISICITA' | 5/11 | 12 | 13 | 14 | | | | | | |
| V4 | FEDE | 5/9 | 10/11 | 12 | 13 | 14 | 15 | 16 | | | |
| V5 | AMORE | 5/15 | 16/17 | 16/17 | 18 | 18 | 19 | | | | |
| V6 | AUTONOMIA | 5/14 | 15 | 16 | 17 | 17 | 17 | | | | |
| V7 | TAVOLA | 5/12 | 13 | 14 | 15 | 15 | | | | | |

**Tabella 51 – Profilo medio dei Tratti-Fattori nel Tipo-Cluster 4: Delusi.**

| Tipo-Cluster 4 (20.0 %) | | BASSO | | Un po' Basso | | MEDIO | | Un po' Alto | | ALTO | |
|---|---|---|---|---|---|---|---|---|---|---|---|
| | | 10 | 20 | 30 | 40 | 50 | 60 | 70 | 80 | 90 | 100 |
| V1 | SUCCESSO | 5/8 | 9 | 10/11 | | | | | | | |
| V2 | CULTURA | 5/8 | 9/10 | 11 | 12 | | | | | | |
| V3 | FISICITA' | 5/11 | 12 | 13 | | | | | | | |
| V4 | FEDE | 5/9 | 10/11 | | | | | | | | |
| V5 | AMORE | 5/15 | 16/17 | 16/17 | | | | | | | |
| V6 | AUTONOMIA | 5/14 | 15 | 16 | | | | | | | |
| V7 | TAVOLA | 5/12 | 13 | 14 | 15 | | | | | | |

# 11. Itapi-Valori-S (forma Sintetica: 14 item)

In un precedente contributo del Programma ITAPI, abbiamo realizzato l'inventario di personalità *ITAPI-G* (Perussia, 2004, 2005c), la cui forma definitiva si compone di 105 item, normalizzati su un campione nazionale rappresentativo di 2.383 adulti. Ne abbiamo quindi definito anche una versione sintetica, detta *ITAPI-S* ovvero ITAPI Sintetico o Short (Perussia e Viano, 2006a), la cui forma definitiva si compone di 28 item, che è stata normalizzata su un campione rappresentativo nazionale di 3.166 adulti (una copia del cui manuale può essere scaricata direttamente, in versione integrale gratuita identica al saggio stampato, da internet al sito: www.itapi.org).

Visto il successo di tale versione breve, che peraltro nasce da specifiche e insistenti sollecitazioni da parte di alcuni fra i molti sostenitori e/o utenti del Programma ITAPI, abbiamo dunque ritenuto di produrre sin da subito una versione sintetica anche di Itapi-VALORI, con soli 14 item. L'abbiamo chiamata: *Itapi-Valori-S* (forma Sintetica o Short di Itapi-VALORI).

Le ragioni di una tale forma sintetica sono analoghe a quelle che abbiamo descritto nel caso di ITAPI-S (Perussia e Viano, 2006a). Le ripetiamo dunque qui, ma solo in rapido accenno.

Una versione particolarmente agile dell'inventario può risultare utile specie per un impiego in contesti dove la somministrazione di un numero di item più elevato (i 35 item complessivi di Itapi-VALORI) potrebbe rappresentare un problema pratico. Si possono infatti verificare molte circostanze in cui si presentano dei limiti dimensionali per le prove cui sottoporre i soggetti (tipicamente: quando c'è poco tempo per la somministrazione). Allora, invece che rinunciare alla rilevazione della dimensione valoriale, merita raccogliere alcuni dati ancorché indicativi.

Quella che conta veramente è infatti la sistematicità metodologica dello strumento che viene ridotto nella versione sintetica, ovvero la sua attendibilità psicometrica. Il quale aspetto non sempre viene adeguatamente controllato nella pur diffusissima pratica contemporanea consistente nell'impiegare, in molte occasioni, versioni sintetiche che sono ricavate da reattivi originariamente più ampi.

In effetti, esaminando la letteratura, è piuttosto abituale che, per molti reattivi classici (di personalità o valoriali che siano), venga utilizzata, in varie circostanze, una versione ridotta (di pochi item). Nella maggior parte dei casi, ci si limita a utilizzare 3 (o più raramente 4 o 5) item da ciascuna scala, senza peraltro verificare in modo particolare le caratteristiche psicometriche di tale struttura ridotta.

Queste mini-versioni (di reattivi più corposi) sono talvolta interessanti, specie quando vengono realizzate direttamente dagli Autori del singolo inventario. La procedura di selezione degli item viene però spesso descritta limitandosi a una frase del tipo "per motivi pratici, abbiamo utilizzato due-tre item rappresentativi per ciascun tratto-valore"; e niente più. Per cui la qualità della scelta è spesso solo presunta, in quanto generalmente manca, o non viene specificata in modo trasparente (almeno nei termini della tradizione scientifica di ricerca meglio fondata sul piano metodologico e statistico), una procedura rigorosa di costruzione (e di riferimento psicometrico) per questo nuovo strumento di misura. Per cui: tra l'atro, l'utilizzatore i tale mini-test, o lo studioso che ne legge i relativi resoconti di ricerca, non sempre riesce a capire di che cosa effettivamente si tratti.

Nel caso di Itapi-Valori-S, abbiamo dunque estratto due item per ogni Valore-Fattore identificato attraverso la ricerca relativa all'originale Itapi-VALORI, descritta nei capitoli precedenti di questo saggio. Ciascuna coppia di stimoli è stata selezionata prendendo i due stimoli con la saturazione fattoriale più elevata rispetto al fattore.

Presentiamo dunque qui di seguito, nella Tabella 52, l'Analisi Fattoriale relativa a tali 14 item, condotta sull'insieme dei 1.716 protocolli che rappresentano il campione normativo di Itapi-VALORI. Tale analisi è stata effettuata con: metodo di estrazione delle componenti principali; rotazione varimax; normalizzazione di Kaiser. La rotazione ha raggiunto i criteri di convergenza in 5 iterazioni.

La varianza totale spiegata dall'insieme dei 7 Fattori di Itapi-Valori-S è risultata essere del 78.16%; ripartita nel modo di cui riferiamo in Tabella 53.

Alla Tavola 5: proponiamo infine un modulo per eventualmente somministrare Itapi-Valori-S in forma autonoma.

**Tabella 52 - Struttura fattoriale (saturazioni superiori a .30) dei 14 item che compongono Itapi-Valori-S (campione totale: n=1.716).**

|  | V1 | V2 | V3 | V4 | V5 | V6 | V7 |
|---|---|---|---|---|---|---|---|
| La fede in Dio | .93 | | | | | | |
| La preghiera | .93 | | | | | | |
| Il cibo, il mangiare | | .90 | | | | | |
| La buona tavola | | .90 | | | | | |
| Le mostre, i musei | | | .90 | | | | |
| L'arte | | | .88 | | | | |
| Prendersi cura del proprio corpo | | | | .87 | | | |
| Mantenere un aspetto gradevole, curato | | | | .87 | | | |
| La competitività, l'ambizione | | | | | .86 | | |
| Ottenere il successo | | | | | .84 | | |
| L'intelligenza | | | | | | .81 | |
| L'indipendenza, l'autonomia personale | | | | | | .79 | |
| Il mio partner (compagno, coniuge, fidanzata) | | | | | | | .88 |
| L'amore | | | | | | | .75 |

**Tabella 53 – Varianza spiegata dai 7 fattori di Itapi-Valori-S in base al campione totale (n=1.716).**

| Componente | Autovalori iniziali | | | Pesi dei fattori ruotati | | |
|---|---|---|---|---|---|---|
| Totale | % di varianza | % cumulata | Totale | % di varianza | % cumulata | |
| 1 | 2.631 | 18.792 | 18.792 | 1.760 | 12.570 | 12.570 |
| 2 | 2.022 | 14.446 | 33.238 | 1.642 | 11.728 | 24.297 |
| 3 | 1.738 | 12.417 | 45.655 | 1.633 | 11.665 | 35.963 |
| 4 | 1.415 | 10.104 | 55.759 | 1.588 | 11.346 | 47.308 |
| 5 | 1.255 | 8.963 | 64.722 | 1.516 | 10.825 | 58.133 |
| 6 | 1.000 | 7.141 | 71.863 | 1.428 | 10.202 | 68.335 |
| 7 | .882 | 6.303 | 78.165 | 1.376 | 9.830 | 78.165 |

### Tavola 4 – Modulo per la somministrazione di Itapi-Valori-S.

*Ognuno di noi ha interessi, aspirazioni e obiettivi molto diversi per i vari elementi, piccoli e grandi, della vita. Indichi quanto contano, non tanto in generale quanto piuttosto per lei personalmente, cioè come punti di riferimento importanti nella sua vita, gli aspetti indicati qui sotto. Dia, per favore, una valutazione su quanto conta ovvero è importante per lei ciascuna singola voce. Per ogni voce, le viene chiesto di esprimere la sua risposta su una scala a quattro punti, che indicano: 4 = MOLTO; 3 = ABBASTANZA; 2 = POCO; 1 = PER NULLA. Facciamo presente che il questionario è anonimo. Grazie per la collaborazione.*

| | | | | | |
|---|---|---|---|---|---|
| Ottenere il successo | 4 | 3 | 2 | 1 | 1 |
| Le mostre, i musei | 4 | 3 | 2 | 1 | 2 |
| Prendersi cura del proprio corpo | 4 | 3 | 2 | 1 | 3 |
| La fede in Dio | 4 | 3 | 2 | 1 | 4 |
| L'amore | 4 | 3 | 2 | 1 | 5 |
| La buona tavola | 4 | 3 | 2 | 1 | 6 |
| L'indipendenza, l'autonomia personale | 4 | 3 | 2 | 1 | 7 |
| La competitività, l'ambizione | 4 | 3 | 2 | 1 | 8 |
| L'arte | 4 | 3 | 2 | 1 | 9 |
| Mantenere un aspetto gradevole, curato | 4 | 3 | 2 | 1 | 10 |
| La preghiera | 4 | 3 | 2 | 1 | 11 |
| Il mio partner (compagno, coniuge, fidanzata) | 4 | 3 | 2 | 1 | 12 |
| Il cibo, il mangiare | 4 | 3 | 2 | 1 | 13 |
| L'intelligenza | 4 | 3 | 2 | 1 | 14 |

# Conclusione

Anche nel caso di Itapi-VALORI, stante che questo è il manuale di un test, non ci sono conclusioni particolari. Visto che il nostro lavoro si propone essenzialmente come uno strumento scientifico-tecnico operativo; e quindi più che altro come un punto da cui partire per ulteriori sviluppi.

Possiamo comunque sottolineare che Itapi-VALORI rappresenta una relativa novità per il panorama italiano. Nella nostra tradizione di ricerca, vi sono infatti numerose rilevazioni che utilizzano item anche valoriali. Ma non sempre queste vengono pubblicate in quella forma ampia, sistematica e dettagliata che invece dovrebbe accompagnare la presentazione di ogni test psicologico, affinché questo possa rientrare nei canoni della tradizione scientifica.

Non sembrano cioè essere presenti dei veri e propri inventari valoriali italiani, di cui sia stata pubblicata un'adeguata definizione delle proprietà psicometriche piuttosto che delle norme riferite alla popolazione. Apparati statistici che invece abbiamo cercato di presentare qui con riferimento ad Itapi-VALORI.

Dal punto di vista operativo, possiamo dire che Itapi-VALORI (come la generalità degli strumenti realizzati nell'ambito del Programma ITAPI) può essere utilizzato in molte situazioni, senza che vi siano limitazioni particolari: con persone di tutti i tipi e mediante una somministrazione che, col fatto di basarsi su un numero limitato di item, richiede solo pochi minuti.

Nel complesso: Itapi-VALORI si presenta come uno strumento efficace e ben tarato, che aiuta a cogliere le somiglianze e le differenze nei riferimenti valoriali di una persona rispetto alla media della popolazione.

Si direbbe anche, sulla base dei risultati che abbiamo cercato di riportare con il massimo dettaglio in questo manuale, che Itapi-VALORI sia uno strumento psicometricamente sufficientemente solido, valido e affidabile.

Inoltre: avendo noi scelto di essere completamente freeware e opensource, chiunque potrà, se ne avrà voglia, valutarlo liberamente in ogni dettaglio, visto che il nostro lavoro viene esposto completamente alla piena luce del sole.

Non sarà tuttavia facile realizzare delle comparazioni con una parte degli altri test valoriali o di personalità (di natura commerciale), che non possono essere confrontati liberamente e in modo trasparente nell'ambito della ricerca scientifica. Tuttavia: è possibile sviluppare tale confronto con qualcuno di quelli scientificamente più liberi (i quali pure sono presenti in letteratura).

La nostra opinione è, ancora una volta, tendenzialmente questa: Itapi-VALORI è un ottimo inventario valoriale, concepito tutto a partire dalla cultura italiana ed europea, con un campione di riferimento rappresentativo della popolazione adulta, ben definito sul piano psicometrico. Il suo uso è libero, per fini non commerciali. Il futuro ci permetterà di valutarlo meglio.

# Riferimenti bibliografici

Aaker D.A., Reynolds F.D. (1982). Is life-style research limited in its usefulness to Japanese advertisers? *Journal of Advertising*, 11(1), 31-8.

Aaker J.L. (1997). Dimensions of brand personality. *Journal of Marketing Research*, 34, 347-356.

Aaron H.J., Mann T.E., Taylor T. (1993) editors. *Values and public policy*. Washington DC: Brookings Institution Press 1993

Abelson E. (1989). *When ladies go a-thieving: Middle-class shoplifters in the Victorian department store*. New York: Oxford University Press.

Adams W.J. (2000). How people watch television as investigated using focus group techniques. *Journal of Broadcasting and Electronic Media*, 44, 78 – 93.

Adler A. (1937). Position in family constellation influences lifestyle. *International Journal of Individual Psychology*, 3, 211-227.

Adler F. (1956). The value concept in sociology. *American Journal of Sociology*, 62, 272-279.

Adler F. (1960). On values and value theory. *American Sociological Review*, 25, 85-88.

Adorno T., Horkheimer M. (1944-1947). *Dialektik der Aufklarung: philosophische Fragmente*. Frankfurt am Main.

Adorno T.W., Frenkel-Brunswik E., Levinson D.J., Sanford R.N. (1950). *The authoritarian personality: Studies in prejudice*. New York: Harper and Row.

Advertising Association (2002). *Lifestyle Pocket Book 2002*. Henley on Thames, Oxfordshire: World Advertising Research Center.

Age, The (1976). *The Age Lifestyle Study for the Eighties*. Melbourne: Syme and Co.

Ahmed S.A, Jackson D.N. (1979). Psychographics for social policy decisions: Welfare assistance. *Journal of Consumer Research*, 5(4), 229-239.

Aidala A.A. (1989). Communes and changing family norms: Marriage and lifestyle choice among former members of communal groups. *Journal of Family Issues*, 10, 311-338.

Aiken L.R. (1997). *Questionnaires and inventories: Surveying opinions and assessing personality*. New York: Wiley.

Aiken L.R., Aiken L.A. (1996). *Rating scales and checklists: Evaluating behavior, personality, and attitudes*. New York: Wiley.

Ailawadi K.L., Neslin S.A., Gedenk K. (2001). Pursuing the value-conscious consumer: Store brands versus national brand promotions. *Journal of Marketing*. 65(1), 71-89.

Alberoni F., Ferrarotti F., Calvaruso C. (1986). *I giovani verso il duemila*. Torino: Gruppo Abele.

Albers-Miller, N.D. (1999). Consumer misbehaviour: Why people buy illicit goods. *Journal of Consumer Marketing*, 16(3), 273-287.

Albert E.M. (1956). The classification of values: A method and illustration. *American Anthropologist*, 58(2), 221-248.

Albert E.M., Kluckhohn C. (1959). *A selected bibliography on values, ethics and esthetics in behavioral sciences and philosophy*. Glencoe NY: Free Press.

---

[37] Come abbiamo ricordato più volte, la letteratura di interesse psicologico sul tema dei valori appare sconfinata. I riferimenti bibliografici riportati in questo manuale si propongono dunque anche come una prima rassegna bibliografica introduttiva (quanto più possibile sistematica, ma necessariamente sempre da perfezionare) che aiuti a districarsi in una tanto grande, quanto affascinante, mole di contributi.

Alexander R.D. (1987). *The biology of moral systems*. New York: Aldine de Gruyter.

Alford B.L., Sherrell D.L. (1996). The role of affect in consumer satisfaction judgments of credence-based services. *Journal of Business Research*, 37(1), 71-84.

Alisjahbana S.T. (1986). *Values as integrating forces in personality, culture and society: Essay of a new anthropology*. Kuala Lumpur: University of Malaya press.

Alldredge S., Derryberry W.P., Crowson M., Iran-Nejad A. (2000). Rethinking the origin of morality and moral development. *The Journal of Mind and Behavior*, 20(1-2), 105-128.

Allen M.W., Ng S.H. (1999). The direct and indirect influences of human values on product ownership. *Journal of Economic Psychology*, 20, 5-39.

Allport F.H. (1928) Social psychology and human values. *International Journal of Ethics*, 38, 369-388.

Allport G.W. (1937). *Personality: A psychological interpretation*. New York: Holt.

Allport G.W. (1961). *Patterns and growth in personality*. New York: Holt, Rinehart and Winston.

Allport G.W., Vernon P.E., Lindzey G. (1931-1951-1960). *Study of Values, A scale for measuring the dominant interests in personality: Manual and test booklet. 3rd edition*. Boston: Hougton Mifflin.

Almond G.A., Verba S. (1963). *The civic culture: Political attitudes and democracy in five nations*. Princeton, NJ: Princeton University Press.

Alpert L., Gatty R. (1969). Product positioning by behavioral life styles. *Journal of Marketing*, 33(April), 65-69.

Alvarez R.M., Brehm J. (2002). *Hard choices, easy answers: Values, information and American public opinion*. Princeton NJ: Princeton University Press.

Alvey J.E. (1999a). A short history of economics as a moral science. *Journal of Markets and Morality*, 2(1), 53-73.

Alvey J.E. (1999b). *An introduction to economics as a moral science*. Oakland CA: Independent Institute, Working Paper 15.

Alvey J.E., Staveley R. (1996). The value assumptions underlying Marshall's Principles of Economics. In: Wood J.C., editor. *Alfred Marshall: Critical Assessments*. London: Routledge, Vol. 8, 355-371.

Alwin D.F., Krosnick J.A. (1985). The measurements of values in surveys: A comparison of ratings and rankings. *Public Opinion Quarterly* 49: 535–552.

American Psychological Association (1985-1999). The standards for educational and psychological testing. Washington DC: American Psychological Association.

Amin S. (1978). *The law of value and historical materialism*. New York: Monthly Review Press.

Anastasi A. (1968). *Psychological testing. Third edition*. New York: MacMillan.

Anastasi A. (1976). *Psychological Testing. Fourth edition*. New York: MacMillan.

Anastasi A. (1988). *Psychological testing, Sixth Edition*. New York: MacMillan.

Anderes S., Fortier A. (1987). A case study of an altered lifestyle. *Journal of Leisurability*, 14(3), 13-14.

Anderson E. (1993). *Value in ethics and economics*. Cambridge MA: Harvard University Press.

Anderson J.C., Jain D.C., Chintagunta P.K. (1993). Customer value assessment in business markets: A state-of-practice study. *Journal of Business-to-Business Marketing*, 1(1), 3-29.

Anderson J.C., Narus J.A. (2003). *Business market management: Understanding, creating and delivering value, 2nd Edition*. Englewood Cliffs NJ: Prentice Hall.

Anderson W.T., Golden L.L (1984). Lifestyle and psychographics: A critical review and recommendation. In Kinnear T.C., editor. *Advances in Consumer Research. XI*. Provo UT: Association for Consumer Research, 405-411.

Andreasen A.R., Belk R.W. (1980). Predictors of attendance at the performing arts.

*Journal of Consumer Research*, 7(Sept), 112-120.

Andres O.F. (1996). *Sistemas de valores en la España de los 90*. Madrid: CIS.

Andrusia D. (2000). *Brand yourself: How to create an identity for a brilliant career*. New York: Ballantine Books.

Angell R.C. (1964). Social values of Soviet and American elites. *Journal of Conflict Resolution*, 8, 330-385.

Angleitner A., Wiggins J.S. (1986) editors. *Personality assessment via questionnaires: Current issues in theory and measurement*. New York: Springer.

Ansbacher H. (1967). Life style: A historical and systematic review. *Journal of Individual Psychology*, 23(2) 191-212.

Antonelli E., Rubini V., Saviane S., Gatto E. (1998). Lo studio dei valori: Una rassegna. *Bollettino di Psicologia Applicata,*, 226, 27-38.

Antonelli E., Vidi M., Rubini V., Saviane S. (2001). Costruzione e validazione di un questionario per la rilevazione dei valori. *T.P.M. Testing Psicometria Metodologia*, 8(3), 1-24.

Appadurai A. (1986) editor. *The social life of things: Commodities in cultural perspective*. Cambridge MA: Cambridge University Press.

Appadurai A. (1996). *Modernity at large: Cultural dimensions of globalization*. Minneapolis: University of Minnesota Press.

Argyle M. (1992). *The social psychology of everyday life*. London: Routledge.

Ariès P. (1948). *Histoire des populations françaises et de leurs attitudes devant la vie depuis le XVIIIe siècle*. Paris: Self.

Ariès P., Duby G. (1985-1987). *Histoire de la vie privée*. Paris: Seuil.

Arnould E.J., Thompson C.J. (2005). Consumer culture theory (CCT): Twenty years of research. *Journal of Consumer Research*, 31(4), 868-882.

Arts W.A., Halman L.C.J.M., Hagenaars J.A.P. (2003) editors. *The cultural diversity of European Unity: Findings, explanations and reflections from the European Values Study*. Leiden: Brill.

Ashford S., Timms N. (1992). *What Europe thinks? A study of western European values*. Dartmouth: Aldershot.

Atkin D. (2004). *The culting of brands: When customers become true believers*. New York: Portfolio Hardcover.

Atlas J. (1984). Beyond demographics: How Madison Avenue knows who you are and what you want. *Atlantic Monthly*, 254(Oct), 49-58.

Babakus E., Cornwell T.B., Mitchell V., Schlegelmilch B. (2004). Reactions to unethical consumer behavior across six countries. *Journal of Consumer Marketing*, 21(4), 254-263.

Bachman J.G., Johnston L.D., O'Malley P.M., Humphrey R.H. (1988). Explaining the recent decline in marijuana use: Differentiating the effects of perceived risks, disapproval, and general lifestyle factors. *Journal of Health and Social Behavior*, 29(1), 92-112.

Bachtold L.M., Eckvall K.L. (1978). Current value orientations of American Indians in Northern California: the Hupa. *Journal of Cross-Cultural Psychology*. 9, 367–375.

Back K., Glasgow M. (1981). Social networks and psychological conditions in dietary preferences: Gourmets and vegetarians. *Basic and Applied Social Psychology*, 2, 1-9.

Bagley C., Verma G.K. (1987) editors. *Personality, cognition, and values: Crosscultural perspectives on childhood and adolescence*. London: Macmillan.

Baglioni G. (1974). *L'Ideologia della borghesia industriale dell'Italia liberale*. Torino: Einaudi.

Baker A. (2000) editor. *Serious shopping: Essays in psychotherapy and consumerism*. London: Free Association Books.

Baker K., Fletcher R. (1987). Outlook: A generalised lifestyle system. *Admap*, March, 23-

28.

Baker R., Panter-Brick C., Todd A. (1997). Homeless street boys in Nepal: Their demography and lifestyle. *Journal of Comparative Family Studies*, 28(1), 129-146.

Baker T.B., Brandon T.H., Chassin L. (2004). Motivational influences on cigarette smoking. *Annual Review of Psychology*, 55, 463-491.

Baker W.E. (2005). *America's crisis of values: Reality and perception*. Princeton NJ: Princeton University Press.

Bales R., Couch A. (1969). The value profile: A factor analytic study of value statements. *Sociological Inquiry*, 39, 3-17.

Ball-Rokeach S.J., Rokeach M., Grube J.W. (1984). *The great American values test*. New York: Free Press.

Band W.A. (1991). *Creating value for customers*. New York: Wiley.

Bandura A. (1989). Self-regulation of motivation and action through internal standards and goal systems. In: Pervin L.A., editor. *Goal concepts in personality and social psychology*. Hiillsdale NJ: Erlbaum, 19-85.

Bandura A. (1991). Social cognitive theory of moral thought and action. In: Kurtines W.M., Gewirtz J.L., editors. *Handbook of moral behavior and development*. Hillsdale NJ: Erlbaum, 1. 45-103.

Bannister J.P., Saunders J.A. (1978). UK consumers' attitudes towards imports: The measurement of national stereotype image. *European Journal of Marketing*, 12(8), 562–570.

Bannon R.H. (1987). A comparison of health-related habits and lifestyle differences between cocaine addicts and alcoholics. *Dissertation Abstracts International*, 48(4-B), 1178.

Barbagli M., Dei M. (1969). *Le vestali della classe media.* Bologna: Il Mulino.

Bardi A., Schwartz S.H. (2003). Values and behavior: Strength and structure of relations. *Personality and Social Psychology Bulletin*, 29, 1207-1220.

Bargh J.A., McKenna K.Y.A. (2004). The internet and social life. *Annual Review of Psychology*, 55, 573-590.

Barker D., Halman L., Vloet A. (1992). *The European Values Study, 1981-1990*. London: Gordon Cook Foundation.

Barnard M. (1996). *Fashion as communication*. London: Routledge.

Barnett L.D. (1964). Achievement values and anomie among women in low-income housing projects. *Social Forces*, 49, 127-133.

Barnett R.C., Rivers C. (1998). *She works, he works: How two income families are happy, healthy and thriving*. Cambridge: Harvard University Press.

Baron S.W. (1999). Street youths and substance use: The role of background, street lifestyle, and economic factors. *Youth and Society*, 31(1), 3-26.

Barrett D.N. (1961) editor. *Values in America*. South Bend IN: University of Notre Dame Press.

Barry R. (1965). *Motives, values, and realities: A framework for counseling*. New York: Teachers College Press.

Baruth L., Eckstein D. (1981). *Life style: Theory, practice and research*. Dubuque IA: Kendal Hunt.

Bass F.M., Douglas J.T., Lonsdale R.T. (1968). Market segmentation: Group versus individual behavior. *Journal of Marketing Research*, 5(3), 264-270.

Batson C.D. (1991). The altruism question: Toward a social-psychological answer. Hillsdale NJ: Erlbaum.

Baudrillard J. (1968). *Le système des objects*. Paris, Les Essais.

Baudrillard J. (1970). *La société de consommation*. Paris, Le Point.

Baumgartner H. (2002). Towards a personology of the consumer. *Journal of Consumer Research*, 29, 286-292.

Beardsworth A., Keil T. (1992). The Vegetarian option: Varieties, conversions, motives, and careers. *Sociological Review*, 40, 253-293.

Beatty S.E., Kahle L.R., Homer P., Misra S. (1985). Alternative measurement approaches to consumer values: The List of Values and the Rokeach Value Survey. *Psychology and Marketing*, 2(3), 181-200.

Beatty S.E., Kahle L.R., Utsey M., Keown C. (1993). Gift-giving behaviours in the US and Japan: A personal values perspective. *Journal of International Consumer Marketing*, 6(1), 49-66.

Beauvois J.L. (1984). *La psychologie quotidienne*. Paris: PUF.

Becker B.W. (1976). Perceived similarities among recreational activities. *Journal of Leisure Research*, 8(2), 112-122.

Becker B.W., Connor P.E. (1981). Personal values of the heavy users of mass media. *Journal of Advertising Research*, 21, 37-43.

Becker G.M., McClintock C.G. (1967). Value: Behavioral decision theory. *Annual Review of Psychology*, 18, 239-286.

Becker H.S. (1950). *Through values to social interpretation*. Durham NC: University of North Carolina Press.

Becker, L.J., Seligman C., Fazio R.H., Darley J.M. (1981). Relating attitudes to residential energy use. *Energy and Behavior*, 13, 590-609.

Beirness D.J., Simpson H.M. (1988). Lifestyle correlates of risky driving and accident involvement among youth. *Alcohol, Drugs and Driving*, 4(3-4), 193-204.

Belangee S.E., Sherman M.E., Kern R.M. (2003). Exploring the relationships between lifestyle personality attributes and eating disorder symptoms and behaviors in a non-clinical population. *Journal of Individual Psychology*. 59(4), 461-474.

Belk R.W. (1984). Three scales to measure constructs related to materialism: Reliability, Validity, and Relationship. *Advances in Consumer Research*, 11, 291-297.

Belk R.W. (1985). Materialism: Trait aspects of living in the material world. *Journal of Consumer Research*, 12, 265–280.

Belk R.W., Wallendorf M., Sherry J.F. (1989). The sacred and the profane in consumer behavior: Theodicy on the Odyssey. *Journal of Consumer Research*, 16(jun), 1-38.

Bell W. (1958). Social choice, life styles and suburban residence. In: Dobriner W., editor. *The suburban community*. New York: Putman, 225-247.

Bellenger D., Korgaonkar N.P. (1980). Profiling the recreational shopper. *Journal of Retailing*, 56, 77–92.

Bellisle F., Rolland-Cachera M-F. (2000). Three consecutive (1993, 1995, 1997) surveys of food intake, nutritional attitudes and knowledge, and lifestyle in 1000 French children, aged 9-11 years. *Journal of Human Nutrition and Dietetics*, 13(2), 101-111.

Bellotto M. (1997) a cura. *Valori e lavoro. Dimensioni psico-sociali dello sviluppo personale*. Milano: FrancoAngeli.

Belshaw C.S. (1959). The identification of values in anthropology. *American Journal of Sociology*, 6, 555-562.

Bengston V.L., Lovejoy M.C. (1973). Values, personality and social structure: An intergenerational analysis. *American Behavioral Science*, 16, 880-912.

Benjamin C. (1989). Slicing the consumer segments. *Marketing*, May, 64-65.

Bensman J., Vidich A. (1971). *The New American Society*. Chicago: Quadrangle Books.

Beretta C. (1995). *Il lavoro tra mutamento e riproduzione sociale: Indagine sugli atteggiamenti verso il lavoro in 11 nazioni*. Milano: FrancoAngeli.

Berg M., Clifford E. (1999) editors. *Consumers and luxury: Consumer culture in Europe 1650-1850*. Manchester: Manchester University Press.

Berger A.A. (2000). *Ads, fads, and consumer culture: Advertising's impact on American character and society*. Lanham MD: Rowman and Littlefield.

Berger A.A. (2004). *Shop 'til you drop: Consumer behavior and American culture*. Lanham MD: Rowman and Littlefield.

Berger P.L., Luckmann T. (1966). *The social construction of reality*. Garden City NY: Doubleday.

Bergin A.E. (1980). Psychotherapy and religious values. *Journal of Consulting and Clinical Psychology*, 48, 95–105.

Bergin A.E. (1983). Religiosity and mental health: A critical reevaluation and meta-analysis. *Professional Psychology: Research and Practice*, 14, 170-184.

Berkowitz D., Turnmire K. (1994). Community relations and issues management: An issue orientation approach to segmenting publics. *Journal of Public Relations Research*, 6(2), 105-123.

Bermingham A., Brewer J. (1995) editors. *The consumption of culture, 1600–1800: Image, object, text: Consumption and culture in the 17th and 18th Centuries*. London,: Routledge.

Bernard M. (1984). Leisure-rich and leisure-poor: The leisure patterns of young adults. *Leisure Studies*, 3(3), 343-361.

Bernard M. (1988). Leisure-rich and leisure-poor: Leisure lifestyles among young adults. *Leisure Sciences*, 10(2), 131-149.

Bernard Y. (1989). Youth, leisure and lifestyles in Amsterdam: The changing perspectives of the 1980s. In A. Tomlinson A., editor. *Youth cultures and the domain of leisure. Leisure, Labour and Lifestyles: International Comparisons, Vol 4*. Eastbourne UK: Leisure Studies Association, 42-62.

Bernay E. K. (1971). Creative advertising through life style analysis. In: King C., Tigert D., editors. *Attitude research reaches new heights*. Chicago: American Marketing Association.

Bertsch G. (1976). *Values and community in multi-national Yugoslavia*. Boulder CO: East European Publications, Columbia University Press.

Bialeschki M.D., Pearce K.D. (1997). "I don't want a lifestyle; I want a life": The effect of role negotiations on the leisure of lesbian mothers. *Journal of Leisure Research*. 29(1), 113-131.

Bianco F. (2004) a cura. *Il dibattito sui valori tra Ottocento e Novecento*. Milano: FrancoAngeli.

Bidney D. (1953). The concept of value in modern anthropology. In: Kroeber A.L., editor. *Anthropology today: An encyclopedic inventory*. Chicago: University of Chicago Press, 682–699.

Bilsky W., Schwartz S.H. (1994). Values and personality. *European Journal of Personality*. 8(3) 1994, 163-181.

Bishop D.W. (1970). Stability of the factor structure of leisure behaviour. *Journal of Leisure Research*. 2(3), l60-l70.

Black J.S., Stern P.C., Elworth J.T. (1985). Personal and contextual influences on household energy adaptations. *Journal of Applied Psychology*, 70, 3-21.

Blackwell R.D., Talarzyk W.W. (1977). Lifestyle retailing: Competition strategies for the 1980s. *Journal of Retailing*, 59, 7-27.

Blake J., Kingsley D. (1964). Norms, values and sanctions. In: Faris R.E.L., editor. *Handbook of modern sociology*. Chicago: Rand McNally, 456-484.

Blasi A. (1980). Bridging moral cognition and moral action: A critical review of the literature. *Psychological Bulletin*, 88, 1-45.

Blasi A. (1983). *The moral self*. Cambridge MA: MIT Press.

Bloch M. (1924). *Les rois thaumaturges: Etude sur le caractere surnaturel attribue à la puissance royale particulierement en France et en Angleterre*. Strasbourg: Librairie Istra.

Blum L.A. (1980). *Friendship, altruism and morality*. London: Routledge.

Blumenthal M.D. (1973). The belief systems of protesting college students. *Journal of Youth and Adolescence*, 2, 102-123.

Blumer H. (1969). *Symbolic interactionism: Perspective and method*. Englewood Cliffs

NJ: Prentice-Hall.

Bobba L., Nicoli D. (1988) a cura. *L'incerta traiettoria: Rapporto sui giovani 1987*. Milano: FrancoAngeli.

Boehnke K., Schwartz S.H., Stromberg C., Sagiv L. (1998). The structure and dynamics of worry: Theory, measurement, and cross-cultural replications. *Journal of Personality*, 66, 745-782.

Bologh J., Mueller M.A. (1960). A scaling technique for measuring social attitudes toward capital punishment. *Sociology and Social Research*, 45, 24-26.

Bolton R.N., Drew J.H. (1991). A multi-stage model of customer's assessments Of service, quality and value. *Journal of Consumer Research*, 17(4), 375-384.

Boncori L. (1993). *Teoria e tecniche dei test*. Torino: Bollati Boringhieri.

Bond E.J. (1983). *Reason and value*. Cambridge MA: Cambridge University Press.

Bond M.H. (1988). Finding universal dimensions of individual variation in multicultural studies of values: The Rokeach and Chinese value surveys. *Journal of Personality andSocial Psychology*, 55 (6), 1009–1015.

Bond M.H., Chi V.M.Y. (1997). Values and moral behavior in Mainland China. *Psychologia: An International Journal of Psychology in the Orient*, 40, 251-264.

Bonjean C.M., Hill R.J., McLemore S.D. (1967). *Sociological measurement: An inventory of scales and indices*. San Francisco: Chandler.

Boote A.S. (1981). Market segmentation by personal values and salient product attributes. *Journal of Advertising Research*, 21(1), 29-35.

Boote A.S. (1984). Interactions in psychographics segmentation: Implications for advertising, *Journal of Advertising*, 13(2), 43-48.

Borg I. (1985). Judged seriousness of crimes and offenses: 1927, 1967 and 1984. *Archiv fur Psychologie*, 137(2), 115-122.

Bosio A.C. (1986). *Nei panni del medico: La pratica medica e le sue rappresentazioni secondo il medico generico ambulatoriale*. Milano: FrancoAngeli.

Bosio A.C. (2004) a cura. *Professioni psicologiche e professionalizzazione della psicologia*. Milano: FrancoAngeli.

Bosserman P. (1983) Cultural values and new life-styles. In: Mbunda D., Bosserman P., Habachi R., Capriles O., Zygulsky K., Kirpal P.: *Problems of culture and cultural values in the contemporary world*. Paris: UNESCO, 23-35.

Boudon R. (1995). *Le Juste et le Vrai: études sur l'objectivité des valeurs et de la connaissance*. Paris, Fayard, 1995.

Boudon R. (2002). *Déclin de la morale? Déclin des valeurs?* Paris: Presses Universitaires de France.

Bourdieu P. (1979). *La distinction: Critique sociale du jugement*. Paris: Minuit. English edition: *Distinction: A social critique of the judgement of taste*. London, Routledge.

Bourdieu P. (1980). A diagram of social position and life-style. *Media, Culture and Society*, 2 (1), 255-259.

Bowling A. (1991). *Measuring health: A review of quality of life measurement scales*. New York: Open University Press.

Bradford D.T., Spero M. H. (1990) editors. *Psychotherapy and religion* (Special issue). Psychotherapy, 27(1).

Bradstock M.K., Marks J.S., Forman M.R., Gentry E.M. et Al (1987). Drinking-driving and health lifestyle in the United States: Behavioral risk factors surveys. *Journal of Studies on Alcohol*, 48(2), 147-152.

Braibanti R., Spengler J.J. (1961) editors. *Tradition, values and socio-economic development*. Durham: Duke University Press.

Braithwaite V.A., Law H.G. (1985). Structure of human values: Testing the adequacy of the Rokeach Value Survey. *Journal of Personality and Social Psychology*, 49, 250-263.

Braithwaite V.A., Scott (1991). Values. In: Robinson J.P., Shaver P.R., Wrightsman L.S., editors. *Measures of personality and social psychological attitudes*. New York: Academic Press, 661-753.

Bransen J., Slors M. (1996) editors. *The problematic reality of values*. Assen: Van Gorcum.

Brehm J.W., Self E.A. (1989). The intensity of motivation. *Annual Review of Psychology*, 40, 109-131.

Breit M. (1969). *Explorations in leisure types*. New York: Honours thesis, Psychology Department, City College of New York.

Brestin D. (1991). *The lifestyles of Christian women*. Wheaton IL: Victor Books.

Brewer J., Porter R. (1993). *Consumption and the world of goods*. London: Routledge.

Brinkerhoff M.B., Jacob J.C. (1987). Quasi-religious meaning systems, official religion, and quality of life in an alternative lifestyle: A survey from the Back-to-the-Land Movement. *Journal for the Scientific Study of Religion*, 26(1), 63-80.

Brislin R.W. (1983). Cross-cultural research in psychology. *Annual Review of Psychology*, 34, 363-400.

Brittan A. (1977). *The privatized world*. Boston MA: Routledge.

Brodowski G.H. (1998). The effects of country-of-design and country-of-assembly on evaluative beliefs about automobiles and attitudes toward buying them: A comparison between low and high ethnocentric consumers. *Journal of International Consumer Marketing*, 10(3), 85–113.

Brogden H.E. (1952). The primary personal values measured by the Allport-Vernon test: A study of values. *Psychological Monographs*, 66, n.348.

Brooke S.L., Ciechalski J.C., Zytowski D.G., Hansen J-I.C., Slaney R.B., Suddarth B.H. (1994). Values and satisfaction measures. In: Kapes J.T., Mastie M.M. et Al (1994) editors. *A counselor's guide to career assessment instruments. 3rd edition*. Columbus OH: National Career Development Association, 219-240.

Brooke S.L., Ciechalski J.C., Zytowski D.G., Hansen J-I.C., Slaney R.B., Suddarth B.H. (1994). Values and satisfaction measures. In: Kapes J.T., Mastie M.M. et Al, editors. *A counselor's guide to career assessment instruments. 3rd edition*. Columbus OH: National Career Development Association, 219-240.

Brown S.A. (1995). *What customers value most*. New York: Wiley.

Broydrick S.C. (1996). *The 7 universal laws of customer value: How to win customers and influence markets*. New York: McGraw-Hill.

Brunso K., Grunert K.G., Bredahl L. (1996). *An analysis of national and crossnational consumer segments using the food-related lifestyle instrument in Denmark, France, Germany and Great Britain*. Arhus, Denmark: Centre for Market Surveillance, Research and Strategy for the Food Sector, MAPP, Aarhus School of Business, Working paper no. 35.

Brunso K., Scholderer J., Grunert K.G. (2004a). Closing the gap between values and behavior: A means-end theory of lifestyle. *Journal of Business Research*. 57(6), 665-670.

Brunso K., Scholderer J., Grunert K.G. (2004b). Testing relationships between values and food-related lifestyle: Results from two European countries. *Appetite*. 43(2), 195-205.

Brunstein J.C. (1993). Personal goals and subjective well-being. *Journal of Personality and Social Psychology*, 65, 1061–1070.

Budziack T.J. (1987). An exploratory study of collateral lifestyle change and the maintenance of smoking cessation. *Dissertation Abstracts International*, 48(1-B), 256-257.

Buhler C. (1962). *Values in psychotherapy*. New York: Free Press.

Burchard S.N., Hasazi J.S., Gordon, L.R., Yoe J.T. (1991). An examination of lifestyle and adjustment in three community residential alternatives. *Research in Developmental Disabilities*, 12(2), 127-142.

Burgess E.W. (1954). Values and sociological research. *Social Problems*, 2(1), 16-20.

Burgess S.M. (1992). Personal values and consumer research: An historical perspective. In: Sheth J.N., editor. *Research in Marketing, 11*. Greenwich CT: JAI, 35–79.

Burke M. (1990), *Portraits de famille: Les styles de vie des cadres et des entreprises*. Paris: InterEditions.

Burke M.T., Miranti J.S. (1992) editors. *Ethical and spiritual values in counseling*. Alexandria VA: ARVIC.

Burns A.C., Harrison M.C. (1979). A test of the reliability of psychographics. *Journal of Marketing Research*, 16(1), 32-38.

Burnside B.M. (1978). Gender roles and lifestyle: A sociocultural study of voluntary childlessness. *Dissertation Abstracts International*, 38(9-A), 5557-5558.

Burroughs J.E., Rindfleisch A. (2002). Materialism and well-being: A conflicting values perspective. *Journal of Consumer Research*, 29, 348–370.

Bushman F.A. (1982). Systematic life styles for new product segmentation. *Journal of the Academy of Marketing Science*. Fall, 377-394.

Buss D. (1999). *Evolutionary psychology: The new science of the mind*. Boston: Allyn and Bacon.

Butz H.E.Jr, Goodstein L.D. (1996). Measuring customer value: Gaining the strategic advantage. *Organization Dynamics*, 24(Winter), 63-77.

Buzzi C., Cavalli A., De Lillo A. (1997) a cura. *Giovani verso il Duemila: Quarto rapporto IARD sulla condizione giovanile in Italia*. Bologna: Il Mulino.

Buzzi C., Cavalli A., De Lillo A. (2002) a cura. *Giovani del nuovo secolo: Quinto rapporto IARD sulla condizione giovanile in Italia*. Bologna: Il Mulino.

Caccamo De Luca R. (1979). *Teorie della vita quotidiana*. Roma: Editori Riuniti.

Caforio G., Nuciari M. (2003). Social research and the military. In: Caforio G., editor. *Handbook of the sociology of the military*. New York: Kluwer Academic, 27-60.

Cahill D.J. (2006). *Lifestyle market segmentation*. New York: Haworth.

Caillard E.M. (1894). Personality as the outcome of evolution. *Contemporary Review*, 65, 713-721.

Calvaruso C., Abruzzese S. (1985). *Indagine sui valori in Italia*. Torino: SEI.

Calvi G. (1976). *Valori e stili di vita degli italiani: Indagine psicografica nazionale 1976*. Milano: Isedi.

Calvi G. (1980). *La classe fortezza: Scelte degli elettori e responsabilità della classe politica in Italia*. Milano: FrancoAngeli.

Calvi G. (1987a) a cura. *Indagine sociale italiana: Rapporto 1986*. Milano: FrancoAngeli.

Calvi G. (1987b). Problemi teorici e metodologici dello studio dei valori. In: Quadrio A., a cura: *La società pensata: Temi di psicologia sociale*. Milano: FrancoAngeli.

Calvi G., (1993). *Signori, si cambia: Rapporto Eurisko sull'evoluzione dei consumi e degli stili di vita*. Milano: Bridge.

Calvi G., Vannucci A. (1995). *L'elettore sconosciuto: Analisi socioculturale e segmentazione degli orientamenti politici nel 1994*. Bologna: Il Mulino.

Campbell A., Converse P., Rodgers W. (1976). *The quality of American life: Perceptions, evaluations, and satisfaction*. New York: Russell Sage Foundation

Campbell C. (1987). *The romantic ethic and the spirit of modern consumerism*. Oxford: Blackwell.

Campbell D.T. (1975). On the conflicts between biological and social evolution and between psychology and moral tradition. *American Psychologist*, 30, 1103-1126.

Campbell R. (1985). Sociobiology and the possibility of ethical naturalism. In: Copp D., Zimmerman D., editors. *Morality, reason, and truth*. Totowa NJ: Rowman and Allanheld. 270-296.

Campbell R. (1996). Can biology make ethics objective? *Biology and Philosophy*, 11, 21-31.

Campbell R., Hunter B. (2000) editors. *Moral epistemology naturalized*. Calgary:

University of Calgary Press.

Canter R.E. Jr (1956). An experiment in value measurement. *American Sociological Review*, 21, 156-163.

Cantril H., Allport G.W. (1933). Recent application of the Study of Values. *Journal of Abnormal and Social Psychology*, 28, 259-273.

Capanna C., Vecchione M., Schwartz S.H. (2005). La misura dei valori. Un contributo alla validazione del Portrait Values Questionnaire su un campione italiano. *Bollettino di Psicologia Applicata*, 246, 29-41.

Caprara G. (2003). *Tempi moderni: Psicologia per la politica*. Firenze: Giunti.

Caprara G.V., Barbaranelli C. (2000). *Capi di governo, telefonini, bagni schiuma: Determinanti personali dei comportamenti di voto e di acquisto*. Milano: Cortina.

Caprara G.V., Barbaranelli C., Vicino S. (1999). Personalità e politica. *Giornale Italiano di Psicologia*, 26(3), 505-530.

Caprara G.V., Barbaranelli C., Vicino S., Bandura A. (1996). La misura del disimpegno morale. *Rassegna di Psicologia*, 13, 93-105.

Caprara G.V., Pastorelli C., Bandura A. (1995). La misura del disimpegno morale in età evolutiva. *Età Evolutiva*, 51, 18-29.

Capuzzo P. (2003) a cura. *Genere, generazione, consumi*. Roma: Carocci.

Carlton E., Carlton E. (1995). *Values and the social sciences: An introduction*. London: Duckworth

Carman J.M. (1978). Values and consumption patterns: A closed loop. *Advances in Consumer Research*, 5, 403-407.

Carson T.L. (2000). *Value and the good life*. Notre Dame IN: Notre Dame University Press.

Carter J. (2005). *Our endangered values: America's moral crisis*. New York: Simon and Schuster.

Carter R.E. Jr (1956). An experiment in value measurement. *American Sociological Review*, 21, 156-163.

Carter R.T. (1990). Cultural value differences between African Americans and white Americans. *Journal of College Student Development*, 31, 71–79.

Caruana A., Money A.H., Berthon P.R. (2000). Service quality and satisfaction: The moderating role of value. *European Journal of Marketing*, 34 (11/12), 1338-1352.

Case C.M. (1939). The value concept in sociology and related fields. *Sociological Research*, 23, 403-430.

Casebeer W., Churchland P.S. (2003). The neural mechanisms of moral cognition. *Biology and Philosophy*, 18, 169-194.

Cassill N.L., Drake M.F. (1987). Apparel selection criteria related to female consumers' lifestyle. *Clothing and Textiles Research Journal*, 6(1), 20-28.

Castro F.G., Newcomb M.D., Cadish K. (1987). Lifestyle differences between young adult cocaine users and their nonuser peers. *Journal of Drug Education*, 17(2), 89-111.

Cathelat B. (1985a). *Styles de vie, tome 2: Cartes et portraits*. Paris: Editions d'Organisation.

Cathelat B. (1985b). *Styles de vie, tome 2: Courants et scénarios*. Paris: Editions d'Organisation.

Cathelat B. (1990). *Socio-Styles système: Les styles de vie, théorie, méthodes, applications*. Paris: Editions d'Organisation.

Cathelat B. (1993). *Socio-Lifestyles marketing: The new science of identifying, classifying and targeting consumers worldwide*. Chicago: Probus Publishing.

Cathelat B., Cathelat M. (1991). *Panorama des styles de vie, 1960-90*. Paris: Editions d'Organisation.

Catton W.R. (1959). A theory of value. *American Sociological Review*, 24, 310-317.

Catton W.R. Jr (1954). Exploring techniques for measuring human values. *American Sociological Review*, 19, 49-55.

Cavalli A., Cesareo, V., De Lillo Antonio, Ricolfi L., Romagnoli G. (1984). *Giovani oggi: Indagine IARD sulla condizione giovanile in Italia*. Bologna: Il Mulino.

Cavalli A., De Lillo A. (1988) a cura. *Giovanni anni 80: Secondo rapporto IARD sulla condizione giovanile in Italia*. Bologna: Il Mulino.

Cavalli A., De Lillo A. (1993) a cura. *Giovanni anni 90: Terzo rapporto IARD sulla condizione giovanile in Italia*. Bologna: Il Mulino.

Cawley M.J. III, Martin J.E., Johnson J.A. (2000). A virtues approach to personality. *Personality and Individual Differences*, 28, 997-1013.

Censis (1986). *Indagine sull'età adolescenziale. Condizioni di vita e rapporti educativi*. Roma: Censis.

Censis (1987). *Consumi Italia '87: Le cose, i messaggi e i valori*. Milano: FrancoAngeli.

Censis (1989). *I valori guida degli Italiani: Immagini, opinioni, rappresentazioni a quarant'anni dalla nascita della Repubblica*. Roma: Presidenza del Consiglio dei Ministri, Dipartimento per l'Informazione e l'Editoria.

Censis (1990). *Consumi 1990: I comportamenti e le mentalita in Italia, Francia, Spagna*. Milano: FrancoAngeli.

Censis (2002). *Italiani e media: Le diete mediatiche per gruppi e tribu. Secondo rapporto sulla comunicazione*. Milano: FrancoAngeli.

Censis (2003). *Sanità e salute: Scenari di autoregolazione*. Milano: FrancoAngeli.

Censis (2004). *Valori, consumi e stili di vita degli italiani*. Roma: Censis.

Censis (2005). *Simboli, valori e luoghi del consumo: Italia, Francia, Spagna, Inghilterra e Germania a confronto*. Roma: Note e Commenti Censis n.(2005)4.

Censis/Stb (2001). *Benessere e salute secondo gli Italiani*. Roma: Censis.

Censis/Ucsi (2005). *4° Rapporto sulla comunicazione in Italia*. Milano: FrancoAngeli.

Cervone D., Shoda Y. (1999) editors. *The coherence of personality: Social-cognitive bases of consistency, variability, and organization*. New York: Guilford Press.

Cha J.H. (1994). Changes in value, belief, attitude and behavior of the Koreans over the past 100 years. *Korean Journal of Psychology: Social*, 8, 40-58.

Chaiken S., Stangor C. (1987). Attitudes and attitude change. *Annual Review of Psychology*, 38, 575-630.

Chan A.M., Rossiter J.R. (1997). *Understanding the causal relationship between values and consumer behaviour*. Working Paper 5, Department of Marketing. Nepean: University of Western Sydney.

Chandler E.W. (1980). *Lifestyles for the aging*. New York: Elsevier.

Chase D., Cheek N.H. Jr (1979). Activity preferences and participation: Conclusions from a factor analytic study. *Journal of Leisure Research*. 11(2), 91-101.

Chase S. (1965). American values. *Public Opinion Quarterly*, 29, 357-367.

Chazan P. (1998). *The moral self*. London: Routledge.

Cherrier H. (2004). Managing identities: Toward an understanding of consumption lifestyling. *Dissertation Abstracts International*. 65(2-A), 609.

Chesner C.S. (1986). Childless couples in the 1980s: Rituals of childbearing decisions, marriage and lifestyle. *Dissertation Abstracts International*, 47(3-A), 1074.

Chinese Culture Connection (1987). Chinese values and the search for culture-free dimensions of culture. *Journal of Cross-Cultural Psychology*, 18, 143–164.

Chirumbolo A., Sensales G., Kosic A. (2003). Ideologia, personalita e bisogno di chiusura cognitiva. *Giornale Italiano di Psicologia*. 30(1), 69-93.

Cho J.H., Gilgen A.R. (1980). Performance of Korean medical and nursing students on the East-West Questionnaire. *Psychological Reports*, 47, 1093-1094.

Christenson J.A., Hougland J.G., Gage B.A., Hoa L.V. (1984). Value orientations of organized religious groups. *Sociology and Social Research*, 194-207.

Christie R. (1991). Autoritarianism and related constructs. In: Robinson J.P., Shaver P.R., Wrightsman L.S., editors. *Measures of personality and social psychological attitudes*. New York: Academic Press, 501-572.

Christoper M. (1982). Value-in-use pricing. *European Journal of Marketing*, 16(5), 35-46.

Christoper M. (1996). From brand values to customer values. *Journal of Marketing Practice: Applied Marketing Science*, 2(1), 55-66.

Chung R.C-Y., Bemak F. (1998). Lifestyle of Vietnamese refugee women. *Journal of Individual Psychology*, 54(3), 373-384.

Churchland P.S. (1998). Toward a cognitive neurobiology of the moral virtues. *Topoi*, 17, 83-96.

Churchland P.S. (2002). *Brain-wise: Studies in Neurophilosophy*. Cambridge MA: MIT Press.

Cirillo L., Wapner S. (1986) editors. *Value presuppositions in theories of human development*. Hillsdale NJ: Erlbaum.

Clapp R. (1998) editor. *The consuming passion: Christianity and the consumer culture*. Downers Grove IL: InterVarsity Press.

Clark W.W. (1924). The measurement of social attitudes. *Journal of Applied Sociology*, 8, 345-354.

Clarke I., Micken K.S. (2002). An exploratory cross-cultural analysis of the values of materialism. *Journal of International Consumer Marketing*, 14(4), 65-89.

Clawson C.J., Vinson D.E. (1978). Human values: A historical and interdisciplinary analysis. In: Hunt H.K., editor. *Advances in consumer research, Volume 5*. Ann Arbor MI: Association for Consumer Research, 396-402.

Cleland A.S., Bruno A.V. (1996). *The market value process*. San Francisco: Jossey Bass.

Cobalti A., Dei M. (1979). *Insegnanti: Innovazione e adattamento*. Firenze: La Nuova Italia.

Coffin R.J., Lipsey M.W. (1981). Moving back to the land: An ecologically responsible lifestyle change. *Environment and Behavior*, 13(1), 42-63.

Cogoli V. (2000) a cura. *Il vello d'oro: Ricerche sul valore famiglia*. Cinisello Balsamo: Centro Internazionale Studi Famiglia.

Cohen J.B., Chakravarti D. (1990). Consumer psychology. *Annual Review of Psychology*, 41, 243-288.

Cohen O., Savaya R. (2003). Lifestyle differences in traditionalism and modernity and reasons for divorce among Muslim Palestinian citizens of Israel. *Journal of Comparative Family Studies*, 34(2), 283-302.

Cohen R. (1981). Evolutionary epistemology and human values. *Current Anthropology*, 22(3), 201-218.

Cohen S., Taylor L. (1978). *Escape attempts: The theory and practice of resistance to everyday life*. Baltimore MD: Pelican.

Colby A., Kohlberg L. (1987). *The measurement of moral judgment. Vol. 1: Theoretical foundations and research validation*. New York: Cambridge University Press.

Colby A., Kohlberg L., Gibbs J., Lieberman M. (1983). A longitudinal study of moral judgment. *Monographs of the Society for Research in Child Development*, 48(1-2), 200, 1-96.

Colby A., Kohlberg L., Spechier B., Hewer A., Candee D., Gibbs J., Power C. (1987). *The measurement of moral judgement Vol. 2: Standard issue scoring manual*. New York: Cambridge University Press.

Coleman J.S. (1961). *The adolescent society: The social life of the teenager and its impact on education*. New York: Free Press.

Coleman L.J., Militello J. (1995). Gray marketing. *Health Marketing Quarterly*, 12(3), 27–35.

Collier G., Tomlinson P., Wilson J. (1974) editors. *Values and moral development in higher education*. London: Croom Helm.

Collom E., Mitchell D.E. (2005). Home schooling as a social movement: Identifying the determinants of homeschoolers' perceptions. *Sociological Spectrum*, 25, 273–305.

Conklin E.G., Sutherland J. W. (1923). A comparison of the scale of values method with the order-of-merit method.. *Journal of Experimental Psychology*, VI.

Conti C., Romano D.F. (1979). *Il dramma uniforme: Per una teoria della vita quotidiana*. bologna: Il Mulino.

Cooper C., Wise T.N., Mann L.S. (1985). Psychological and cognitive characteristics of vegetarians. *Psychosomatics*, 26(6), 521-527.

Cooper C.R., Baker H., Polichar D., Welsh M. (1993). Values and communication of Chinese, European, Filipino. Mexican, and Vietnamese American adolescents with their families and friends. In: Shulman S., Collins W.A., editors. *The role of fathers in adolescent development: New directions in child development*. San Francisco CA: Jossey-Bass, 73-49.

Cooper C.R., Denner J. (1998). Theories linking culture and psychology: Universal and community-specific processes. *Annual Review of Psychology*, 49, 559-584.

Cosmas S.C. (1976). The advantages and disadvantages of the profile approach to analyzing life style data. In: Anderson B.B., editor. *Advances in Consumer Research III*. Chicago: Association for Consumer Research, 501-503.

Cosmas S.C. (1982). Lifestyle and consumption patterns. *Journal of Consumer Research*. 8(March), 453-455.

Cowell F.R. (1973). *Values in human society; the contributions of Pitirim A. Sorokin to sociology*. Boston MA: Sargent.

Cox B.D., Blaxter M., Buckle A.L.J., Fenner N.P., Golding J.F., Gore M., Huppert F.A., Nickson J., Roth M., Stark J., Wadsworth M.E.J., Whichelow M.J. (1987). *The health and lifestyle survey. Preliminary report of a nationwide survey of the physical and mental health, attitudes and lifestyle of a random sample of 9.003 British adults*. London: Health Promotion Research Trust.

Cox B.D., Huppert F.A., Whichelow M.J. (1993). *The health and lifestyle survey: Seven years on*. Dartmouth: Aldershot.

Cox, G. (1984). Values, culture, and prison policy. *Prison Journal*, 64(2), 5-15.

Crace R.K. (1993). The development of an instrument to empirically assess life values. *Dissertation Abstracts International*. 53(9-B), 4994.

Crace R.K., Brown D. (1996). *Life Values Inventory*. Chapel Hill NC: Life Values Resources.

Craske M.G., Barlow D.H. (2006). *Mastery of your anxiety and worry: Workbook. 2nd edition (Treatments That Work)*. New York: Oxford University Press.

Crawford C., Krebs D.L. (1997). *Handbook of evolutionary psychology: Ideas, issues, and applications*. Hillsdale NJ: Erlbaum.

Crego E.T.Jr, Schiffrin P.D. (1994). *Customer-centered reengineering: Remapping for total customer value*. Burr Ridge IL: Irwin Professional Publishing.

Cribb A. (1991). *Values and comparative politics: An introduction to the philosophy of political science*. Aldershot:Avebury.

Crissman P. (1942). Temporal changes and sexual differences in moral judgments. *Journal of Social Psychology*, 16, 29-38.

Crocker S. (1985). *VALS classification system: User's manual*. Menlo Park: SRI International.

Cross G. (1993). *Time and money: The making of consumer culture*. London: Routledge.

Cupchik W: (2002). *Why honest people shoplift or commit other acts of theft: Assessment and treatment of 'Atypical theft offenders'. A comprehensive resource for professionals and laypersons*. Revised edition. Bangor ME: Booklocker.com.

Curran C. (1968). *Counseling and psychotherapy: The pursuit of values*. New York: Sheed and Ward.

Czellar S., Palazzo G. (2004). *The Impact of perceived corporate brand values on brand preference: An exploratory empirical study*. Lausanne: Institut Universitaire de Management International (IUMI), Université de Lausanne.

Daghfous N., Petrof J.V., Pons F. (1999). Values and adoption of innovations: A cross-cultural study. *Journal of Consumer Marketing*, 16(4), 31-33.

Dahl D.W, Darke P.R., Gorn G.J., Weinberg C.B. (2005). Promiscuous or confident? Attitudinal ambivalence toward condom purchase. *Journal of Applied Social Psychology*. 35(4), 869-887.

Dahlman C., Krawietz W. (2005). *Values, rights and duties in legal and philosophical discourse*. Berlin: Duncker and Humblot.

Daly K. (2001) editor. *Minding the time in family experience: Emerging perspectives and issues*. Oxford: Elsevier.

Damon W. (1988). *The moral child*. Cambridge MA: Harvard University Press.

Dancy J., Moravcsik J., Taylor C.C.W. (1985) editors. *Human agency: Language, duty, value*. Stanford CA: Stanford University Press.

Danielson P. (1992). *Artificial morality: Virtuous robots for virtual games*. London: Routledge.

Danigelis N.L., Cutler S.J. (1991). Cohort trends in attitudes about law and order: Who's leading the conservative way? *Public Opinion Quarterly*, 55(1), 24-49.

Dant T. (1999). *Material culture in the social world: Values, activities, lifestyles*. Buckingham UK: Open University Press.

Darden W.R., Darden D.D. (1976). A study of vacation life-styles. *Proceedings of the 7th Annual Travel Research Association Conference, Travel Research Association*, Salt Lake City, 231-236.

Darden W.R., Reynolds F.D. (1974). Backward profiling of male innovators. *Journal of Marketing Research*, 11, 79-85.

Daun A. (1983). The materialistic life-style: Some socio-psychological aspects. In: Uusitalo L., editor. *Consumer behavior and environmental quality*. New York: St Martin's Press, 6-16.

Davey G.C., Tallis F. (1994) editors. *Worrying: Perspectives on theory, assessment and treatment*. Chichester UK: Wiley.

Davis F. (1992). *Fashion, culture and identity*. Chicago IL: Chicago University Press.

Davis J.B. (1991). Keynes's view of economics as a moral science. In: Bateman B.W., Davis J.B., editors. *Keynes and philosophy*. Aldershot UK: Elgar.

Dawkins R. (1976-1989). *The selfish gene*. New York: Oxford University Press.

Day J.M., Laufer W.S. (1987) editors. *Crime, values, and religion*. Norwood NJ: Ablex.

DDB Needham (1995). *The life style survey*. Chicago: DDB Needham.

De Certeau M. (1980). *L'invention du quotidien; 1: Arts de faire*. Paris: Gallimard.

De Chant D. (2002). *The sacred Santa: Religious dimensions of consumer culture*. New York: Pilgrim Press.

De Grazia V., Furlough E. (1996). *The sex of things: Gender and consumption in historical perspective*. Berkeley CA: University of California Press.

De Lillo A. (2006). Il sistema dei valori dei giovani italiani: Persistenze e mutamenti. In: Bosio A.C., a cura. *Esplorare il cambiamento sociale. Studi in onore di Gabriele Calvi*. Milano: FrancoAngeli, 35-53.

De Moor R. (1995). *Values in western societies*. Tilburg: Tilburg University Press.

De Ruyter K., Wetzels M., Lemmink J., Mattson J. (1997). The dynamics of the service delivery process: A value-based approach. *International Journal of Research in Marketing*, 14(3), 231-243.

De Sousa R.B. (2001). Moral emotions. *Ethical Theory and Moral Practice*, 4(2), 109-126.

De Waal F.B.E. (1996). *Good natured: The origins of right and wrong in humans and other animals*. Cambridge MA: Harvard University Press.

Deb M. (1984). Factor analytical study of a Multidimensional Value Scale. *Psychological Research Journal*. 8(1-2), 40-47.

Deci E.L., Ryan R.M. (1985). *Intrinsic motivation and self-determination in human behavior*. New York: Plenum.

Della Fave L.C. (1974). Success value: Are they universal or class differentiated? *American Journal of Sociology*, 80(1), 153-169.

DeMaio T.J. (1984). Social desirability and survey measurement: A review. In: Turner C.E., Martin E., editors. *Survey measure of subjective phenomena*. New York: Russell Sage Foundation, 257-282.

Dempsey P., Dukes W.F. (1966). Judging complex value stimuli: An examination and revision of Morris's "Paths of Life". *Educational and Psychological Measurement*, 26, 871-882.

Denis L. (2001). *Moral self-regard: Duties to oneself in Kant's moral theory*. New York: Garland.

Dentsu Institute for Human Studies (1999). *Sourcebook on values in 23 countries*. Tokyo: Dou Yu Kan publishers.

Devoto G., Oli G.C. (1967). *Vocabolario illustrato della lingua italiana*. Milano: Selezione del Reader's Digest.

Devoto G., Oli G.C. (2006). *Dizionario Devoto Oli compatto della lingua italiana*. Milano: Le Monnier.

Dewey J. (1913). The problem of values. *Journal of Philosophy* 10, 268-269.

Dewey J. (1922). Valuation and experimental knowledge. *Philosophical Review*, 31, 272-275,

Dewey J. (1925). The meaning of value. *Journal of Philosophy*, 22, 131.

Dewey J. (1939). *Theory ov valuation*. International Encyclopedia of Unified Science. Chicago: University of Chicago Press.

Dewey J. (1943). Valuation, judgments, and immediate quality. *Journal of Philosophy*, 40, 309-317.

Di Blasio P., Pagnin A., Pedrabissi L., Venini L. (1983). *Il giudizio morale nell'adolescenza: Categorie cognitive e valori*. Milano: FrancoAngeli.

Di Franco G., Barro M., Cataldi S., Rossetti C., Simoni M. (2006) a cura. *Far finta di essere sani: Valori e atteggiamenti dei giovani a Roma*. Milano: FrancoAngeli.

Di Nuovo S., Buono S. (2004) a cura. *Famiglie con figli disabili: Valori, crisi evolutiva, strategie d'intervento*. Troina: Città Aperta Edizioni.

Dick B., Dalmau T. (1990). *Values in action: Applying the ideas of Argyris and Schon*. Brisbane AU: Interchange.

Dickerson M.D., Gentry J.W. (1983). Characteristics of adopters and non-adopters of home computers. *Journal of Consumer Research*, 10(2), 225-235.

Dickson M.A., Lennon S.J., Montalto C.P., Shen D., Zhang L. (2004). Chinese consumer market segments for foreign apparel products. *Journal of Consumer Marketing*, 21(5), 301-317.

Dickson P.R. (1982). Person-situation: Segmentation's missing link. *Journal of Marketing*, 46(4), 56-64.

Diener E., Oishi S., Lucas R.E. (2003). Personality, culture and subjective well-being: Emotional and cognitive evaluations of life. *Annual Review of Psychology*, 54, 403-425.

Dietz T., Frisch A.S., Lalof L., Stern P.C., Guagnono G. (1995). Values and vegetarianism: An exploratory analysis. *Rural Sociology*, 60(3), 533-542.

Dion K.K., Dion K.L. (1993). Individualistic and collectivistic perspectives on gender and the cultural context of love and intimacy. *Journal of Social Issues*, 49(3), 53-69.

Dittmar H. (1992). *The social psychology of material possessions: To have is to be*. New York: St. Martin's.

Divine R.L., Lepisto L. (2005). Analysis of the healthy lifestyle consumer. *Journal of Consumer Marketing*, 22(5), 275-283.

Dodd S.C. (1951). On classifying human values. *American Sociological Review*, 16, 645-653.

Dodds W.B. (1999). Managing customer value. *Mid-American Journal of Business*, 14(1), 13-22.

Doeser M.C., Kraay J.N. (1986) editors. *Facts and values: Philosophical reflections from Western and on-Western perspectives*. Dordrecht NL: Nijhoff.

Dogana F. (1976), *Psicopatologia dei consumi quotidiani*. Milano: FrancoAngeli.

Dogana F. (1999). *Tipi d'oggi: Profili psicologici di ordinaria bizzarria*. Firenze: Giunti.

Doherty W.J. (1995). *Soul searching: Why psychotherapy must promote moral responsibility*. New York: Basic Books.

Dollinger S.J., Leong F.T., Ulicni S.K. (1996). On traits and values: With special reference to Openness to Experience. *Journal of Research in Personality*, 30, 23-41.

Donohew L., Palmgreen P., Rayburn JD. (1987). Social and psychological origins of media use: A lifestyle analysis. *Journal of Broadcasting and Electronic Media*, 31(3), 255-278.

Doris J.M. (1998). Persons, situations, and virtue ethics. *Noûs*, 32, 504-530.

Doris J.M. (2002). *Lack of character: Personality and moral Behavior*. New York: Cambridge University Press.

Doris J.M., Stich S. (2006). Moral psychology: Empirical approaches. In: Zalta N., edeitor. *The Stanford Encyclopedia of Philosophy* (Summer 2006 Edition), plato.stanford.edu/archives.

Douglas J. D., editor (1970). *Understanding everyday life*. Chicago IL: Aldine.

Douglas J.D., Adler P., Adler P.A., Fontana C., Freeman C., Kotarba J. (1980). *Introduction to the sociologies of everyday life*. Boston MA: Allyn and Bacon.

Douglas M., Isherwood, B. (1979). *The world of goods: Towards an anthropology of consumption*. London: Rutgers [Edizione italiana: *Il mondo delle cose: Oggetti, valori e consumo*; Bologna: Il Mulino, 1984].

Douglas S.P., Urban C.D. (1977). Life-style analysis to profile women in international markets. *Journal of Marketing*, 41, 46-54.

Draguns J.G. (1974). Values reflected in psychopathology: The case of Protestant ethic. *Ethos*, 2(2), 115-136.

Drakopoulos S.A. (1991), *Values and economic theory: The case of hedonism*. Aldershit: Averbury.

Dressel P.L. (1953) editor. *Instructor's manual for the Inventory of Beliefs*. Washington DC: American Council on Education, Commitee on Measurement and Education.

Druckman D., Broome B.J., Korper S.H. (1988). Value differences and conflict resolution: Facilitation or delinking? *Journal of Conflict Resolution*, 32(3), 489-510.

DuBois C. (1955). The dominant value profile of American culture. *American Anthropologist*, 57, 1232-1239.

Duffy E. (1940). A critical review of investigation employing the Allport-Vernon Study of Values and other test of evaluative attitudes. *Psychological Bulletin*, 37, 597-612.

Dukes W.F. (1955). Psychological study of values. *Psychological Bulletin*, 52, 24-50.

Duncan D. (1978). Leisure types: Factor analysis of leisure profiles. *Journal of Leisure Research*, 10, 113-125.

Dutta M.J., Youn S. (1999). Profiling healthy eating consumers: A psychographic approach to social marketing. *Social Marketing Quarterly*, 5(4), 5-21.

Dutta-Bergman M.J. (2002). Beyond demographic variables: Using psychographic research to narrate the story of internet users. *Studies in Media and Information Literacy Education.* 2(3), n.24.

Dutta-Bergman M.J. (2003). A descriptive narrative of healthy eating: A social marketing approach using psychographics in conjunction with interpersonal, community, mass media and new media activities. *Health Marketing Quarterly*, 20(3), 81-101.

Dutta-Bergman M.J. (2004). Describing volunteerism: The theory of unified responsibility. *Journal of Public Relations Research*. 16(4), 353-369.

Dwyer J.T. (1974). The new vegetarians: Group affiliation and dietary strictures related to attitudes and life style. *Journal of the American Dietetic Association*, 64, 376-382.

Earl P.E. (1983). *The economic imagination: Towards a behavioural analysis of choice*. Brighton UK: Wheatsheaf.

Earl P.E. (1986). *Lifestyle economics: Consumer behavior in a turbulent world*. New York: Palgrave Macmillan.

Eaton H.O. (1930). *The Austrian philosophy of values*. Norman OK: University of Oklahoma Press.

Eccles J.S., Wigfield A. (2002). Motivational beliefs, values and goals. *Annual Review of Psychology*. 53, 109-132.

Echebarria A., Fernandez E. (2006). Effects of terrorism on attitudes and ideological orientation. *European Journal of Social Psychology*, 36, 259–265.

Echter T., Kim U., Kau C.J., Li H-C., Simmons C., Ward C. (1998). A comparative study in the levels of human values: People's Repuyblic of China, Singapore, Taiwan, and the United States. *Asian Journal of Social Psychology*, 1, 271-288.

Eckman M., Kotsiopulos A., Bickle M.C. (1997). Store patronage behavior of Hispanic versus non-Hispanic consumers: Comparative analyses of demographics, psychographics, store attributes, and information sources. *Hispanic Journal of Behavioral Sciences*. 19(1), 69-83.

Eckstein D. (2003). The Eckstein Lifestyle Interview (ELSI). *Journal of Individual Psychology*, 59(4), 421-436.

Eckstein D., Baruth L., Mahrer D. (1983). *An introduction to life-style assessment*. Dubuque IA: Kendal Hunt.

Eisenberg N., Reykowski J., Staub E. (1989) editors. *Social and moral values: Individual and societal perspectives*. Hillsdale NJ: Erlbaum.

Elder C.A. (1976). *Values and moral development in children*. Nashville TE: Broadman Press.

Elliott R. (1997). *New directions in consumer behavior: From cognition to culture*. London: Routledge.

Emler N.P., Hogan R. (1981). Developing attitudes toward law and justice: An integrative review. In: Brehm S.S., Kassin S.M., Gibbons F.X., editors. *Developmental social psychology*. New York: Oxford University Press.

Emler N.P., Renwick N., Malone B. (1983). The relationship between moral reasoning and political orientation. *Journal of Personality and Social Psychology*, 45, 1073-1080.

Emmons R.A. (1986). Personal strivings: An approach to personality and subjective well-being. *Journal of Personality and Social Psychology*, 51, 1058–1068.

Emmons R.A. (1996). Striving and feeling: Personal goals and subjective well-being. In: Gollwitzer P.M., Kargh J.A. editors. *The psychology of action: Linking motivation and cognition to behavior*. New York: Guilford Press, 313–337.

Emmons R.A., McAdams D.P. (1991). Personal strivings and motive dispositions: Exploring the links. *Personality and Social Psychology Bulletin*, 17, 648–654.

Endler N.S, Rosenstein A.J. (1997). Evolution of the personality construct in marketing and its applicability to contemporary personality research. *Journal of Consumer Psychology*, 6(1), 55-66.

Engel S.L. (2005). *Real kids: Creating meaning in everyday life*. Cambridge MA: Harvard University Press.

England G.W. (1967). Personal value systems of American managers. *Academy of Management Journal*, 10, 53-68.

Englis B.G., Solomon M.R. (1995). To be and not to be: Lifestyle imagery, reference groups, and the clustering of America. *Journal of Advertising*. 24(1), 13-28.

Esses V.M., Haddock G., Zanna M.P. (1993). Values, stereotypes, and emotions as determinants of intergroup attitudes. In: Mackie D.M., Hamilton D., editors. *Affect, Cognition, and Stereotyping*. New York: Academic Press, 137-166.

Ester P., Halman L., De Moor R. (1993) editors. *The individualizing society: Value change in Europe and North America*. Tilburg: Tilburg University Press.

Etzioni A. (1988). *The moral dimension: Toward a new economics*. New York: Free Press.

Evans F.B. (1959). Psychological objective factors in the prediction of brand choice: Ford versus Chevrolet. *Journal of Business*, 32, 340-369.

Ewen S. (1977). *Captains of consciousness: Advertising and the social roots of the consumer culture*. New York: Mcgraw-Hill.

Ewen S. (1988). *All consuming images: The politics of style in contemporary culture*. New York: Basic Books.

Fabris G., Mortara V.(1986). *Le otto italie: Dinamiche e frammentazione della società italiana*. Milano: Mondadori.

Faccioli F. et al. (1989). *I nuovi giovani: Forme e comportamenti e luoghi di una generazione*. Cosenza: Lerici.

Facione P.A., Scherer D., Attig T. (1978). *Values and society: An introduction to ethics and social philosophy*. Englewood Cliffs NJ: Prentice-Hall.

Fairfield P. (2000). *Moral selfhood in the liberal tradition: The politics of individuality*. Toronto: University of Toronto Press.

Falk P., Campbell C. (1997) editors. *The shopping experience*. London: Sage.

Fallding H. (1965). A proposal for the empirical study of values. *American Sociological Review*, 30, 223-233.

Faris F., Lawson R., Todd S. (1996). *New Zealand towards 2000: A Consumer lifestyles study*. Dunedin: University of Otago.

Fayers P.M., Machin D. (2000). *Quality of life: Assessment, analysis, and interpretation*. New York: Wiley.

Feather N.T. (1973). The measurement of values: Effects of different assessment procedures. *Australian Journal of Psychology*, 25, 221-231.

Feather N.T. (1975). *Values in education and society*. New York: Free Press.

Feather N.T. (1979). Value correlates of conservatism. *Journal of Personality and Social Psychology*, 37, 1617-1630.

Feather N.T. (1982). Reasons for entering medical school in relation to value priorities and sex of student. *Journal of Occupational Psychology*, 55, 119-128.

Feather N.T. (1984). Protestant ethic, conservatism, and values. Journal of Personality and Social Psychology, 46, 1132-1141.

Feather N.T. (1988). Moral judgment and human values. *British Journal of Social Psychology*, 27, 239-246.

Feather N.T. (1995). Values, valencies, and choice: The influence of values on the perceived attractiveness and choice of alternatives. *Journal of Personality and Social Psychology*, 6, 1135–1151.

Feather N.T. (1999). *Values, achievement, and justice: The psychology of deservingness*. New York: Kluwer Academic.

Featherstone M. (1987). Lifestyle and consumer culture. In Meyer E., editor. *Everyday Life, Leisure and Culture. Conference proceedings*. Tilburg University: Centre for Leisure Studies, 343-354.

Featherstone M. (1991). *Consumer culture and postmodernism*. London: Sage.

Febvre L. (1952). *Le problème de l'incroyance au xvie siècle: La religion de Rabelais*. Paris: Albin Michel.

Feist-Fite B. (1985). A linkage theory: Linking characteristics of age and affluence to the concept of nutrition and to the phenomenon of lifestyle and leisure management. *World Leisure and Recreation*, 27(l), 45-58.

Fekete J. (1987) editor. *Life after postmodernism: Essays on value and culture*. Montreal: New World Perspectives.

Feldman S. (1988). Structure and consistency in public opinion: The role of core beliefs and values. *American Journal of Political Science*, 32, 416-440.

Feldman S. (2003). Values, ideology, and structure of political attitudes. In: Sears D.O., Huddy L., Jervis R., editors. *Oxford handbook of political psychology*. New York: Oxford University Press, 477-508.

Feldman S.D., Thielbar G.W. (1972) editors. *Lifestyles: Diversity in American society*. Boston: Little Brown.

Felling A., Peters J., Schreuder O. (1984). Nationale Identitat: Die funf Niederlande. (National identity: The five Netherlands). *Kolner Zeitschrift fur Soziologie und Sozialpsychologie*. 36(4), 738-754.

Ferrarotti F. (1980-1982) a cura. *Studi e ricerche sul potere*. Roma: Ianua.

Fetzer Institute (1999). *Multidimensional measurement of religiousness-spirituality for use in health research*. Kalamazoo MI: Fetzer Institute.

File K.M., Prince R.A. (1996). A psychographic segmentation of industrial family businesses. *Industrial Marketing Management*, 25, 223-234.

Filipcova B., Glyptis S., Tokarski W. (1990) editors. *Life styles: Theories, concepts, methods and results of life style research in international perspective*. Research Committee 13 of the International Sociological Association. Prague: Institute for Philosophy and Sociology, Czechoslovak Academy of Sciences.

Fincham F., Barling J.I. (1979). Moral judgment and psychological conservatism. *Journal of Social Psychology*, 107, 139-140.

Fink J.J., Mansfield R. (1997). *Personal Values Questionnaire*. Boston: Hay Group.

Fireman G.D. (2005). Narrative selves: Our philosophy for everyday life. *American Journal of Psychology*. 118(3) Fal 2005, 475-480.

Firth R. (1953). The study of values by social anthropologists. *Man*, 231, 1-8.

Firth R. (1964). *Essays on social organization and values*. London: Athlone Press University

Fischer E., Arnold S.J. (1994). Sex, gender identity, gender role attitudes, and consumer behavior. *Psychology and Marketing*, 11, 163–182.

Fischer J.M., Ravizza M. (1998). *Responsibility and control: A theory of moral responsibility*. Cambridge MA: Cambridge University Press.

Fischhoff B. (1991). Value elicitation: Is there anything in there? *American Psychologist*, 46(8), 835-847.

Fischhoff B., Slovic P., Lichtenstein S. (1980). Knowing what you want: Measuring labile values. In: Wallsten T., editor. *Cognitive processes in choice and decision behavior*. Hillsdale NJ: Erlbaum, 117-141.

Fishbein M., Ajzen I. (1975). *Beliefs, attitudes, intentions, and behavior. An introduction to theory and research*. Reading MA: Addison Wesley.

Fitzgibbons A. (1995). *Adam Smith's system of liberty, wealth, and virtue*. Oxford: Clarendon Press.

Fitzgibbons A. (1997). The moral foundations of The Wealth of Nations. *International Journal of Social Economics*, 24(1/2/3), 91-104.

Fitzsimmons G.W., Macnab D., Casserly C. (1985). *Technical manual for the Life Roles Inventory Values Scale and the Salience Inventory*. Edmonton Canada: PsiCan Consulting.

Flanagan O. (1991). *Varieties of moral personality: Ethics and psychological realism*. Cambridge MA: Harvard University Press.

Flanagan, S.C. (1982). Changing values in advanced industrial societies. *Comparative Political Studies*, 14, 403-444.

Flanagan, S.C. (1987). Changing values in advanced industrial societies revisited: Towards resolution of the values debate. *American Political Science Review*, 81, 103-109.

Fok V.S., Chong V.K. (1996). Chinese cultural values and segmentation of youth apparel market: A Hong Kong experience. *Management Research News*, 19, 55–70.

Fontaine J., Duriez B., Luyten P., Corveleyn J., Hutsebaut D. (2005). Consequences of a multidimensional approach to religion for the relationship between religiosity and value priorities. *International Journal for the Psychology of Religion*. 15(2), 123-143

Fontaine J., Luyten P., Corveleyn J. (2000). Tell me what you believe and I'll tell you what you want: Empirical evidence for discriminating value patterns of five types of religiosity. *International Journal for the Psychology of Religion*. 10(2), 65-84.

Foot P. (1978). *Virtues and vices and other essays in moral philosophy*. Oxford MA: Blackwell.

Forgas J.P. (1980). Images of crime: A multidimensional analysis of individual differences in crime perception. *International Journal of Psychology*, 15(4), 287-299.

Forner E. (1985). Sistema de Valores: su incidencia en el estilo de vida de las pacientes cancerosas. *Boletin de Psicologia*, 6, 121-127.

Foucault M. (1961). *Histoire de la folie à l'âge classique: Folie et déraison*. Paris: Plon.

Foucault M. (1963). *Naissance de la clinique. Une archéologie du regard médical*. Paris: Presses Universitaries de France

Foucault M. (1966). *Les mots et les choses: Une archéologie des sciences humaines*. Paris: Gallimard.

Foucault M. (1975). *Surveiller et punir*. Paris: Gallimard.

Fournier S., Richins M.L. (1991). Some theoretical and popular notions concerning materialism. *Journal of Social Behavior and Personality*, 6(6), 403–414.

Fox R.W., Lears T.J.J. (1983) editors. *The culture of consumption: Critical essays in American history, 1880-1980*. New York: Pantheon.

Frank R.E., Greenberg M.G. (1980). *The public's use of television: Who watches and why*. Beverly Hills CA: Sage.

Frank R.E., Massy W.F., Wind Y. (1972). *Market segmentation*. Englewood Cliffs NJ: Prentice Hall.

Frank R.E., Strain C.E. (1972). A segmentation research design using consumer panel data. *Journal of Marketing Research*, 9(Nov), 385-390.

Frank T.C. (1997). *The conquest of cool: Business culture, counter culture, and the rise of hip consumerism*. Chicago: University of Chicago Press.

Franklin B.J., Kohout F.J., editors (1973). *Social psychology and everyday life*. New York: McKay.

Fraser J., Maticka-Tyndale E., Smylie L. (2005). Sexuality of Canadian women at midlife. *Canadian Journal of Human Sexuality*, 13(3-4), 171-188.

Fredman N., Sherman R. (1987). *Handbook of measurements for marriage and family therapy*. New York: Brunner Mazel.

Freeland-Graves J.H., Greninger S., Graves G.R., Young R.K. (1986). Health practices, attitudes, and beliefs of vegetarians and nonvegetarians. *Journal of the American Dietetic Association*, 86, 913-918.

Freeman S.T., Gintner G.G. (1989). Validation of the Lifestyle Assessment Questionnaire: Targeting students with mental health problems. *College Student Journal*, 23(3), 272-279.

French W.A., Fox R. (1985). Segmenting the senior citizen market. *Journal of Consumer Marketing*, 2, 61–74.

Frey R.G., Morris C.W. (1993) editors. *Value, welfare and morality*. Cambridge MA: Cambridge University Press.

Fried C. (1970). *An anatomy of values; Problems of personal and social choice*. Cambridge, MA,. Harvard University Press.

Fromm E. (1976). *To have or to be?* London: Abacus.

Frondizi R. (1971). *What is value*? LaSalle IL: Open Court.

Frontori L. (1986). *Il mercato dei segni*. Cortina, Milano.

Frost M.J. (1971). *Values for money: The techniques of cost benefit analysis*. London: Gower.

Fullerton S.D. (1988). An investigation of the indirect relationship between psychographics and buyer behavior. *Dissertation Abstracts International.* 49(3-A), 555-556.

Furnham A.F. (1984a). Personality and values. *Personality and Individual Differences*, 5, 483–485.

Furnham A.F. (1984b). The Protestant work ethic: Review of the psychological literature. *European Journal of Social Psychology*, 14, 87-104.

Furrer O., Liu B.S.C., Sudharshan D. (2000). The relationships between culture and service quality perceptions: Basis for cross-cultural market segmentation and resource allocation. *Journal of Service Research*, 2(4), 355-371.

Furth T., Gunt D., Lyttkens L. (1986). Values, life-styles and the future: Swedish future studies in the late 1980s. *Society and Leisure*, 9(2), 279-289.

Gade P.A., Lakhani H., Kimmel M. (1991). Military service: A good place to start? *Military Psychology*, 3(4), 251-267.

Gaines S.O., Marelich W.D., Bledsoe K.L., Steers W.N., Henderson M.C., Granrose C.S. et Al (1997). Links between race/ethnicity and cultural values as mediated by racial/ethnic identity and moderated by gender. *Journal of Personality and Social Psychology*, 72, 1460-1476.

Gale B.T. (1994). *Managing customer value*. New York: Free Press.

Gannon M. (2004). *Understanding global cultures: Metaphorical journeys through 28 nations, clusters, and continents. 3rf edition*. Thousand Oaks CA: Sage.

Gannon M., Locke E.A., Gupta A., Audia P., Kristof-Brown A.L. (2005-2006). Cultural metaphors as frames of reference for Nations. *International Studies of Management and Organization*, 35(4), 37-47.

Gans H.J. (1969) *The Levittowners: Ways of life and politics in a new suburban community*. New York: Vintage Books.

Gans H.J. (1974). *Popular culture and high culture*. New York: Basic Books.

Gardner J.B., Adams G.R., editors (1983). *Ordinary people and everyday life: Prospective on the new social history*. Nashville Tenn: The American Association for State and Local History.

Garelli F. (1984). *La generazione della vita quotidiana: I giovani in una società differenziata*. Bologna: Il Mulino.

Garelli F., Guizzardi G., Pace E. (2003) a cura. *Un singolare pluralismo: Indagine sul pluralismo morale e religioso degli italiani*. Bologna: Il Mulino.

Garfinkel H. (1967). *Studies in ethnomethodology*. Englewood Cliffs NJ: Prentice-Hall.

Gasparini A. (1998) a cura. *Interessi, valori e società*. Milano: FrancoAngeli.

Gattas J.T., Roberts K., Schmitz-Scherzer R., Tokarski W., Vitanyi I. (1986). Leisure and life-styles: Towards a research agenda. *Society and Leisure*. 9(2), 529-539.

Gaus G. (1990). *Value and justification: The foundations of liberal theory*. Cambridge MA: Cambridge University Press.

Gavin J. (2005). *Lifestyle fitness coaching*. Champaign IL: Human Kinetics.

Gay E.G., Weiss D.J., Hendel D.D., Dawis R.W., Lofquist L.H. (1971). *Manual for the Minnesota Importance Questionnaire*. Minnesota Studies in Vocational Rehabilitation, n.28.

Gazzaniga M.S. (2005). *The ethical brain*. New York: Dana Press.

Gehrt K.C., Carter (1992). An exploratory assessment of catalog shopping orientations: The existence of convenience and recreational segments. *Journal of Direct marketing*, 6, 29–39.

Gehrt K.C., Shim S. (1998). A shopping orientation segmentation of French consumers: Implications for catalog marketing. *Journal of Interactive Marketing*, 12(4), 34-46.

Ger G., Belk R.W. (1996). Cross-cultural differences in materialism. *Journal of Economic Psychology*, 17(1), 55–77.

Gibbs J., Basinger K.S., Fuller, D. (1992). *Moral maturity: Measuring the development of* sociomoral reasoning. Hillsdale NJ: Lawrence Erlbaum

Giddings G.H. (1924). *The scientific study of human society*. Chapel Hill NC: University of North Carolina Press.

Giglioli P.P., Dal Lago A. (1983) a cura. *Etnometodologia*. Bologna: Il Mulino.

Gilbert A.R. (1960). The concept of life style: Its background and its psychological significance. *Jahrbuch für Psychologie, Psychotherapie und medizinische Anthropologie*. 7, 97-106.

Gilbert F.W., Warren W.E. (1995). Psychographic constructs and demographic segments. *Psychology and Marketing*, 12(3), 223-237.

Gilgen A.R., Cho J.H. (1979). Questionnaire to measure eastern and western thought. *Psychological Reports*, 44, 835-841.

Gilkeson J.S. (1998). *In American culture: How social scientists discovered the United States, 1910–1965*. Chicago: Chicago University Press.

Gilligan C. (1982). *In a different voice: Psychological theory and women's development*. Cambridge MA: Harvard University Press.

Gilligan C., Ward J.V., Taylor J.M. (1988). *Mapping the moral domain: A contribution of women's thinking to psychological theory and education*. Cambridge: Harvard University Press.

Gillin J. (1955). National and regional cultural values in the United States. *Social Forces*, 34(2), 107-113.

Gilovich T., Griffin T., Kahneman D. (2002.) editors. *Heuristics and biases: The psychology of intuitive judgment*. New York: Cambridge University Press.

Ginzberg E. et Al (1966). *Life styles of educated women*. New York: Columbia University Press.

Giorio G., Lazzari F., Serra R. (2003) a cura. *Valori, appartenenze, paradossi nel nordest italiano: Il caso Treviso*. Milano: FrancoAngeli.

Girard G. (1977). *Lavoro, motivazione e valori sociali*. Milano: FrancoAngeli.

Girard G. (1980). *Società conformista e individuo: Una lettura della psicologia sociale come interpretazione della realtà quotidiana*. Milano: FrancoAngeli.

Girard G. (1999). *Psicologia debole*. Torino: Tirrenia Stampatori.

Glasser E.M., Maller J.B. (1940). The measurement of interest values. *Character and Personality*, 9, 67-81.

Glatzer W., Volkert M. (1980). Living conditions and the quality of life of older people. *Zeitschrift fur Gerontologie*. 13(3), 247-260.

Glencross M.J. (1996). Reliability of a free-format values inventory. *Perceptual and Motor Skills*. 83(3, Pt 1), 1056-1058.

Glenn N.D. (1980). Values, attitudes and beliefs. In: Brim O.G., Kagan J., editors. *Constancy and change in human development*. Cambridge MA: Harvard University Press, 596-640.

Glickman L.B. (1999) editor. *Consumer society in American history: A Reader*. New York: Cornell University Press.

Glover R. (1994). Using moral and epistemological reasoning as predictors of prejudice. *Journal of Social Psychology*, 134, 633-640.

Glyptis S. (1981). Leisure life-styles. *Regional Studies*. 15(5), 311-326.

Gobe M. (2001). *Emotional branding: The new paradigm for connecting brands to people*. New York: Watson-Guptill.

Gobé M. (2002). *Citizen brand: 10 commandments for transforming brands in a consumer democracy*. New York: Watson-Guptill Publications.

Goertzel T. (1972). Changes in the values of college students 1958 to 1970-71. *Pacific Sociological Review, 15(april), 235-244*.

Goffmann E. (1959). *The presentation of self in everyday life*. New York: Doubleday.

Goldman A.I., Kim J. (1978) editors. *Values and morals: Essays in honor of William Frankena, Charles Stevenson, and Richard Brandt*. Boston MA: Reidel.

Goldsmith R.E. (1983). Psychographics and new product adoption: An exploratory study. *Perceptual and Motor Skills*, 57(3, Pt 2), 1071-1076.

Gonzalez Carrasco A-M. (2004). Consumo de alcohol y estilos de vida: Una tipologia de los adolescentes espanoles. *Revista de Psicologia Social*, 19(1), 51-79.

Good L.K., Huddleston P. (1995). Ethnocentrism and the Eastern European consumer: Are feelings and intentions related? *International Marketing Review*, 12(15), 35– 48.

Goodman D., Cohen M., Vasan M. (2003) editors. *Consumer culture: A reference handbook*. Santa Barbara CA: Abc-Clio.

Gordon J. (2004). *Pfeiffer's classic inventories, questionnaires, and surveys for training and development*. San Francisco: Wiley.

Gordon L.V. (1960). *Survey of interpersonal values*. Chicago: Science Research Associates.

Gordon L.V. (1967). *Survey of personal values*. Chicago: Science Research Associates.

Gordon L.V. (1975). *The measurement of interpersonal values*. Chicago: Science Research Associates.

Gorlow L., Noll G.A. (1967). A study of empirically derived values. *Journal of Social Psychology*, 73, 261-269.

Gorsuch R.L. (1988). Psychology of religion. *Annual Review of Psychology*, 39, 201-221.

Gorsuch R.L., Ortberg J. (1983). Moral obligation and attitudes: Their relation to behavioral intentions. *Journal of Personality and Social Psychology*, 44, 1025–1028.

Gould T. (2000). *The lifestyle: A look at the erotic rites of swingers*. Buffalo NY: Firefly Books.

Grace G.L., Grace H.A. (1952). The relationship between verbal and behavioral measures of value. *Educational Research*, 46, 123-131.

Graeber D. (2001). *Toward an anthropological theory of value: The false coin of our own dreams*. New Tork: Palgrave Macmillan.

Grasso G. (1954). *Gioventù di metà secolo*. Roma: Ave.

Grasso G. (1964). *Personalità giovanile in transizione, dal familismo al personalismo. Ricerca psicosociologica su giovani emigrati*. Zurich: Pas Verlag.

Grasso G. (1974). *Gioventù e innovazione: Ricerca psicologico-sociale sulla condizione giovanile di transizionalità culturale*. Roma: Ave.

Graumann C.F., Willig R. (1983). Wert, Wertung, Werthaltung. In: Thomae H., editor. *Enzyklopaedie der Psychologie, Themenbeich C, Serie IV, 1: Theorien und Formen der Motivation*. Gottingen: Hogrefe, 312–396.

Green L., Haymes M. (1973). Value orientation and psychological adjustment at various levels of marijuana use. *Journal of Youth and Adolescence*. 2, 213–231.

Green R.T., Cunningham I.C.M. (1975). Feminine role perception and family purchasing decisions. *Journal of Marketing Research*, 12, 325–332.

Green S.T., Goldberg D.J., Christie P.R., Frischer M. et Al (1993). Female streetworker-prostitutes in Glasgow: A descriptive study of their lifestyle. *AIDS Care*, 5(3), 321-335.

Greenberg M.G., Frank R.E. (1983). Leisure lifestyles: Segmentation by interests, needs, demographics, and television viewing. *American Behavioral Scientist*. 26(4), 439-459.

Greene J.D. (2005). Cognitive neuroscience and the structure of the moral mind. In: Carruthers P., Laurence S., Stich S., editors. *The innate mind: Structure and contents*. New York: Oxford University Press.

Greene J.D.. Haidt J. (2002). How (and where) does moral judgment work? *Trends in Cognitive Sciences*, 6, 517-523.

Gregersen N.P., Berg H.Y. (1994). Lifestyle and accidents among young drivers. *Accident Analysis and Prevention*, 26(3), 297-303.

Gregor A.S. (1978). *Life styles: An introduction to cultural anthropology*. New York: Scribner's.

Griffin J. (1996). *Value judgement: Improving our ethical beliefs*. Oxford MA: Clarendon Press.

Griffiths P.E. (1997). *What emotions really are: The problem of psychological categories*. Chicago IL: University of Chicago Press.

Gronroos C. (1997). Value-driven relational marketing: from products to resources and competencies. *Journal of Marketing Management*, 13, 407-419.

Gross M.L. (1996). Moral reasoning and ideological affiliation: A cross-national study. *Political Psychology*, 17, 317-338.

Gruenberg B. (1983). The social location of leisure styles. *American Behavioral Scientist*, 26(4), 493-508.

Grunert K.G., Bruns K., Bisp S. (1997). Food-related lifestyle: Development of a cross-culturally valid instrument for market surveillance. In L. Kahle L., Chiagouris L., editors. *Values, lifestyles, and psychographics*. Mahwah NJ: Lawrence Erlbaum, 337-354.

Grusec J.E., Kuczynski L. (1997) editors. *Handbook of parenting and the transmission of values*. New York: Wiley.

Gubert R. (1997) a cura. *Specificità culturale di una regione alpina nel contesto europeo: Indagine sociologica sui valori dei trentini*. Milano: FrancoAngeli.

Gubert R. (2000) a cura. *La via italiana alla postmodernità: Verso una nuova architettura dei valori*. Milano: FrancoAngeli.

Gubert R. (2004) a cura. *Valori e appartenenze sociali: Per una valutazione delle nuove territorialità*. Milano: FrancoAngeli.

Gubert R., Pollini G. (2006) a cura. *Valori a confronto: Italia ed Europa*. Milano: FrancoAngeli.

Guidorossi G. (1998) a cura. *Nuovi attori per un pianeta verde: La questione ambientale nelle opinioni dei cittadini di 19 paesi*. Milano: FrancoAngeli.

Gulotta G. et Al (1995). *La scienza della vita quotidiana*. Milano: Giuffrè.

Gundelach P. (1994). National Value Differences: Modernization of Institutionalization? *International Journal of Comparative Sociology*, 34(1-2), 37–58.

Gunter B., Furnham A. (1992). *Consumer profiles: An introduction to psychographics, consumer research and policy*. London: Routledge.

Gürhan-Canli Z., Maheswaran D. (2000). Cultural variations in country-of-origin effects. *Journal of Marketing Research*, 37, 309–317.

Gutman J., Mills M.K. (!982). Fashion lifestyle, self concept, shopping orientation and store patronage: An integrative analysis. *Journal of Retailing*, 58, 64-86.

Hackett L.C. (1990). A lifestyle and demographic analysis of men's and women's basketball season ticket holders at the University of Iowa. *Dissertation Abstracts International*, 50(9-A), 2983.

Haggai (2006). *How to win over worry*. Irvine CA: Harvest House.

Haidt J. (2001). The emotional dog and its rational tail: A social intuitionist approach to moral judgment. *Psychological Review*, 108, 814-834.

Hakim C. (2002). Lifestyle preferences as determinants of women's differentiated labor market careers. *Work and Occupations*, 29(4), 428-459.

Hall B.P., Tonna B., Harari O., Ledig B.D., Tondow M. (1986). *Inventory of Values*. New York: Paulist Press.

Hall E. (1952). *What is value: An essay in philosophical analysis*. London: Routledge and Kegan Paul.

Haller M. (2002). Theory and method in the comparative study of values: Critique and alternative to Inglehart. *European Sociological Review*, 18(2), 139-158.

Halman L., Luijkx R., Zundert M. van (2005). *Atlas of European values*. Leiden: Brill.

Halman L., Nevitte N. (1996). *Political value change in western democracies*. Tilburg: Tilburg University Press.

Hamilton-Smith E. (1989) *Life styles: Patterns and trends*. Paper to the University of

Melbourne Household Research Unit 1989 Summer School; Melbourne: Phillip Institute of Technology.

Hampden-Turner C., Trompenaars F. (2000). *Building cross-cultural competence: How to create wealth from conflicting values*. New Haven & London: Yale University Press.

Han C.M. (1988). The role of consumer patriotism in the choice of domestic versus foreign products. *Journal of Advertising Research*, 28(3), 25–32.

Han W.S. (1969). The conflicting themes: Common values versus class differential values. *American Sociological Review*, 34(5), 679-690.

Handy R. (1969). *Value theory and the behavioural sciences*. Springfield IU.: Thomas.

Handy R. (1970). *The measurement of values: Behavioural science and philosophical approaches*. St Louis MO: Warren Green.

Hann, N. (1982). Can research on morality be scientific? *American Psychologist*, 37, 1096-1104.

Hansal S.(2001). *Advertising and marketing strategies: A lifestyle approach*. Washington DC: New Century Publications.

Hansen J.C. (1982) editor. *Values, ethics, legalities and the family therapist*. Rockville MD: Aspen.

Harding B., Phillips D., Fogarty M. (1986). *Contrasting values in Western Europe: Unity, diversity and change*. London: Macmillan.

Hare R.M. (1952). *The language of morals*. Oxford: Oxford University Press.

Harman G. (1999). Moral philosophy meets social psychology: Virtue ethics and the fundamental attribution error. *Proceedings of the Aristotelian Society*, 99, 315-331.

Harner C.J., Heal L.W. (1993). The Multifaceted Lifestyle Satisfaction Scale (MLSS): Psychometric properties of an interview schedule for assessing personal satisfaction of adults with limited intelligence. *Research in Developmental Disabilities*, 14(3), 221-236.

Harrison T. (1999). Predicting segment membership of financial services consumers (Part 2). *Journal of Segmentation in Marketing*, 3(2), 79-104.

Hart D., Burock D., London B., Atkins R. (2003). Prosocial tendencies, antisocial behavior, and moral development. In: Slater A., Bremner G., editors. *An introduction to developmental psychology*. Malden MA: Blackwell, 334-356.

Hart H. (1923). *A test of social attitudes and interests*. University of Iowa Study in Child Welfare, II, n.4.

Hart H. (1945). A reliable scale of value judgments. *American Sociological Review*, 10, 473-481.

Hartman R.S. (1967). *The structure of value: Foundations of scientific axiology*. Carbondale and Edwardsville IL: Southern Illinois University Press.

Hartman R.S. (1973). *The Hartman Value Profile (HVP): Manual of interpretation*. Muskegon MI: Research Concepts.

Hartmann N. (1926). *Ethik*. Berlin-Leipzig: De Gruyter [Edizione italiana, *Etica, Assiologia dei costumi*. Napoli: Guida, 1970].

Harwood J. (1999). Age identification, social identity gratifications, and television viewing. *Journal of Broadcasting and Electronic Media*, 43, 123-136.

Hatch E. (1983). *Culture and morality: The relativity of values in anthropology*. New York: columbia University Press.

Hauser M.D. (2006). *Moral minds: How nature designed our sense of right and wrong*. New York: Ecco Press.

Havasy J.B. (1986). Male fashion innovators: Sex-role type and lifestyle characteristics. *Dissertation Abstracts International*, 46(9-B), 3025-3026.

Havighurst R.J., De Vries A. (1969). Life styles and free time activities of retired men. *Human Development*, 12, 34-54.

Havighurst R.J., Feigenbaum K. (1959). Leisure and life style. *American Journal of*

*Sociology*, 64(Jan), 396-405.

Hawes D.K. (1977). Psychographics are meaningful: Not merely interesting. *Journal of Travel Research*, 15(Spring), 1-7.

Hawkins D.I, Best R.J., Coney K.A. (1989). Lifestyle. In: *Consumer behavior: Implications for market strategy. 4th edition*. Homewood IL: BPI/Irwin, 392-431.

Hayashi C., Suzuki T., Hayashi F. (1984). Comparative study of lifestyle and quality of life: Japan and France. *Behaviormetrika*, 15, 1-17.

Hayes E.C. (1913). Social values. *The American Journal fo Sociology*, 18(4), 470-508.

Hazlett-Stevens H. (2005). *Women who worry too much: How to stop worry and anxiety from ruining relationships, work, and fun*. New York: Three Rivers Press.

Heath R.P. (1996). The frontiers of psychographics. *American Demographics*, 18(7), 38-44.

Heaven P.C.L. (1993). Human values and personality dimensions: A test of the social values inventory. *Personality and Individual Differences*, 15(3), 307-312.

Heaven P.C.L. (1993). Human values and personality dimensions: A test of the social values inventory. *Personality and Individual Differences*, 15(3), 307-312.

Hebdige D. (1979). *Subculture: The meaning of style*. London: Methuen.

Hechter M., Nadel L., Michod R.E. (1993) editors. *The origin of values*. New York: Aldine de Gruyter.

Hechter, M. (1993). Values research in the social and behavioral sciences. In: Hechter M., Nadel L., Michod R.E., editors. *The origin of values*. New York: Aldine de Gruyter, 1-28.

Heeler R.M., Ray M.L. (1972). Measure validation in marketing. *Journal of Marketing Research*, 9(4), 361-370.

Helkama K., Uutela A., Pohjanheimo E., Salminen S., Koponen A., Rantanen-Vantsi L. (2003). Moral reasoning and values in medical school: a longitudinal study in Finland. *Scandinavian Journal of Educational Research*, 47(4), 399-411.

Hellevik O. (1994). Measuring cultural orientation: Rating versus ranking, *International Journal of Public Opinion Research*, 6, 292–295.

Helm B. (2001). *Emotional reason: Deliberation, motivation and the nature of value*. Cambridge MA: Cambridge University Press.

Helwig C.C., Turiel E., Nucci L.P. (1996). The virtues and vices of moral development theorists. *Developmental Review*, 16, 69-107

Hendee J.C, Gale R.P., Catton W.R. (1971). A typology of outdoor recreation activity preferences. *Journal of Environmental Education*, 3(1), 28-34.

Hendricks H., Phillips B. (1997). *Values, virtues*. Sisters OR: Multnomah.

Heng T.K., Leu M., Beng C.S. (1998). *Values and lifestyles of young Singaporeans*. Singapore: Prentice Hall.

Hennessy T.C. (1976). *Values and moral development*. New York; Paulist Press.

Hennig K.H., Walker L.J. (2003). Moral reasoning and development. In: O'Donahue W.T., Ferguson K.E., editors. *Handbook of professional ethics for psychologists*. Thousand Oaks CA: Sage, 47-63.

Hennon C.B., Hildenbrand B. (2005). Modernising to remain traditional: Farm families maintaining a valued lifestyle. *Journal of Comparative Family Studies*, 36(3), 505-520.

Henry R. (1983). *The psychodynamic foundations of morality*. New York: Karger.

Henry W.A. (1976). Cultural values do correlate with consumer behavior. *Journal of Marketing Research*, 13, 121-127.

Hentschel U., Bekker F.J. (2004). Defense mechanisms, life style, and hypertension. In: Hentschel U. et Al, editors. *Defense mechanisms: Theoretical, research and clinical perspectives. Advances in psychology, 136*. Oxford England: Elsevier Science, 537-555.

Herche J. (1994). *Measuring Social Values: A Multi-Item Adaptation to the List of Values*.

Cambridge MA: Marketing Science Institute, Report No. 94-101.

Herringer L.G. (1998). Relating values and personality traits. *Psychological Reports*, 83, 953–954.

Hill P.C., Hood R.W. (1999). *Measures of religiosity*. Birmingham AL: Religious Education Press.

Hilsenroth M.J., Segal D.L., Hersen M. (2003), editors. *Comprehensive handbook of psychological assessment: Volume 2, Personality assessment*. New York: Wiley.

Himmelfarb G. (1995). *The de-moralization of society: from Victorian virtues to modern values*. New York: Knopf.

Hinerman S.D. (1978). An interpretive journey on the interaction of mass media, music, and lifestyle: Living the rock'n'roll life. *Dissertation Abstracts International*, 39(4-A), 1907.

Hinrichs J.R. (1970). Psychology of men at work. *Annual Review of Psychology*, 21, 519-554.

Hinz A., Albani C., Giessler A., Brahler E. (2002). Welche Werte sind den Deutschen etwas wert? Ergebnisse einer reprasentativen Umfrage (Which values matter to Germans? Results of a representative survey). *Psychosozial*, 25, 21-30.

Hirsch P.M. (1976). The meaning of life-style: Sociological and marketing perspectives. In: Anderson B.B., editor. *Advances in Consumer Research III*. Chicago: Association for Consumer Research, 499-500.

Hitlin S. (2003). Values as the core of personal identity: Drawing links between two theories of self. *Social Psychology Quarterly*, 66(2), 118-137.

Hitlin S., Piliavin J.A. (2004). Values: Reviving a dormant concept. *Annual Review of Sociology*. 30, 359-393.

Hochschild, A. (1997) *The time bind: When work becomes home and home becomes work*. New York: Holt.

Hoek A.C., Luning P.A., Stafleu A., De Graaf C. (2004). Food-related lifestyle and health attitudes of Dutch vegetarians, non-vegetarian consumers of meat substitutes, and meat consumers. *Appetite*. 42(3), 265-272.

Hoffman M.L. (1970). Moral development. In: Mussen P.H., editor. *Carmichael's manual of child development*. New York: Wiley, Vol. 2, 261–359.

Hoffman M.L. (2000). *Empathy and moral development: Implications for caring and justice*. Cambridge MA: Cambridge University Press.

Hofstede G. (1980). *Culture's consequences: Comparing values, behaviours, institutions and organizations across nations*. Thousand Oaks CA: Sage.

Hofstede G. (1991). *Cultures and organizations: Software of mind*. London: McGraw Hill.

Hofstede G. (2001). *Culture's consequences: Comparing values, behaviours, institutions and organizations across nations. 2nd edition*. Thousand Oaks CA: Sage.

Hofstede G., Bond, M. (1984). Hofstede's Culture Dimensions: An Independent validation using Rokeach's Value Survey (1984). *Journal of Cross-Cultural Psychology*, 5(4), 417-433.

Hofstede G., McCrae R.R. (2004). Personality and culture revisited: Linking traits and dimensions of culture. *Cross-Cultural Research*, 38(1), 52-89.

Hogan H., Hogan R. (1996). *Motives Values Preferences Inventory*. Tulsa OK: Hogan Assessment Systems.

Hogan R. (1972). Review of the study of values. In: Buros O.K., editor. *The seventh mental measurements yearbook*. Highland Park NJ: Gryphon Press, 355–356.

Hogan R. (1975). Moral development and personality. In: De Palma D., Foley J., editors. *Moral development: Current theory and research*. Hillsdale NJ: Erlbaum.

Hogan R., Johnson J.A., Emler N.P. (1978). A socioanalytic theory of moral development. In: Damon W., editor. *New directions for child development. Vol. 2: Moral development*. San Francisco: Jossey-Bass, 1-18.

Hogan-Finlay M.T. (1996). Development of the cross-gender lifestyle and comparison of cross-gendered men with heterosexual controls. *Dissertation Abstracts International*, 57(6-B), 4075.

Hoge D.R., Hoge J.L., Wittenberg J. (1987). The return of the Fifties: Trends in college students' values between 1952 and 1984. *Sociological Forum*, 2(3), 500-519.

Holbrook M.B. (1994). The nature of customer value: An axiology of services in the consumption experience. In: Rust R.T., Oliver R.L., editors. *Service quality: New directions in theory and practice*. London: Sage, 21-71.

Holbrook M.B. (1999) editor. *Consumer value: A framework for analysis and research*. New York: Routledge.

Holbrook M.B., Corfman K.P. (1985). Quality and value in the consumption experience: Phaedrus rides again. In: Jacoby J., Olsen J., editors. *Perceived quality*. Lexington MA: Lexington Books, 31-57.

Hollis J.F., Connor W.E., Matarazzo J.D. (1982). Lifestyle, behavioral health, and heart disease. In: Gatchel R.J., Baum A. et Al, editors. *Handbook of psychology and health, Vol. 1: Clinical psychology and behavioral medicine: Overlapping disciplines*. Hillsdale NJ, England: Lawrence Erlbaum, 465-502.

Holman R. (1984). A values and life styles perspective on human behavior. In: Pitts R.E., Woodside A.G. (1984) editors. *Personal values and consumer psychology*. Lexington MA: Lexington Books.

Holmes J., Lindley R. (1989). *The values of psychotherapy*. Oxford MA: Oxford University Press.

Holt D.B. (1997). Poststructuralist lifestyle analysis: Conceptualising the social patterning of consumption in postmodernity. *Journal of Consumer Research*, 23(4), 326-350.

Holt D.B. (2004). *How brands become icons: The principles of cultural branding*. Cambridge MA: Harvard Business School.

Homer P.M., Kahle L.R. (1988). A structural equation analysis of the value-attitude-behavior hierarchy. *Journal of Personality and Social Psychology*, 54, 683-686.

Honkanen P., Olsen S.O., Myrland O. (2004). Preference-based segmentation: A study of meal preferences among Norwegian teenagers. *Journal of Consumer Behaviour*, 3(3), 235-250.

Horan J.J. (2004). Motivational styles in everyday life: A guide to reversal theory. *Journal of Cognitive Psychotherapy*. 18(4), 373-375.

Horkheimer M., Fromm E., Marcuse H. et Al (1936). *Studien über Autorität und Familie: Forschungsberichte aus dem Institut für Sozialforschung*. Paris: Alcan.

Horley J. (1991). Values and beliefs as personal constructs. *International Journal of Personal Construct Psychology*, 4, 1–14.

Horley J. (1992). A longitudinal examination of lifestyles. *Social Indicators Research*. 26(3), 205-219.

Horley J. (2000). Value assessment and everyday activities. *Journal of Constructivist Psychology*, 13, 67–73,

Horley J., Carroll B., Little B.R. (1988). A typology of lifestyles. *Social Indicators Research*. 20(4), 383-398.

Hornik J., Schlinger M.J. (1981). Allocation of time to the mass media. *Journal of Consumer Research*, 7(March), 343-355.

Horowitz D. (2004). *Anxieties of affluence: Critiques of american consumer culture, 1939-1979*. Amherst MA: University of Massachusetts Press.

Hourani L.L., Yuan H., Bray R.M. (2004). Psychosocial and lifestyle correlates of premenstrual symptoms among military women. *Journal of Women's Health*, 13(7), 812-821.

Howe E.S. (1988). Dimensional structure of judgments of crimes. *Journal of Applied Social Psychology*, 18(16,pt2), 1371-1393.

Huber J., Lynch J., Corfman K., Feldman J., Holbrook M.B., Lehmann D., Munier B.,

Schkade D., Simonson I. (1997). Thinking about values in prospect and retrospect: Maximising experienced utility. *Marketing Letters*, 8(3), 323-334.

Huddleston P.H., Ford I.M., Bickle M.C. (1993). Demographic and lifestyle characteristics as predictors of fashion opinion leadership among mature consumers. *Clothing and Textiles Research Journal*, 11(4), 26-31.

Hughes M., Peterson R.A. (1983). Isolating cultural choice patterns in the US population. *American Behavioral Scientist*, 26, 459-478.

Hui C.H. (1988). Measurement of individualism-collectivism. *Journal of Research in Personality*, 22, 17-36.

Hui C.H., Triandis H.C. (1986). Individualism-collectivism: A study of cross-cultural researchers. *Journal of Cross-Cultural Psychology*, 17(2), 225-248.

Hui C.H., Yee C. (1994). The shortened Individualism-Collectivism Scale: Its relationship to demographic and work-related variables. *Journal of Research in Personality*, 28(4), 409-424.

Hulshof K.F., Wedel M., Lowik M.R., Kok F.J. et Al (1993). Clustering of dietary variables and other lifestyle factors (Dutch Nutritional Surveillance System). *Journal of Epidemiology and Community Health*, 46(4), 417-424.

Hume D. (1777, posthumous). *Enquiries concerning human understanding and concerning the principles of morals*. London.

Humprey C., Hugh-Jones S. (1992). *Barter, exchange and value: An anthropological approach*. Cambridge MA: Cambridge University Press.

Hundert E.M. (1997). *Lessons from an optical illusion: On nature and nurture, knowledge and values*. Cambridge MA: Harvard University Press

Hutcheon P.D. (1972). Value theory. *British Journal of Sociology*, 23, 172-187.

Huurre T., Aro H., Rahkonen O., Komulainen E. (2006). Health, lifestyle, family and school factors in adolescence: Predicting adult educational level. *Educational Research*, 48(1), 41-53.

Huxley T. (1893). *Evolution and ethics: The second Romanes lecture*. London: Macmillan.

Hyman H.H. (1953). The value sistems of different classes: A social psychological contribution to the analysis of stratification. In: Bendix R., Lipset S.M., editors. *Class, status and power: A reader in social stratification*. New York: Free Press, 426-442.

Hyman H.H., Wright C. (1979). *Education's lasting effect on values*. Chicago: University of Chicago Press.

Illes J. (2006) editor. *Neuroethics*. Oxford: Oxford University Press.

Imbert G., Jiddou K., Kumar S., Murillo A., Zhao P. (2002). *Analysis of Russian Values*. Detroit MI: Wayne State University.

Inglehart R. (1971). The silent revolution in Europe: Intergenerational change in post-industrial societies. *American Political Science Review*, 65(4), 991-1017.

Inglehart R. (1977). *The silent revolution: Changing values and political styles among western publics*. Princeton NJ: Princeton University Press.

Inglehart R. (1997). *Modernization and postmodernization: Cultural, economic, and political change in 43 societies*. Princeton NJ: Princeton University Press [Edizione italiana: *La societa postmoderna: Mutamento, valori e ideologie in 43 paesi*; Roma: Editori Riuniti, 1998].

Inglehart R. (1999) editor. *World Values Surveys and European Values Surveys 1981-1984, 1990-1993 and 1995-1997: Cumulative file for the first three waves. Technical Report from the Institute for Social Research*. Ann Arbor MI: University of Michigan.

Inglehart R. (2003). *Human values and social change: Findings from the values surveys*. Leiden, Netherlands: Brill.

Inglehart R., Baker W.E. (2000). Modernization, cultural change and the persistence of traditional values. *American Sociological Review* 65(1), 19–51.

Inglehart R., Basanez M., Diez-Medrano J., Halman L., Luijkx R. (2004) editors. *Human values and beliefs: A cross-cultural sourcebook*. Delegacion Coyoacan, Mexico City: Siglo Veintiuno.

Inglehart R., Basanez M., Moreno A. (1998). *Human values and beliefs: A cross-cultural sourcebook. Political, religious, sexual, and economic norms in 43 societies: findings from the 1990-1993 world value survey*. Ann Arbor MI: University of Michigan Press.

Inglehart R., Welzel C. (2005) editors. *Modernization, cultural change and democracy: The human development sequence*. Cambridge MA: Cambridge University Press.

Inkeles A., Sasaki M. (1996) editors. *Comparing nations and cultures: Readings in a cross-disciplinary perspective*. Englewood Cliffs NJ: Prentice Hall.

Inkeles A., Smith D.H. (1974). *Becoming modern*. Cambridge MA: Harvard University Press.

Inoguchi T., Basáñez M., Tanaka A., Dadabaev T. (2005) editors. *Values and life styles in urban Asia: A cross-cultural analysis and sourcebook based on the AsiaBarometer survey of 2003*. Mexico City: Siglo XXI.

ISPES (1991). *L'età del disagio: Indagine sulla condizione giovanile in Italia*. Milano: Vallecchi.

Jabs J., Sobal J., Devine C.M. (2000). Managing vegetarianism: Identities, norms and interactions. *Ecology of Food and Nutrition*, 39, 375-394.

Jackson R.W., McDaniel S.W., Rao C.P. (1985). Food shopping and preparation: Psychographic differences of working wives and housewives. *Journal of Consumer Research*, 12, 110–113.

Jacoby J. (1976). Consumer Psychology: An octennium. *Annual Review of Psychology*, 27, 331-358.

Jacoby J., Johar G.V., Morrin M. (1998). Consumer behavior: A quadrennium. *Annual Review of Psychology*. 49, 319-344.

Jaffe L.J., Berger P.D. (1988). Impact on purchase intent of sex-role identity and product positioning. *Psychology and Marketing*, 5, 259–271.

James E.L., Eroglu S. (1990). Ethnocentrism and consumer evaluations of foreign made automobiles. *Werbeforschung and Praxis*, 2, 41–46.

Jardine L. (1996). *Worldly goods: A new history of the Renaissance*. New York, Norton.

Jarymovicz M., Bar-Tal D. (2006).The dominance of fear over hope in the life of individuals and collectives. *European Journal of Social Psychology*, 36, 367–392.

Jason L.A., Reichler A., King C., Madsen D., Camacho J., Marchese W. (2001) The measurement of wisdom: A preliminary effort. *Journal of Community Psychology*, 29(5), 585-598.

Jasper C.R., Lan P-N.R. (1992). Apparel catalog patronage: Demographic, lifestyle and motivational factors. *Psychology and Marketing*, 9(4), 275-296.

Jensen J.P., Bergin A.E. (1988). Mental health values of professional therapists: A national interdisciplinary survey. *Professional Psychology: Research and Practice*, 19, 290–297.

Jessor R. (1956). Social values and psychotherapy. *Journal of Consulting Psychology*, 20(4), 264-266.

Joas H. (2000). *The genesis of values*. Cambridge UK: Polity.

Johns-Heine P., Gert H.H. (1949). Values in mass periodical fiction 1921-1940. *Public Opinion Quarterly*, 13(1), 105-113.

Johnson A.M., Wadsworth J., Elliott P., Prior L. et Al (1989). A pilot study of sexual lifestyle in a random sample of the population of Great Britain. *AIDS*, 3(3), 135-141.

Johnson M. (1993). *Moral imagination: Implications of cognitive science for ethics*. Chicago: University of Chicago Press.

Johnston C.S. (1997). The function and structural hierarchy of human values and value systems: Achievement vs affiliation, individualism vs collectivism and the yin and yang. *Dissertation Abstracts International*. 57(12-B), 7767.

Jonassen C.T. (1972). *Values and beliefs: A study of American and Norwegian college students*. Oslo: Universitetsforlaget.

Jonassen C.T. (1983). *Value systems and personality in a western civilization: Norwegians in Europe and America*. Columbus OH: Ohio State University press.

Jones L., Morris C. (1956). Relations of temperament to the choice of values. *Journal of Abnormal and Social Psychology*, 56, 346-349.

Jones R.A., Sensening J., Ashmore R.D. (1978). Systems of values and their multidimensional representations. *Multivariate Behavioral Research*, 13, 255-270.

Jorgensen J.A., Newlon B.J. (1988). Life-style themes of unwed, pregnant adolescents who chose to keep their babies. *Individual Psychology*, 44(4), 466-471.

Juttner U., WehrIi H.P. (1994). Relationship marketing from a value system perspective. *International Journal of Service Industry Management*, 5(5), 54-73.

Kagan J., Lamb, S. (1987) editors. *The emergence of morality in young children*. Chicago: University of Chicago Press.

Kagitcibasi, C. (1996). *Family and human development across cultures: A view from the other side*. Hillsdale NJ: Erlbaum.

Kahl J.A. (1957). *The American class structure*. New York: Rinehart.

Kahl J.A. (1965). Some measurement of achievement orientations. *American Journal of Sociology*, 70, 669-681.

Kahl J.A. (1968). *The measurement of modernity: A study of values in Brazil and Mexico*. Austin: University of Texas Press.

Kahle L.R. (1983). *Social values and social change: Adaptation to life in America*. New York: Praeger.

Kahle L.R. (1984). *Attitudes and social adaptation: A person-situation interaction approach*. Oxford UK: Pergamon Press.

Kahle L.R. (1986) The nine nations of North America and the value basis of geographic segmentation. *Journal of Marketing*. 50(April), 37-47.

Kahle L.R. (1995). Role-relaxed consumers: A trend of the nineties. *Journal of Advertising Research*, 35(2), 66–71.

Kahle L.R. (1996). Social values and consumer behavior: Research from the List of Values. In: Seligman C., Olson J.M. and Zanna M.P. (editors). *The psychology of values. The Ontario Symposium on Personality and Social Psychology Vol. 8*. Mahwah NJ: Erlbaum.

Kahle L.R. (2000) editor. *Cross-national consumer psychographics*. Binghamton: Haworth Hospitality Press.

Kahle L.R., Beatty, S.E, Homer, P.M. (1986). Alternative measurement approaches to consumer values: The List of Values (LOV) and Values and Life Styles (VALS). *Journal of Consumer Research*, 13, 405-409.

Kahle L.R., Chiagouris L. (1997) editors. *Values, lifestyles, and psychographics: Advertising and consumer psychology*. Mahwah NJ: Erlbaum.

Kahle L.R., Poulos B., Sukhdial A. (1988). Changes in social values in the United States during the past decade. *Journal of Advertising Research*, 28(1), 35-41.

Kalish R.A., Collier K.W. (1981). *Exploring human values: Psychological and philosophical considerations*. Monterey CA: Brooks Cole.

Kalish R.A., Johnson A.I. (1972). Value similarities and differences in three generations of women. *Journal of Marriage and the Family*, 34, 49-54.

Kamakura W.A., Mazzon J.A. (1991). Value segmentation: A model for the measurement of values and value systems. *Journal of Consumer Research*, 18, 208-218.

Kamakura W.A., Novak T.P. (1992). Value-system segmentation: Exploring the meaning of LOV. *Journal of Consumer Research*, 19, 119-132.

Kang M-J. (2002). Digital cable: Exploring factors associated with early adoption. *Journal of Media Economics*. 15(3), 193-207.

Kang S. (2005). College students' lifestyles in Korea and in the United States. *Dissertation Abstracts International*. 65(7-A), 2489.

Kaplan E.S. (1995). *Dr. Kaplan's lifestyles of the fit and famous: A wellness approach to thinning and winning*. Lancaster PA: Starburst.

Karns D.A., Khera J.P. (1983). Consumer attitudes and home-heating conservation behavior: A multiattribute longitudinal model. *Journal of Economic Psychology*, 4, 57-70.

Kassarjian H.H. (1971). Personality and consumer behavior: A review. *Journal of Marketing Research*, 8(4), 409-418.

Kasser T., Kanner A.D. (2003) editors. *Psychology and consumer culture: The struggle for a good life in a materialistic world*. Washington DC: American Psychological Association.

Kasser T., Ryan M.N. (1993). A dark side of the American dream: Correlates of finacial success as a central life aspiration. *Journal of Personality and Social Psychology*, 65(2). 410-422.

Katz E.D. (2000) editor. *Evolutionary origins of morality: Cross-disciplinary approaches*. Bowling Green OH: Imprint Academic.

Katz R. (1998) Divorced mothers evaluate their lifestyle: Personal attitudes and social perceptions. *Journal of Divorce and Remarriage*, 28(3-4), 121-137.

Katz S., Marshall B. (2003). New sex for old: Lifestyle, consumerism, and the ethics of aging well. *Journal of Aging Studies*. 17(1), 3-16.

Katz-Gerro T. (1999). Cultural consumption and social stratification: Leisure activities, musical tastes, and social location. *Sociological Perspectives*. 42(4), 627-646.

Kawale K. (1990). Leisure and lifestyle of prostitutes in India. In Filipcova B., Glyptis S., Tokarski W. (1990) editors. *Life styles.* Prague: Institute for Philosophy and Sociology, Czechoslovak Academy of Sciences, 242-255.

Kelly G.A. (1955). *The psychology of personal constructs*. New York: Northon.

Kelly J.R. (1983). Leisure styles: A hidden core. *Leisure Sciences*, 5(4), 321-338.

Kelly J.R. (1987). *Peoria Winter: Styles and resources in later life*. Boston: Lexington Books.

Kelly T.A. (1990). The role of values in psychotherapy: A critical review of process and outcome effects. *Clinical Psychology Review*, 10, 171–186.

Keltikangas-Jarvinen L. (1989). Moral judgments of aggressive and nonaggressive children. *Journal of Social Psychology*. 129(6), 733-739.

Kemper H.C.G. (1995) editor. *The Amsterdam Growth Study: A longitudinal analysis of health, fitness, and lifestyle*. HK sport science monograph series, Vol. 6; Champaign IL: Human Kinetics Publishers.

Kendler H.H. (1994). Can psychology reveal the ultimate values of humankind? *American Psychologist*, 49, 970–971.

Keng K.A., Yang C. (1992). *Values and lifestyles of Singaporeans: A marketing perspective*. Singapore: Singapore University Press.

Kennedy P.F., Best R.J., Kahle L.R. (1988). An alternative method for measuring value-based segmentation and advertising positioning. *Current Issues and Research in Advertising*, 11(1), 139-155.

Kern R.M., Curlette W.L. (2003) editors. *Views on lifestyle: Theory, application, and research. Journal of Individual Psychology*, Special Issue, 59, n.4.

Kilbourne M., Grunhagen M., Foley J. (2005). A cross-cultural examination of the relationship between materialism and individual values. *Journal of Economic Psychology*, 26, 624–641.

Killen M., Smetana J.G. (2006) editors. *Handbook of moral development*. Mahwah NJ: Erlbaum.

Kilmann, R. H. (1981). Toward a unique/useful concept of values for interpersonal behavior: A critical review of the literature on value. *Psychological Reports*, 48, 939–

959.

Kim B.S.K., Atkinson D.R., Yang P.H. (1999). The Asian Values Scale: Development, factor analysis, validation, and reliability. *Journal of Counseling Psychology*, 46(3), 342-352.

Kim H.C. (1977). The relationship of Protestant ethic beliefs and values to achievement. *Journal for the Scientific Study of Religion*, 16, 255-262.

Kim U., Triandis H.C., Kagitcibasi C., Choi S-C., Yoon G. (1994) editors. *Individualism and collectivism: Theory, method and application*. Newbury Park CA: Sage.

Kimlicka T.M., Cross H.J. (1978). A comparison of chronic versus casual marijuana users on personal values and behavioral orientations. *International Journal of the Addictions*. 13(7), 1145-1156.

Kinnear T.C., Taylor J.R. (1976). Psychographics: Some selected findings. *Journal of Marketing Research*, 13(Nov.), 422-425.

Kitwood T.M., Smithers A.G. (1974-75). Measurement of human values: An appraisal of the work of Milton Rokeach. *Educational Research*, 17, 175–179.

Klein M., Dulmer H., Ohr D., Quandt M., Rosar U. (2004). Response set in the measurement of values: A comparison of rating and ranking procedures. *International Journal of Public Opinion Research*, 16(4), 474-483.

Klemke L.W. (1992). *The sociology of shoplifting: Boosters and snitches today*. New York: Praeger.

Kline F.G. (1971). Media time budgeting as a function of demographics and life style. *Journalism Quarterly*, 48, 211-221.

Kluckhohn C.K.W. (1950). Dominant and substitute profiles of cultural orientations. *Social Forces*, 28, 376-393.

Kluckhohn C.K.W. (1951). Values and value orientation in the theory of action: An exploration in definition and classification. In: Parsons T., Shils E., editors. *Toward a general theory of action*. Cambridge MA: Harvard University Press, 388-433.

Kluckhohn C.K.W. (1956). Towards a comparison of value-emphases in different cultures. In: Whited L.D., editor. *The state of the social sciences*. New York: Harper Brothers, 116–132.

Kluckhohn C.K.W. (1958). The scientific study of values and contemporary civilization. *Proceedings of the American Philosophical Society*, 102, 469–476.

Kluckhohn C.K.W. (1959). The scientific study of values: In Three lectures. *University of Toronto Installation Lectures, 1958*. Toronto: University of Toronto Press, 25–54.

Kluckhohn F.R., Strodtbeck F.L. (1961). *Variations in values orientations*. Evanston IL: Row and Peterson.

Knafo A., Schwartz S.H. (2003). Identity formation and parent-child value congruence in adolescence. *British Journal of Developmental Psychology*, 22, 439-458.

Knobe J. (2005). Theory of mind and moral cognition: Exploring the connections. *Trends in Cognitive Sciences*, 9, 357-359.

Koertge N. (2005) editor. *Scientific values and civic virtues*. Cambridge MA: Oxford University Press.

Kohlberg L. (1973). Continuities in childhood and adult moral development revisited. In: Baltes P., Schaie W., editors. *Life-span developmental psychology, research and theory*. New York: Academic Press, 179-204.

Kohlberg L. (1976). Moral stages and moralization. In: Lickona T., editor. *Moral development and behavior*. New York: Holt, 31-53.

Kohlberg L. (1979). *The meaning and measurement of moral development*. Heinz Werner Memorial Lecture; Worcester: Clark University Press.

Kohlberg L. (1984). *The philosophy of moral development: The nature and validity of moral stages*. San Francisco: Harper and Row.

Kohlberg L., Kramer R. (1969). Continuities and discontinuities in childhood and adult moral development. *Human Development*, *12*, 93-120.

Köhler W. (1938). *The place of values in a world of facts*. New York: Livewright.

Kohn M.L. (1969). *Class and conformity: A study in values*. Homewood IL: Dorsey.

Kolb W.L. (1957). The changing prominence of values in modern sociological theory. In: Becker H.S., Boskoff A. efitors, *Modern social theory in continuity and change*. New York: Dryden, 93-132.

Kolnai A. (1978). *Ethics, value and reality*. Indianapolis: Hacket.

Kopelman R.E., Rovenpor J.L., Guanc M. (2003). The Study of Values: Construction of the fourth edition. *Journal of Vocational Behavior*, 62, 203–220.

Korman A.K., Greenhaus J.H., Badin I.J. (1977). Personnel attitudes and motivation. *Annual Review of Psychology*, 28, 175-196.

Kotler P., Lindstrom M. (2005). *Brand sense: Build powerful brands through touch, taste, smell, sight, and sound*. New York: Free Press.

Kozak M. (2002). Comparative analysis of tourist motivations by nationality and destinations. *Tourism Management*, 23(3), 221-232.

Krahé B. (1992). *Personality and social psychology: Towards a synthesis*. Newbury Park CA: Sage.

Krebs D.L. (2005). The evolution of morality. In: Buss D., editor. *Handbook of evolutionary psychology*. New York: Wiley, 747-771.

Kress G.J., Snyder J. (1994). *Forecasting and market analysis techniques: A practical approach*. Westport CT: Quorum.

Kristiansen C.M., Zanna M.P. (1994). The rhetorical use of values to justify social and intergroup attitudes. *Journal of Social Issues*, 30, 47-65.

Kropp F., Lavack A.M., Holden S.J.S. (1999). Smokers and beer drinkers: Values and consumer susceptibility to interpersonal influence. *Journal of Consumer Marketing*, 16(6), 1999, 53-55.

Kuhn M.H., McPartland R. (1954). An empirical investigation of self attitudes. *American Sociological Review*, 19, 68-76.

Kunzmann U., Stange A., Jordan J. (2005). Positive affectivity and lifestyle in adulthood: Do you do what you feel? *Personality and Social Psychology Bulletin*, 31(4), 574-588.

Kurtines W.M., Azmitia M., Gewirtz J.L. (1992) editors. *The role of values in psychology and human development*. New York: Wiley.

Kurtines W.M., Gewirtz J.L. (1984) editors. *Morality, moral behavior, and moral development*. New York, Wiley.

Kurtines W.M., Gewirtz J.L. (1995) editors. *Moral development: An introduction*. Boston: Allyn and Bacon.

Kushner R.F., Kushner N. (2004). *Dr. Kushner's Personality Type Diet*. New York: St. Martin's Griffin Press.

Kwak H., Zinkhan G.M., Roushanzamir E.P.L. (2004). Compulsive comorbidity and its psychological antecedents: a cross-cultural comparison between the US and South Korea. *Journal of Consumer Marketing*, 21(6), 418-434.

Kwang N.A., Ang R.P., Ooi L.B., Shin W.S., Oei T.P.S., Leng V. (2005). Do adaptors and innovators subscribe to opposing values? *Creativity Research Journal*. 17(2-3), 273-281.

La Barbera P. (1998). Matching the message to the mind: Advertising imagery and consumer processing styles. *Journal of Advertising Research*, 38, 29-42.

La Follette H. (1997-2002-2006) editor. *Ethics in Practice*. Oxford: Blackwell.

La Rosa M., Gosetti G., Castaldini V., Cozzi S., Grandi S., Roversi Monaco F. (2005). *Giovani, lavoro e società: valori e orientamenti tra continuità e discontinuità. Secondo rapporto sulla popolazione giovanile nella provincia di Bologna*. Milano: FrancoAngeli.

La Sala M.C. (2003). Out our way: Gay and lesbian life in the country. *Archives of Sexual Behavior*, 32(5), 485-487.

Lages L.F., Fernandes J.C. (2005). The SERPVAL scale: a multi-item instrument for measuring service personal values. *Journal of Business Research*, 58, 1562–1572.

Lai A.W. (1995). Consumer values, product benefits and customer value: A consumption behaviour approach. In: Kardes F.R., Sijan M., editors. *Advances in consumer research*. Duluth MN: Association for Consumer Research, 381-383.

Laird J. (1929). *The idea of value*. Cambridge: The University Press.

Lamont M. (1992). *Money, morals, and manners: The culture of the French and American upper-middle class*. Chicago: University of Chicago Press.

Lamont W.D. (1955). *The value judgment*. Edinburgh: Edinburgh University Press.

Lapsley D.K. (1984). Moral judgment, personality, and attitude to authority in early and late adolescents. *Journal of Youth and Adolescence*, 13, 527-542.

Lapsley D.K. (1996). *Moral psychology*. Boulder CO: Westview.

Lapsley D.K., Narvaez D. (2004) editors. *Morality, self, and identity: Essays in honor of Augusto Blasi*. Mahwah NJ: Erlbaum.

Lardner T., Lundberg T. (2000). *Exchanges: Reading and writing about consumer culture*. New York: Longman.

Laroche M., Kim C., Tomiuk M.A. (1998). Italian ethnic identity and its relative impact on the consumption of convenience and traditional foods. *Journal of Consumer Marketing*, 15(2), 121-151.

Larsson C.L., Klock K.S., Astrom A.N., Haugejorden O., Johansson G. (2002). Lifestyle-related characteristics of young low-meat consumers and omnivores in Sweden and Norway. Journal of Adolescent Health, 31(2), 190-198.

Lasch C. (1979). *The culture of Narcissism: American life in an age of diminising expectations*. New York: Norton, 1979

Lastovicka J.L. (1982). On the validation of lifestyle traits: A review and illustration. *Journal of Marketing Research*, 19, February, 126-138.

Lastovicka J.L., Bettencourt L.D., Hughner R.S., Kuntze R. (1999). Lifestyles of the tight and frugal: Theory and measurement. *Journal of Consumer Research*, 26(1), 85-98.

Lastovicka J.L., Joachimsthaler E.A. (1988). Improving the detection of personality-behavior relationships in consumer research. *Journal of Consumer Research*, 14, 583-587.

Lastovicka J.L., Murray J.P, Joachimsthaler E.A, Bhalla G., Scheurich J. (1987). A lifestyle typology to model young male drinking and driving. *Journal of Consumer Research*. 14(2), 257-263.

Lastovicka J.L., Murry J.P. Jr, Joachimsthaler E.A. (1990). Evaluating the measurement validity of lifestyle typologies with qualitative measures and multiplicative factoring. *Journal of Marketing Research*, 27, 11-23.

Lau S. (1989). Religious schema and values. *International Journal of Psychology*, 24, 137-156.

Laufer W.S., Day J.M. (1983) editors. *Personality theory, moral development, and criminal behavior*. Lexington MA: Heath.

Laurent G., Kapferer J.N. (1985). Measuring consumer involvement profiles. *Journal of Marketing Research*, 22, 41-53.

Lauterbach A. (1959). *Man, motives and money: Psychological frontiers of economics*. Westport Conn: Greenwood.

Lawrence J.A., Dodds A.E., Valsiner J. (2004). The many faces of everyday life: Some challenges to the psychology of cultural practice. *Culture and Psychology*, 10(4), 455-476.

Lawson R.W., Rummel A., Mueller-Heumann G., Fiegler B. (1989). *New Zealand into the 1990's: A study of consumer lifestyles*. Dunedin: University of Otago.

Lawson R.W., Thyne M.A., Young T., Juric B. (1999). A travel lifestyle analysis of New Zealanders. In: Pizam A., Mansfeld J., editors. *Consumer behaviour in travel and tourism*. Binghamton NY: Haworth Press, 449-480.

Lawson R.W., Todd S. (2002). Consumer lifestyles: A social stratification perspective. *Marketing Theory*, 2(3), 295-307.

Lazer W. (1963). Lifestyle concepts and marketing. In: Greyser S., editor. *Towards scientific marketing*. Chicago: American Marketing Association, 140-151.

Le Goff J., Revel J., Chartier R. (1978) directeurs. *La nouvelle histoire*. Paris: CEPL.

Leach J. (2002). Personality profiles of potential prisoners of war and evaders. *Military Psychology*, 14,(1), 73-81.

Leahy (2006). *The worry cure: Seven steps to stop worry from stopping you*. New York: Three Rivers Press.

Lears T.J.J. (1983). From salvation to self-realization: Advertising and the therapeutic roots of consumer culture, 1880-1930. In: Fox R.W., Lears T.J.J., editors. *The culture of consumption: Critical essays in American history 1880-1980*. New York: Pantheon, 1-38.

Lebergott S. (1993). *Pursuing happiness: American consumers in the Twentieth Century*. Princeton: Princeton University Press.

Lee E., Mathur A., Moschis G.P., Strautman J. (2000). *The maturing marketplace: Buying habits of baby boomers and their parents*. Westport CT: Quorum.

Lee M.J. (1993). *Consumer culture reborn: The cultural politics of consumption*. London: Routledge.

Lefebvre H. (1968). *La vie quotidienne dans le monde moderne*. Paris: Gallimard.

Lehman D.R., Chiu C-Y., Schaller M. (2004). Psychology and culture. *Annual Review of Psychology*, 55, 689-714.

Lekakos G., Giaglis G.M. (2004). A lifestyle-based approach for delivering personalized advertisements in digital interactive television. *Journal of Computer-Mediated Communication*, 9(2).

Lepley R. (1944). *Verifiability of value.* New York: Columbia University Press.

Lepley R. (1949) editor. *Value: A cooperative enquiry*. New York: Columbia University Press.

Lepley R. (1957) editor. *The language of value*. New York: Columbia University Press.

Lester P.E., Bishop L.K. (2001). *Handbook of tests and measurement in education and the social sciences. 2nd edition*. Lancaster PA: Technomic Publishing.

Leung L. (1998). Lifestyles and the use of new media technologies in urban China. *Telecommunications Policy*, 22 (9), 781-790.

Levitin T. (1973). Values. In: Robinson J.P., Shaver P.R., editors. *Measures of social psychological attitudes*. Ann Arbor MI: Institute for Social Research, 489-585.

Levitt T. (1981). Managing intangible products and product intangibles. *Harvard Business Review*, 59(3), 94-102.

Levy N. (2004). *What makes us moral? Crossing the boundaries of biology*. Oxford: Oneworld.

Levy S. (1986). *The structure of social values*. Jerusalem: Israel Institute of Applied Social Research.

Levy S., Guttman L. (1974). *Values and attitudes of Israeli high school youth*. Jerusalem: Israel Institute of Applied Social Research.

Levy S.J. (1963). Symbolism and life style. In: Greyser S., editor. *Towards scientific marketing*. Chicago: American Marketing Associaton, 140-150.

Lewis C.I. (1946). *An analysis of knowledge and valuation*. La Salle IL: Open Court.

Lewis C.I. (1969) edited by John Lange. *Values and imperatives: Studies in ethics*. Stanford CA: Stanford University Press.

Lewis H. (1990). *A question of values: Six ways we make the personal choices that shape our lives*. San Francisco CA: Harper and Row.

Lewis J. (1983). *The pursuit of happiness: Family and values in Jefferson's Virginia*. New York: Cambridge University Press.

Lichtenberg P.A., Swensen C.H., Skehan M.W. (1986). Further investigation of the role of personality, lifestyle and arthritic severity in predicting pain. *Journal of Psychosomatic Research*, 30(3), 327-337.

Lickona T. (1976) editor. *Moral development and behavior*. New York: Holt.

Lieberman M. (1998). *Commitment, value and moral realism*. Cambridge MA: Cambridge University Press.

Liechty M. (2002). *Suitably modern: Making middle-class culture in a new consumer society*. Princeton NJ: Princeton University Press.

Lifton P. (1985). Individual differences in moral development. *Journal of Personality*, 53, 306-334.

Lim J., Zalloco R., Ghingold M. (1997). Segmenting the Hispanic market based on ethnic origin and identity: An exploratory study. *Journal of Segmentation in Marketing*, 1(2), 17–39.

Lind G., Hartmann H.A., Wakenhut R.H. (1985) editors. *Moral development and the social environment*. Chicago: Precedent.

Lind G., Sandberger J.U., Bargel T. (1981-1982). Moral judgment, ego strength, and democratic orientations: Some theoretical contiguities and empirical findings. *Political Psychology*, 3(3), 70-110.

Lindridge, A. (2005). Religiosity and the construction of a cultural-consumption identity. *Journal of Consumer Marketing*, 22(3), 142-151.

Ling P.M., Glantz S.A. (2002). Using tobacco-industry marketing research to design more effective tobacco-control campaigns. *JAMA: Journal of the American Medical Association*, 287, 2983-2989.

Linton A., Broadbent S. (1975). International life style comparisons: An aid to marketers. *Advertising Quarterly*, 39(Summer), 15-18.

Lipset S.M., Bendix R. (1959). *Social mobility in industrial society*. Berkeley: University of California Press.

Lipten C.R. (1979). The single parent family as alternative lifestyle. *Dissertation Abstracts International*, 40(4-A), 2292.

Little B.R. (1983). Personal projects: A rationale and method for investigation. *Environment and Behavior*, 15, 273-309.

Little B.R. (1989). Personal projects analysis: Trivial pursuits, magnificent obsessions, and the search for coherence In: Buss D., Cantor N. editors. *Personality psychology: Recent trends and emerging directions*. New York: Springer, 15-31.

Liu J., Zhang S. (2003). A research on the classification of Chinese car consumers on the basis of lifestyle. *Psychological Science (China)*, 26(4), 755-756.

Livolsi M., Schizzerotto A., Porro R., Chiari G. (1974). *La macchina del vuoto: Il processo di socializzazione nella scuola elementare*. Bologna: Il Mulino.

Lo Presti C., Morrocchi C., Pezzini M., Centro Studi Cesare Terranova (1999). *Quali valori tra i giovani: Risultati di un'indagine tra gli studenti di Palermo*. Milano: FrancoAngeli.

Locke E.A. (1975). Personnel attitudes and motivation. *Annual Review of Psychology*, 26, 457-480.

Locke K.D. (2000). Circumplex Scales of Interpersonal Values: Reliability, validity, and applicability to interpersonal problems and personality disorders. *Journal of Personality Assessment*, 75(2), 249-267.

Loeb L.A. (1994). *Consuming angels: Advertising and Victorian women*. New York: Oxford University Press.

London M., Crandall R., Fizgibbons D. (1977). The psychological structure of leisure: activities, needs, people. *Journal of Leisure Research*. 9(4), 252-263.

Long J.D., Williams R.L., Gaynor P., Clark D. (1988). Relationships of locus of control to life style habits. *Journal of Clinical Psychology*. 44, 209-214.

Lopez S.J., Snyder C.R. (2003). *Positive psychological assessment: A handbook of models and measures*. Washington DC: American Psychological Association.

Lorr M., Suziedelis A., Tonesk X. (1973). The structure of values. *Journal of Research in Personality*, 7, 139-147.

Lovejoy A.O. (1950). Terminal and adjectival values. *Journal of Philosophy*, 47, 593-608.

Lovibond S., Wlliams S. (1994) editors. *Idenity, truth and value: Essays for David Wiggins*. Oxford: Blackwell.

Lowenthal M,. Thurner M., Chiriboga D. (1976). *Four Stages of Life*. San Francisco: Jossey Bass.

Lowyck E., Van Langenhove L., Bollaert L. (1992). Typologies of tourist roles. In: Johnson P., Thomas B., editors. *Choice and demand in tourism*. London: Mansell, 13-32.

Luckman T. (1978) editor. *Phenomenology and society*. London: Penguin.

Lueptow L.B. (1980). Social change and sex role change in adolescent orientations toward life, work and achievement. *Social Psychology Quarterly*, 43, 48-59.

Lumpkin J.R., Hawes J.M. (1985). Retailing without store: An examination of catalog shoppers. *Journal of Business Research*, 13, 2, 151.

Lumpkin, J. R. (1985), Shopping orientation segmentation of the elderly consumer. *Journal of the Academy of Marketing Science*, 13, 2, 272–289.

Lund F.H. (1925). The psychology of belief. *Journal of Abnormal and Social Psychology*. 20, 63-81; 174-195.

Lundberg G.A. (1950). *Human values: A research program. Proceedings of the Pacific Sociological Society*. Pullman WA: Research Studies of the Research College of Washingtom.

Lury C. (1996). *Consumer culture*. Cambridge: Polity Press.

Lutte G. (1969). *Adolescenti d'Europa: Modelli di comportamento e valori. Inchiesta realizzata con il contributo del Consiglio Nazionale delle Ricerche*. Torino: SEI.

Luttrell V.R. (2000). Development of the Higher Education Values Inventory (HEVI): Score reliability and factor structure. *Dissertation Abstracts International*, 61(2-B), 1103

Lutz D.W. (1996). *Rival traditions of character development: Classical moral philosophy and contemporary emprical science*. A paper prepared for presentation to the Joint Services Conference on Professional Ethics XVII. Washington, D.C. January 25-26, 1996

Maas H.S., Kuyper J.A. (1977). *From thirty to seventy*. San Francisco: Josey Bass.

MacCannell D. (1976) *The tourist: A new theory of the leisure Class*. London: Macmillan.

MacIntyre A. (1998). What can moral philosophers learn from the study of the brain? *Philosophy and Phenomenological Research*, 58(4), 865-869.

Mack H. (1972). *Life-styled marketing*. New York: American Management Association.

Mack R.W., Murphy R.J., Yellin S. (1956). The Protestant ethic, level of aspiration and social mobility: An empirical test. *American Sociological Review*, 21, 295-300.

Mackay H. (1997) editor. *Consumption and everyday life*. London: Sage.

Mackie F. (1985). *The status of everyday life: A sociological excavation of the prevailing framework of perception*. London: Routledge.

Mackie J.L. (1977). *Ethics: Inventing right and wrong*. New York: Penguin.

Mackie J.L. (1985). *Persons and Values: Selected Papers Volume II*. New York: Oxford University Press.

Macnab D., Fitzsimmons G., Casserly C. (1985). *Administrator's manual for the Life Roles Inventory Values and Salience*. Edmonton AB: PsiCan Consulting.

Macnab D., Fitzsimmons G., Casserly C. (1987). Development of the Life Roles Inventory-Values Scale. *Canadian Journal of Counseling*, 21(2-3), 86–98.

MacNair R. (1998). The psychology of becoming a vegetarian. *Vegetarian Nutrition*, 2, 96-102.

Madden M. (1979). *Library user/nonuser lifestyles*. Champaign IL: University of Illinois, Graduate School of Library Science.

Madhere S. (1993). The development and validation of the current life orientation scale. *Psychological Reports*, 72, 467–472.

Madrigal R., Kahle L.R. (1994). Predicting vacation activity preferences on the basis of value-system segmentation. *Journal of Travel Research*, 32(3), 22-28.

Maehr M.L., Nicholls J.G. (1980). Culture and achievement motivation. In: Warren N., editor. *Studies in cross-cultural psychology*. New York: Aceademic Press, 221-267.

Maffesoli M. (1979). *La conquete du présente: Pour une sociologie de la vie quotidienne*. Paris: Presses Universitaires de France.

Magill G., Hoff M.D. (1995). *Values and public life: An interdisciplinary study*. Lanham MD: University Press of America.

Maher E.A. (1924). Moral and social development of the six-year-old child. *Pedagogical Seminary*, 31, 268-275.

Maio G.R., Olson J.M. (1995). Relations between values, attitudes and behavioral intentions: The moderating role of attitude function. *Journal of Experimental Social Psychology*, 31, 266-285.

Maio G.R., Olson J.M. (1998). Values as truisms: evidence and implications. *Journal of Personality and Social Psychology*, 74(2), 294– 311.

Maio G.R., Olson J.M. (2000) editors. *Why we evaluate: Functions of attitudes*. Mahwah NJ: Erlbaum.

Maio G.R., Olson J.M., Bernard M.M., Luke M.A. (2003). Ideologies, values, attitudes, and behavior. In: Delamater J., editor. *Handbook of social psychology*. New York: Kluwer-Plenum, 283-308.

Makita T., Ida M. (2001). Highlights of value change in Japan. *International Journal of Public Opinion Research*, 13(4),426-432.

Malle B.F., Moses L.J., Baldwin D.A. (2001) editors. *Intentions and intentionality: Foundations of social cognition*. Cambridge, MA: MIT Press.

Maller J.B. (1937). *Character and personality tests: A descriptive bibliography of character and personality tests, including measures of attitudes, interest adjustment, appreciation, moral knowledge, behavior and rating scales*. New York: Teachers College, Columbia University.

Manz G. (1990). *Modes of living and lifestyles*. In: Filipcova B., Glyptis S., Tokarski W. (1990) editors. *Life styles*. Prague: Institute for Philosophy and Sociology, Czechoslovak Academy of Sciences, 143-155.

Manzur E.F. (1999). Charitable behavior and rationality: Individual contributions to public goods. the case of the Georgia public television. *Dissertation Abstracts International*. 60(5-A), 1668.

Marcus H.J., Ruvolo A. (1989). Possible selves: Personalized representations of goals. In: Pervin L.A., editor. *Goal concepts in personality and social psychology*. Hiillsdale NJ: Erlbaum, 211-241.

Marcuse H. (1964). *One dimensional man: Studies in the ideology of advanced industrial society*. Boston MA: Beacon.

Margolis J. (1971). *Values and conduct*. Oxford MA: Clarendon Press.

Marin G., Marin B., Sabogal R., Sabogal F., Stable E. (1989). The role of acculturation in the attitudes, norms, and expectancies of Hispanic smokers. *Journal of Cross-Cultural Psychology*, 20 (4), 399–415.

Marino R., Stuart G.W. (2005). The validity and reliability of the Tertiary Student Values Scale (TSVS). *Medical Education*, 39, 895-903.

Marino R., Stuart G.W., Minas H. (2000). Acculturation of values and behaviour: A study of Vietnamese immigrants. *Measurement and Evaluation in Counseling and Development*, 33, 21–41.

Marks G.R., Lutgendorf S.K. (1999). Perceived health competence and personality factors differentially predict health behaviors in older adults. *Journal of Aging and Health*, 11(2), 221-239.

Marradi A., Arculeo A. (1984). Rassegna dei sondaggi sui valori degli italiani. In: AA.VV., *La scienza politica in Italia: materiali per un bilancio*. Milano: FrancoAngeli, 291-332.

Marsden P.V., Reed J.S., Kennedy M.D., Stinson K.M. (1982). American regional cultures and differences in leisure time activities. *Social Forces*. 60, 1023-1049.

Marsh R.M. (1963). Values, demand and social mobility. *American Sociological Review*, 28(4), 565-575.

Marsh R.M. (1975). The "silent revolution". *American Political Science Review*. 69, 21-30.

Martin G.L., Osborne J.G. (1989). *Psychology, adjustment and everyday living*. Englewood Cliffs NJ: Prentice Hall.

Martin L.G. (1987). Life-style classifications of adult high school non-completers. *Adult Education Quarterly*, 38(1), 32-45.

Maslow A.H. (1943). A theory of human motivation. *Psychological Review*, 50, 370-396.

Maslow A.H. (1954). *Motivation and personality*. New York: Harper and Row.

Maslow A.H. (1959) editor. *New knowledge in human values*. New York: Harper and Row.

Maslow A.H. (1962). *Toward a psychology of being*. Englewood Cliffs NJ: Van Nostrand.

Maslow A.H. (1964). *Religions, values and peak experiences*. Columbus OH: Ohio State University Press.

Maslow A.H. (1965). *Eupsychian management: A journal*. Homewood IL: Irwing Dorsey.

Mason S. (1997). The self and contemporary theories of Ethics. In: Neisser U., Jopling D.A., editors. *The conceptual self in context: Culture, experience, self-understanding*. Cambridge MA: Cambridge University Press, 233-248.

Massimini F., Inghilleri P. (1986). *L'esperienza quotidiana: Teoria e metodo di analisi*. Milano: FrancoAngeli.

Matsumoto D., Weissman M.D., Preston K., Brown B.R., Kupperbusch C. (1997). Context-specific measurement of individualism-collectivism on the individual level: The Individualism-Collectivism Interpersonal Assessment Inventory. *Journal of Cross-Cultural Psychology*, 28(6), 743-767.

Matthews E., Tiederman D.V. (1964). Attitudes toward career and marriage and the development of life style in young women. *Journal of Counselling Psychology*, 11(4), 375-384.

Mauss M. (1923-1924). Essai sur le don: Forme et raison de l'échange dans les sociétés archaïques. *Année Sociologique*, 1, 30-186.

May L., Friedman M., Clark A. (1996) editors. *Mind and morals: Essays on cognitive science and ethics*. Cambridge MA: MIT Press.

Maybery D., Crase L., Gullifer C. (2005). Categorising farming values as economic, conservation and lifestyle. *Journal of Economic Psychology*. 26(1), 59-72.

Maznevski M.L., DiStefano J.J. (1995). *Measuring culture in international management: The Cultural Perspectives Questionnaire*. London, Ontario CA: The University of Western Ontario Working Paper Series, n.95-39.

McAdams D.P. (1996). Personality, modernity, and the storied life: A contemporary framework for studying persons. *Psychological Inquiry*, 7, 295–321.

McAlester Anderson B. Jr (1911). *Social Value: A study in economic theory, critical and constructive*. New York: Houghton Mifflin.

McCall S. (1976). Analytical projections of life style identification in consumer behavior. In: *American Marketing Association Proceedings*. Chicago: American Marketing Association, 354-359.

McCarty J.A., Shrum L.J. (1993). The role of personal values and demographics in predicting television viewing behavior: Implications for theory and application. *Journal of Advertising*, 22(4), 77-101.

McCleary K.W., Choi B.M. (1999). Personal values as a base for segmenting international markets. *Tourism Analysis*, 4(1), 1-17.

McCLelland D.C. (1961). *The achieving society*. New York: Free Press.

McClelland D.C. (1985). How motives, skills, and values determine what people do. *American Psychologist*, 40, 812–825.

McClelland D.C., Koestner R., Weinberger J. (1989). How do self-attributed and implicit motives differ? *Psychological Review*, 96, 690–702.

McClintock C.G. (1988). Evolution, systems of interdependence, and social values. *Behavioral Science*, 33, 59-75.

McCord W., Friedberg H.J., Harwood E. (1969). *Life styles in the black ghetto*. New York: Norton.

McCracken G. (1988). *Culture and Consumption: New approaches to the symbolic character of consumer goods and activities*. Bloomington IN: Indiana University Press.

McCready W.C., Greeley A.M. (1976). *The ultimate values of the American population*. Beverly Hills CA: Sage.

McDonald W.J. (1995), Home Shopping Channel customer segments: A cross-cultural perspective. *Journal of Direct Marketing*, 9, 4, 57–67.

McGrath M.C. (1923). *A study of the moral development of children*. Psychological Monographs, 32, n.144.

McIntyre R.P., Claxton R.P., Jones D.B. (1994). Empirical relationships between cognitive style and LOV: Implications for values and value systems. *Advances in Consumer Research*, 21, 141-146.

McKechnie G. (1974). The psychological structure of leisure: Past behavior. *Journal of Leisure Research*, 6, 27-45.

McLean F., Pegoraro O. (1989) editors. *The social context and values: Perspectives of the Americas*. Lanham: University Press of America.

McLean J.A., Barr S.I. (2003). Cognitive dietary restraint is associated with eating behaviors, lifestyle practices, personality characteristics and menstrual irregularity in college women. *Appetite*, 40(2), 185-192.

McNally D., Speak K. (2002). *Be your own brand: A breakthrough formula for standing out from the crowd*. San Francisco CA: Berrett-Koehler.

Mead G.H. (1934). *Mind, self and society*. Chicago IL: University of Chicago Press.

Meddin J. (1975). Attitudes, values and related concepts: A system of classification. *Social Science Quarterly*, 55, 889-900.

Mehan H., Wood H. (1975). *The reality of ethnomethodology*. New York: Wiley.

Mehrotra S., Wells W.D. (1977). Psychographics and consumer behavior: Theory and recent empirical findings. In: Woodside A.G. et al, editors. *Consumer and industrial buying behavior*. New York: North Holland-Elsevier, 49-65.

Meier L. (1988). *Jewish values in psychotherapy: Essays on vital issues on the search for meaning*. Lanham MD: University Press of America.

Mellor S., Andre J. (1980). Religious groups value patterns and motive orientations. *Journal of Psychology and Theology*, 8, 129-139.

Mendoza R. (1989). An empirical scale to measure type and degree of acculturation in Mexican-American adolescents and adults. *Journal of Cross-Cultural Psychology*, 20 (4),372–385.

Meroni V., Vecchia M. (1984). *Marketing e psicografia: Guida pratica all'applicazione delle tecniche psicografiche nella segmentazione di mercato e nella comunicazione pubblicitaria*. Milano: FrancoAngeli.

Merritt M. (2000). Virtue ethics and situationist personality psychology. *Ethical Theory and Moral Practice*, 3, 365- 83.

Mertens F., Wimmers M. (1987). Life-style of older people: Improvement or threat to their health? *Ageing and Society*, 7, 329-343.

Merton R.K. (1957). *Social theory and social structure*. Glencoe IL: Free Press.

Metcalf W.J. (1984). A classification of alternative lifestyle groups. *Australian and New*

*Zealand Journal of Sociology*, 20(1), 66-80.

Michaels P.W. (1972). Life style and magazine exposure. In: Becker B.W., Becker H., editors. *Dynamic marketing in a changing world, Conference proceedings*. Chicago: American Marketing Association, 324-331.

Michman R.D. (1991). *Lifestyle market segmentation*. London: Praeger.

Michman R.D., Mazze E.M., Greco A.J. (2003). *Lifestyle marketing: Reaching the new american consumer*. New York: Praeger.

Michod R., Nadel L. (1993) editors. *The origin of values*. New York: Aldine.

Mick D.G. (1996). Are studies of dark side variables confounded by socially desirable responding? The case of materialism. *Journal of Consumer Research*, 23, 106–119.

Micken K.S., Roberts S. D. (1999). Desperately seeking certainty: Narrowing the materialism construct. In: Arnould E., Scott L., editors. *Proceedings of the association for consumer research*. Chicago: University of. Chicago Press, 513–518.

Miedema S. (1989). Lifestyles of working class youth: Leisure and delinquency. In: Tomlinson A., editor. *Youth culture and the domain of leisure. Vol. 4 of 'Leisure, Labour and Lifestyles: International Comparisons', LSA Conference Papers*. Eastbourne: Leisure Studies Association, 1-19.

Miethe T.D. (1985). The validity and reliability of value measurements. *Journal of Psychology*, 119(5), 441-453.

Miles S. (2000). *Youth lifestyles in a changing world*. Buckingham: Open University Press.

Miller C. (2003). Social psychology and virtue ethics. *The Journal of Ethics*, 7(4), 365-92.

Miller D. (1987). *Material culture and mass consumption*. Oxford: Basil Blackwell.

Miller D. (1998) editor. *Material cultures: Why some things matter*. Chicago: University of Chicago Press.

Miller D.C. (1991). *Handbook of research design and social measurement. 5th edition*. Newbury Park CA: Sage.

Miller E. and the editors of Research alert (1992). *The Lifestyle odyssey: The facts behind the social, personal, and cultural changes touching each of our lives from the way we eat our cookies to our desire for a better world*. Naperville IL: Sourcebooks Trade.

Miller J.G. (1992). Culture and moral judgment: How are conflicts between justice and interpersonal responsibilities resolved. *Journal of Personality and Social Psychology*, 26, 541-554.

Miller P.J., Sjoberg G. (1973). Urban middle-class life styles in transition. *Journal of Applied Behavioural Sciences*, 9, 144-161.

Miller W.L., White S., Heywood P. (1998). *Values and political change in postcommunist Europe*. London: MacMillan.

Millon T., Lerner M.J., Weiner I.B. (2003) editors. *Handbook of psychology, Volume 5, Personality and social psychology*. New York: Wiley.

Miner J.B., Dachler P.H. (1973). Personnel attitudes and motivation. *Annual Review of Psychology*, 24, 379-402.

Mirels H.L., Garrett J.B. (1971). The Protestant ethic as a personality variable. *Journal of Consulting and Clinical Psychology*, 36, 40-44.

Mitchell A. (1981). *Proximities of the VALS types*. Menlo Park CA: SRI International.

Mitchell A. (1983). *The nine American lifestyles: Who we are and where we are going*. New York: Warner.

Mitchell A., MacNulty C. (1981). Changing values and life-styles. *Long Range Planning*, 14(2), 37-41.

Mitchell J.V. (1984). Personality correlates of life values. *Journal of Research in Personality*. Vol 18(1) Mar 1984, 1-14.

Mitchell V.W., Tate E. (1998). Do consumers' star signs influence what they buy?

*Marketing Intelligence and Planning*. 16(4), 249-259.

Mittal B., Sheth J.N. (2001). *ValueSpace. Winning the battle for market leadership: Lessons from the world's most admired companies*. New York: McGraw-Hill.

Moaddel M. (2006) editor. *Values and perceptions of the Islamic and Middle Eastern publics*. Houndmills UK: Palgrave Macmillan.

Moen, P. (2003). *It's about time: Couples and careers*. Ithaca NY: Cornell University Press.

Mogar R.E. (1964). Value orientation of college students. *Psychological Reports*, 15, 739-770.

Moller M. (2004). An explorative study of the relationship between lifestyle and driving behaviour among young drivers. *Accident Analysis and Prevention*, 36(6), 1081-1088.

Mommaas H. (1990). *Leisure, culture and lifestyle: Veblen, Weber and Simmel revisited*. Paper to the International Sociological Association XIIth Congress of Sociology, Madrid, July.

Montmarquet J. (2003). Moral character and social science research. *Philosophy*, 78(3), 355-368.

Montoya P., Vandehey T., Viti P. (2002). *The personal branding phenomenon*. Santa Ana CA: Peter Montoya.

Moon Y. (2002). Personalization and personality: Some effects of customizing message style based on consumer personality. *Journal of Consumer Psychology*. 12, 313-326.

Moore D.G. (1963). Life styles in mobile suburbia. In: Greysen S.A., editor. *Toward scientific marketing*. Chicago: American Marketing Association, 151-163.

Moore L. (1994). *Selling God: American religion in the marketplace*. New York: Oxford University Press.

Moore M. (1975). Rating versus rankings in the Rokeach Value Survey: An Israeli comparison. *European Jorunal of Social Psychology*, 5(3), 405-408.

Moorman C., Matulich E. (1993). A model of consumers' preventive health behaviors: The role of health motivation and health ability. *Journal of Consumer Research*, 20(2), 208-229.

Morganovsky M.A. (1986). Cost- versus convenience-orientated consumers: Demographic, lifestyle, and value perspectives. *Psychology and Marketing*, 3(1), 35-46.

Morra G. (1999) a cura. *Religione civile, frammentazione sociale, post-modernità. Quali valori comuni tra i giovani del Sud e del Nord Italia?* Milano: FrancoAngeli.

Morris C., Jones L.V. (1955). Value scales and dimensions. *Journal of Abnormal and Social Psychology*, 51, 523–535.

Morris C.W. (1956). *Varieties of human value*. Chicago: University of Chicago Press.

Morris C.W. (1964). *Signification and significance: A study of the relations of signs and values*. Cambridge MA: MIT Press.

Morris N.A. (1984). Fashion innovativeness predictors: Perceived attributes of innovations and psychographics. *Dissertation Abstracts International*, 44(9-B), 2719.

Morrison E. (1958) editor. *The American style*. New York: Harper and Row.

Moschis G.P. (1994). *Marketing strategies for the mature market*. Westport CT: Quorum.

Moskos C.C. (1976). The military. *Annual Review of Sociology*, 2, 55–77.

Moskos C.C., Williams J.A., Segal D.R. (2000) editors. *The postmodern military: Armed Forces after the cold war*. New York: Oxford University Press.

Mudrack P.E. (1997). Protestant work-ethic dimensions and work orientation. *Personality and Individual Differences*, 23(2), 217-225.

Mueller D.J., Wornhoff S.A. (1990). Distinguishing personal and social values. *Educational and Psychological Measurement*, 50, 691–699.

Muggleton D. (2002). *Inside subculture: The postmodern meaning of style: Dress, body, culture*. Oxford UK: Berg.

Mukerjee R. (1946). The sociology of values. *Sociology and Social Research*, 31, 101-109.

Mukerjee R. (1965). *The social structure of values*. New Delhi: Chand.

Mukerji C. (1983). *From graven images: Patterns of modern materialism*. New York: Columbia University Press.

Mullen B., Johnson C. (1990). *The psychology of consumer behavior*. Hillsdale NJ: Erlbaum.

Muller H-P. (1989). Lebensstile. Ein neues Paradigma der Differenzierungs- und Ungleichheitsforschung (Lifestyle: A new paradigm of differentiation and dissimilarity research)? *Kolner Zeitschrift fur Soziologie und Sozialpsychologie*. 41(1), 53-71.

Muller T.E. (1991). Using personal values to define segments in an international tourism market. *International Marketing Review*, 8(1), 57-70.

Muncy J.A., Eastman J.K. (1998). Materialism and consumer ethics: An exploratory study. *Journal of Business Ethics*, 17(2), 137–145.

Munson J.M., McIntyre S.H. (1979). Developing practical procedures for the measurement of personal values in cross-cultural marketing. *Journal of Marketing Research*, 16, 55-60.

Murata S., Iseki T. (1974). *A new approach to market segmentation*. Tokio: Dentsu Advertising.

Murdoch K. (1925). A study of differences found between races in intellect and in morality. *School and Society*, 22, 628-632, 659-664.

Murphey M.G., Berg I.E. (1988) editors. *Values and value theory in twentieth-century America: Essays in honor of Elizabeth Flower*. Philadelphia: Temple University Press.

Murphy J.F. (1975). Leisure and life-styles: Subcultural expressions. Chapter 6 of: *Recreation and leisure services: A humanistic perspective*. Dubuque IO: Brown, 101-121.

Myers J.E., Sweeney T.J., Hattie J.A., Witmer J.M. (1998). *The Wellness Evaluation of Lifestyle*. Palo Alto CA: MindGarden.

Myers J.H., Gutman J. (1974). Life-Style: The essence of social class. In Wells W.D., editor. *Life style and psychographics*. Chicago: American Marketing Association, 235-256.

Nagel T. (1970). *The possibility of altruism*. Oxford MA: Oxford University Press.

Najarian B. (1997). Psychology of worrying. *Journal of Education and Psychology*, 3(1-2), 65-83.

Narvaez D., Getz I., Rest J.R., Thoma S.J. (1999). Individual moral judgment and cultural ideologies. *Developmental Psychology*, 35, 478-488

Natanson M. (1970) editor. *Phenomenology and social reality*. The Hague NE: Nijhoff.

Naumann E. (1994). *Creating customer value: The path to sustainable competitive advantage*. Cincinnati OH: Thomson Executive Press.

Neal M.A. (1964). Methodology for the examination of the function of values and interests in the process of social change. *Sociological Analysis*, 25, 75-90.

Neal M.A. (1965). *Values and Interest in Social Change*. Englewood Cliffs NJ: Prentice-Hall.

Nelson J.L. (1975). *Values and society*. Rochelle Park NJ: Hayden.

Nerlich G. (1989). *Values and valuing: Speculations on the ethical life of persons*. Osford MA: Oxford University Press.

Neumayer R., Bleasdale M. (1996). Personal lifestyle preferences of people with an intellectual disability. *Journal of Intellectual & Developmental Disability*. 21(2), 91-114.

Nevill D.D., Super D. E. (1986). *The Values Scale manual: Theory, application, and research (research edition)*. Palo Alto: Consulting Psychologists Press.

Newcomb M.D., McCarthy W.J., Bentler P.M. (1989). Cigarette smoking, academic lifestyle, and social impact efficacy: An eight-year study from early adolescence to young adulthood. *Journal of Applied Social Psychology*, 19(3, Pt 1), 251-281.

Newman O. (1976). Leisure and life-style. *The Ontario Psychologist*, 8(2), 28-34.

Ng S.H. (1982). Choosing between the ranking and rating procedures for the comparison of values among cultures. European *Journal of Social Psychology*, 12(2), 169-172.

Ng S.H., Akhtar-Hossain A.B.M., Ball P., Bond M.H., Hayashi K., Lim S.P., O'Driscoll M.P., Sinha D., Yang K.S. (1982). Values in nine countries. In: Rath R., Asthana H.S., Sinha J.B.H., editors. *Diversity and unity in cross-cultural psychology*. Lisse, The Netherlands: Swets and Zeitlinger, 196–205.

Nichols J., Roslow S., Dublish S. (1997). Hispanic and Non-Hispanic mall shoppers: Segmentation by situational variables and purchase behaviours. *Journal of Segmentation in Marketing*, 1 (1), 57–73.

Nichols S. (2004). *Sentimental rules: On the natural foundations of moral judgment*. Oxford MA: Oxford University Press.

Nichols W.T. (1979). The development of psychographics and lifestyle analysis for segmenting the actual market in making program-related and promotion-related decisions in non-credit programs. *Dissertation Abstracts International*, 40(6-A), 3053.

Nicoll W.G., Hawes E.C. (1985). Family lifestyle assessment: The role of family myths and values in the client's presenting issues. *Individual Psychology: Journal of Adlerian Theory, Research and Practice*, 41(2), 147-160.

Niemeyer J. (1961). *Values and intentions: A study in value-theory and philosophy of mind*. London, Allen and Unwin.

Niles S.G., Goodnough G.E. (1996). Life-role salience and values: A review of recent research. *The Career Development Quarterly*, 45, 65–86.

Noam G.G., Wren T.E., Nunner-Winkler G., Edelstein W. (1993) editors. *The moral self*. Cambridge MA: MIT Press.

Noble S.M., Schewe C.D. (2003). *The globalization of values: A comparison of the United States and the Kingdom of Jordan*. Lund Sweden: Lund Institute of Economic Research, Working Paper Series.

Nofziger S., Kurtz D. (2005). Violent lives: A lifestyle model linking exposure to violence to juvenile violent offending. *Journal of Research in Crime and Delinquency*. 42(1), 3-26.

Norman D.A. (1988). *The psychology of everyday things*. New York: Basic Books.

Normann R., Ramirez R. (1994). *Designing interactive strategy: From value chain to value constellation*. New York: Wiley.

Novak T.P., MacEvoy B. (1990). On comparing alternative segmentation schemes: The List of Values (LOV) and Values and Life Styles (VALS). *Journal of Consumer Research*. 17(1), 105-109.

Nowak S. (1981). Values and attitudes of Polish people. *Scientific American*, 245, 45-53.

Nunokawa W.D. (1956) editor. *Human values and abnormal behavior*. Chicago IL: Scott, Foresman.

Nysveen H., Pedersen P.E., Thorbjørnsen H. (2005). Explaining intention to use mobile chat services: Moderating effects of gender. *Journal of Consumer Marketing*, 22(5), 247-256.

Oates B., Schufeldt L., Vaught B. (1996). A psychographic study of the elderly and retail store attributes. *Journal of Consumer Marketing*, 13(6), 14–27.

O'Brien S., Ford R. (1988). Can we at last say goodbye to social class? An examination of the usefulness and stability of some alternative methods of measurement. *Journal of the Market Research Society*, 30(3), 289-332.

O'Connell A.N. (1976). The relationship between life style and identity synthesis and re-synthesis in Traditional, Neotraditional and Nontraditional women. *Journal of Personality*, 44(4), 675-688.

O'Connell A.N. (1980). Correlates of life style: personality, role concept, attitudes, influences and choices. *Human Relations*, 33(8), 599-601.

O'Donnell W.T.Sr. (2000). The use of psychographic profiling to predict marketing professional's success. *Dissertation Abstracts International*. 60(11-A), 4097.

Ogden D.T., Ogden J.R., Schau H.J. (2004). Exploring the impact of culture and acculturation on consumer purchase decisions: Toward a microcultural perspective. *Academy of Marketing Science Review*, 3.

Oishi S., Schimmack U., Diener E., Suh E.M. (1998). The measurement of values and individualism-collectivism. *Personality and Social Psychology Bulletin*, 1998(24), 1177-1189.

Okorie J.B.C. (1995). Social interest, lifestyle, stress and job satisfaction of Nigerian Catholic priests. *Dissertation Abstracts International*, 56(6-B), 3496.

Oliver N.A. (1993). Male lifestyle and demographic variables in relation to selection of clothing for professional and social situations. *Perceptual and Motor Skills*, 76(3, Pt 1), 820-822.

Oliver N.A. (1996). Effects of men's attitudes about male roles on lifestyle decisions. *Perceptual and Motor Skills*, 83(2), 419-422.

Oliver R.L. (1996). Varieties of value in the consumption satisfaction response. *Advances in Consumer Research*, 23, 143-147.

Oliver R.L. (1997). *Satisfaction: A behavioral perspective on the consumer*. New York: McGraw-Hill.

Olson J.M., Zanna M.P. (1993). Attitudes and attitude change. *Annual Review of Psychology*, 44, 117-154.

Olver J.M., Mooradian T.A. (2003). Personality traits and personal values: A conceptual and empirical integration. *Personality and Individual Differences*, 35, 109–125.

Oppenhuisen J., Sikken D. (2001). *A method of inventory values and value dimensions: Values of the Dutch*. Amsterdam: The Amsterdam School of Communications Research, University of Amsterdam.

Orestano F. (1907). *I valori umani, teoria generale del valore: Saggio di una teoria dei valori umani*. Torino: Bocca.

Orth U.R., McDaniel M., Shellhammer T., Lopetcharat K. (2004). Promoting brand benefits: The role of consumer psychographics and lifestyle. *Journal of Consumer Marketing*, 21(2), 97-108.

Osteen N. (2002). *The question of the gift*. London: Routledge.

Ostini R., Ellerman D.A. (1997). Clarifying the relationship between values and moral judgment. *Psychological Reports*, 81, 691-702

Ouellet G. (1981). Determinants psychologiques du style de vie de loisir. In: Burton T.L., editor. *Third Canadian Congress on Leisure Research*. Edmonton, Alberta: University of Alberta, 999-1023.

Oyserman D. (1993). The lens of personhood: Viewing the self and others in a multicultural society. *Journal of Personality and Social Psychology*, 65(5), 993-1009.

Ozer D.J., Reise S.P. (1994). Personality assessment. *Annual Review of Psychology*. 45, 357-388.

Packard V. (1957), *The hidden persuaders: What makes us buy, believe and even vote the way we do?* New York: MacKay.

Paden J. (1979) editor. *Symposium on values and social science: Cross-culting issues and modes of discours*. Proceedings and background papers. Evanston IL: Department of Political Science, Northwestern University.

Paden J.P. (1980) editor. *Values, identities and national integration: Empirical research in Africa*. Evanston IL: Northwestern University Press.

Paden S.L., Buehler C. (1995). Coping with the dual-income lifestyle. *Journal of Marriage and the Family*, 57(1), 101-110.

Pagnin A. (2006). Cognizione ed emozione nelle valutazioni etiche: Processi, scelte comportamentali, implicazioni sociali. In: Bosio A.C., a cura. *Esplorare il cambiamento sociale. Studi in onore di Gabriele Calvi*. Milano: FrancoAngeli, 54-75.

Pagnin A., Andreani Dentici O. (2000). New perspectives in moral development. In: Heller K.A., Sternberg R., Subotnik H., editors. *International handbook of research and development of giftedness and talent*. Oxford UK: Pergamon Press, 467-485.

Pagnin A., Bosio A.C. (1995). L'evoluzione dei valori giovanili in Italia. In: Rolla M., a cura. *L'adolescenza*. Milano: Pythagora Press, 189-208.

Pagnin A., Lombardo L.A., Casali M.L. (2003). Teoria dell'azione e giudizio morale. In: Maria Carmen Usai M.C., Mirella Zanobini M., a cura. *Psicologia del ciclo di vita. Scritti in onore di Maria Teresa Bozzo*. Milano: FrancoAngeli.

Pagnin A., Zanetti A., Pazzaglia R. (2004). Le emozioni morali. In: Barone L., a cura. *Emozioni e disagio in adolescenza*. Milano: Unicopli.

Pagnoncelli N., Alemanno A. (2004). L'immagine dell'ingegnere: Indagine sulla rappresentazione e sulla reputazione sociale di una professione. *Micro e Macro Marketing*, 13(1), 141-154.

Palmonari A. (1979). *Identità imperfette: Giovani e adolescenti come fenomeno o rappresentazione sociale?* Bologna: Il Mulino.

Paloutzian R.F. (1981). Purpose in life and values changes following conversion. *Journal of Personality and Social Psychology*, 41(6), 1153-1160.

Pankhurst J.G. (1982). The ideology of "sex love" in postrevolutionary Russia: Lenin, Kollontai, and the politics of lifestyle liberation. *Alternative Lifestyles*, 5(2), 78-100.

Parasuraman A. (1997). Reflections on gaining competitive advantage through customer value. *Journal of the Academy of Marketing Science*, 25 (2), 154-161.

Pardeu W.R., Ashton D. (1975). Psychographic profiles of patronage preference groups. *Journal of Retailing*, 50, 99–112.

Paré J.-L. (1985). Loisir et styles de vie: Modèles pour des approches explicites et diversifiées en recherche. *Loisir et Société*, 8(2), 405-23.

Paré J.-L. (1993). Loisir, styles de vie et modes de vie: État de la documentation et de la recherche en 1993. *Loisir et Société*, 16(2), 462-71.

Parenti M. (1967). Political values and religious cultures: Jews, Catholics and Protestants. *Journal of the Scientific Study of Religion*, 6(2), 259-269.

Park H-J., Burns L.D. (2005). Fashion orientation, credit card use, and compulsive buying. *Journal of Consumer Marketing*, 22(3), 135-141.

Parsons T. (1935). The place of ultimate values in sociological theory. *International Journal of Ethics*, 45, 282–316.

Parsons T. (1964) editor. *Social structure and personality*. New York: Free Press.

Parsons T., Shils E.A., Olds J. (1951). Values, motives and systems of action", In: Parsons T., Shils E.A., editors *Toward a general theory of action: Theoretical foundations for the social sciences*. Evanston IL: Harper and Row, 1962, 47–243.

Parsons T., White W. (1964). The link between character and society. In: Parsons T., editor. *Social structure and personality*. New York: Free Press.

Pauer-Studer (1994) editor. *Norms, values and society*. Dordrecht: Kluwer.

Pavlovic E. (1994). Stil zivljenja paranoidnih shizofrenih bolesnika (Life style of paranoid schizophrenic patients). *Socijalna Psihijatrija*. 22(1-2), 83-88.

Payne A., Holt S. (1999). A review of the 'Value' literature and implications for realationship marketing. *Australian Marketing Journal*, 7(1), 41-51.

Payne A., Holt S. (2001). Diagnosing customer value: Integrating the value process and relationship marketing. *British Journal of Management*, 12, 159-182.

Pederson L.L., Stavraky K.M. (1987). Relationship of smoking to lifestyle factors in women. *Women and Health*, 12(2), 47-66.

Pegler M.M. (1996). *Lifestyle stores*. Glen Cove NY: Architecture and Interior Design Library.

Peirce C.S. (1867-1896) edited by P.P. Wiener. *Values in a universe of chance: Selected writings of Charles S. Peirce (1839-1914).* Garden City NY: Doubleday, 1958.

Peltier J.W., Schibrowsky J.A., Schultz D.E., Davis J. (2002). Interactive psychographics: Cross-selling in the banking industry. *Journal of Advertising Research*. 42(2), 7-22.

Pendergast T. (2000). *Creating the modern man: American magazines and consumer culture, 1900-1950.* Columbia MO: University of Missouri Press.

Peng K., Nisbett R.E., Wong N.Y.C. (1997). Validity problems comparing values across cultures and possible solutions. *Psychological Methods*, 2, 329–344.

Pepper S.C. (1958). *The sources of value.* Berkeley: University of California Press.

Perreault W., Darden D.K., Darden W.R. (l977). A socio-psychographic classification of vacation life styles. *Journal of Leisure Research*, 9(3), 208-224.

Perri M. (1990). Application of the List of Values alternative Psychographic Assessment Scale. *Psychological Reports*. 66(2) Apr, 403-406.

Perry R.B. (1926). *General theory of value: Its meaning and basic principles construed in terms of interest.* New York: Longmans Green.

Perussia F. (1986). Psicologia del giudizio interpersonale. In: Gulotta G., a cura. *Trattato di psicologia giudiziaria nel sistema penale.* Milano: Giuffrè, 997-1037.

Perussia F. (1987). L'arredo della casa: Una ricerca psicografica su campione nazionale. In: Bianchi E., Perussia F., Rossi M.F., a cura. *Immagine soggettiva e ambiente: Problemi, applicazioni e strategie della ricerca.* Milano: Unicopli, 149-168.

Perussia F. (1988). Criteri giuridici e criteri psicologici: Note sullo scambio epistemologico fra psicologia e diritto. In: De Cataldo Neuburger L., a cura. *La giustizia penale e la fluidità del sapere: Ragionamento sul metodo.* Padova: Cedam, 1988, 73-92.

Perussia F. (1989). *Pensare verde: Psicologia e critica della ragione ecologica.* Milano: Guerini e Associati.

Perussia F. (1990). Che cos'è l'ecologia: Un'indagine psicografica. In: Perussia F., *Immagini di natura: Contributi di ricerca.* Milano: Guerini e Associati, 99-198.

Perussia F. (1994a). *Psicologo: Storia e attualità di una professione scientifica.* Torino: Bollati Boringhieri.

Perussia F. (1994b). Introduzione: Psicologia della personalità e ricerca sulla personalità. Premessa all'edizione italiana. In: Krahé B., *Psicologia della personalità e psicologia sociale: Verso una sintesi* [edizione originale: 1992]. Milano: Guerini e Associati, 9-26.

Perussia F. (1997). Introduzione alla psicologia della vita quotidiana. In: Perussia F., a cura. *Materiali di psicologia sociale e della personalità.* Torino: Celid, 7-42.

Perussia F. (1999). *Cent'anni dopo: A che cosa serve la psicologia?* Milano: Guerini e Associati.

Perussia F. (2000). *Storia del soggetto: La formazione mimetica della persona.* Torino: Bollati Boringhieri.

Perussia F. (2002). *Theatrum Psychotechnicum: L'espressione poetica della persona.* Torino: Bollati Boringhieri.

Perussia F. (2004). *Identificazione del pool di item di partenza per la realizzazione dell'Inventario Italiano di Personalità ITAPI.* Torino: Rapporto Tecnico n.1 dal Laboratorio di Ricerca sulla Personalità e sul Counseling, Dipartimento di Psicologia, Università degli Studi di Torino (Successivamente rieditato, in forma identica, presso: Laboratorio di Ricerca e Sviluppo, editore, Milano, 2005).

Perussia F. (2005a). *Identificazione fattoriale e di costrutto della struttura di ITAPI Italia Personality Inventory.* Rapporto Tecnico n.3 dal Laboratorio di Ricerca sulla Personalità e sul Counseling (Dipartimento di Psicologia, Università degli Studi di Torino). Milano: Laboratorio di Ricerca e Sviluppo, editore.

Perussia F. (2005b). *Identificazione fattoriale e di costrutto della struttura di Itapi-VALORI: Uno strumento per la segmentazione tipologico-psicografica.* Rapporto Tecnico n.5 dal Laboratorio di Ricerca sulla Personalità e sul Counseling

(Dipartimento di Psicologia, Università degli Studi di Torino). Milano: Laboratorio di Ricerca e Sviluppo, editore.

Perussia F. (2005c). *ITAPI-G: MANUALE: Inventario Italiano di Personalità, Italia Personality Inventory. Forma G (Generale).* Milano: Edizioni Unicopli.

Perussia F. (2006a). Personalità elettorali: Aspetti psicologici della politica. In: Bosio A.C., a cura. *Esplorare il cambiamento sociale. Studi in onore di Gabriele Calvi.* Milano: FrancoAngeli, 209-231.

Perussia F. (2006b) con la collaborazione di Andrea Boarino e Renata Viano. *ELETTORI: Valori, atteggiamenti, immagini, personalità (della democrazia italiana nel 2006).* Milano: Edizioni Unicopli.

Perussia F., Benso G., Lovisolo A. (1997). Il senso della legge, della giustizia e del sistema penale in giovani minorenni e maggiorenni. In: Perussia F., a cura. *Materiali di psicologia sociale e della personalità.* Torino: Celid, 161-186.

Perussia F., Grohrock R. (1997). Stili amorosi: Una ricerca. In: Perussia F., a cura. *Materiali di psicologia sociale e della personalità.* Torino: Celid, 43-98.

Perussia F., Viano R. (2004). *Ricerca preliminare per ITAPI-S: Procedura campionaria e statistica per la costruzione della forma Sintetica (S) derivata da ITAPI (Italia Personality Inventory).* Torino: Rapporto Tecnico n.2 dal Laboratorio di Ricerca sulla Personalità e sul Counseling, Dipartimento di Psicologia, Università degli Studi di Torino (Successivamente rieditato, in forma identica, presso: Laboratorio di Ricerca e Sviluppo, editore, Milano, 2005).

Perussia F., Viano R. (2006a). *ITAPI-S MANUALE psicometrico: Forma Sintetica (S) Derivata da ITAPI-G, Inventario Italiano di Personalità, Italia Personality Inventory.* Rapporto Tecnico n.6 dal Laboratorio di Ricerca sulla Personalità e sul Counseling (Dipartimento di Psicologia, Università degli Studi di Torino). Milano: Psicotecnica edizioni.

Perussia F., Viano R. (2006b). Psicologi: Tra professione, scienza e pratica quotidiana. In: Moderato P., Rovetto F., a cura. *Psicologo: Verso la professione, Nuova edizione.* Milano: McGraw Hill Italia, 3-33.

Pervin L.A. (1989) editor. *Goal concepts in personality and social psychology.* Hiillsdale NJ: Erlbaum.

Peters T. (1999). *The brand you 50: Fifty ways to transform yourself from an 'employee' into a brand that shouts distinction, commitment, and passion!* New York: Knopf.

Peterson C., Seligman M.E.P. (2004). *Character strengths and virtues: A handbook and classification.* Washington DC: American Psychological Association, Oxford University Press.

Peterson J. (1989). *Counseling and values: A philosophical examination.* Cranston RI: Carroll Press.

Peterson R.A. (1972). Psychographics and media exposure. *Journal of Advertising Research*, 12(3), 17-20.

Peterson R.A., Jolibert A.J.P. (1995). A meta-analysis of country-of-origin effects. *Journal of International Business Studies*, 26(4), 883–900.

Pettit P., Scheffler S., Smith M., Wallace J. (2004) editors. *Reason and value. Themes from the moral philosophy of Joseph Raz.* Oxford MA: Oxford University Press.

Phalet K., Schonpflug U. (2001). Intergenerational transmission of collectivism and achievement values in two acculturation contexts: The case of Turkish families in Germany and Turkish and Moroccan families in the Netherlands. *Journal of Cross-Cultural Psychology*, 32, 186-201

Piaget J. (1932). *Le jugement moral chez l'enfant.* Paris: Alcan.

Piirto R. (1991). *Beyond mind games: The marketing power of psychographics.* Ithaca NY: American Demographics.

Pinquart M., Silbereisen R.K. (2004). Transmission of values from adolescents to their parents: The role of value content and authoritative parenting. *Adolescence*, 39, 83-

100
Pirnot K., Dustin R. (1986). A new lookat value priorities for homemakers and career women. *Journal of Counseling and Development*, 64, 432-436.
Pirsig R.M. (1984). *Zen and the art of motorcycle maintenance: An inquiry into values*. New York: Bantam Books.
Pirsig R.M. (1991). *Lila: An enquiry into morals*. New York: Bantam.
Pittell S.M., Mendelsohn G.A. (1966). Measurement of moral values: A review and critique. *Psychological Bulletin*, 66, 22–35.
Pitts R.E., Woodside A.G. (1983). Personal values influences on consumer product class and brand preferences. *Journal of Social Psychology*, 119, 37-53.
Pitts R.E., Woodside A.G. (1984) editors. *Personal values and consumer psychology*. Lexington MA: Lexington Books.
Pitts R.E., Woodside A.G. (1986). Personal values and travel decisions. *Journal of Travel Research*, 25(2), 20-25.
Pleck E.H. (2000). *Celebrating the family: Ethnicity, consumer culture, and family rituals*. Cambridge MA: Harvard University Press.
Plowman B. (1984). *High value, low cost: How to create profitable customer delight*. London: Pitman.
Plummer J.T. (1971). Life style patterns and commercial bank credit card usage. *Journal of Marketing*, 35, 35-42.
Plummer J.T. (1972). Life style patterns: a new construct for mass communications research. *Journal of Broadcasting*, 16(Fall-Winter), 79-89.
Plummer J.T. (1974). The concept and application of lifestyle segmentation. *Journal of Marketing*. 38, 33-37.
Podell L. (1956). An interviewing problem in values research. *Sociology and Social Research*. 41, 121-126.
Podolny J.M., Hill-Popper M. (2004). Hedonic and trascendent conceptions of values. *Industrial and Corporate Change*, 13(1), 91-116.
Pointon M. (1997). *Strategies for showing: Women, possession, and representation in English visual culture, 1665–1800*. Oxford: Oxford University Press.
Pomeroy L. (2005). *The new science of axiological psychology*. Amsterdam and New York: Rodopi.
Poon L.W., Rubin D., Wilson B., editors (1990). *Everyday cognition in adulthood and late life*. New Rochelle NY: Cambridge University Press.
Popper K.R. (1945). *The open society and its enemies*. London: Routledge.
Porter J.N. Jr (1967). Consumption patterns of professors and businessmen: A pilot study of conspicuous consumption and status. *Sociological Inquiry*, 37 (Spring), 255-265.
Potter W.J., Forrest E., Sapolsky B.S., Ware W. (1988). Segmenting VCR owners. *Journal of Advertising Research*. 28(2), 29-39.
Pouiton E.C. (1989). *Bias in quantifying judgments*. London: Erlbaum.
Poulton E.C. (1968). The new psychophysics: Six models for magnitude estimation. *Psychological Bulletin*, 69, 1-19.
Powers R.l., Griffith J. (1987). *Understanding life-style, The psycho-clarity process*. Chicago IL: Americas Institute of Adlerian Studies.
Pravettoni G., Miglioretti M. (2003). Studio dei comportamenti di rischio nell'anziano. *Ricerche di Psicologia*. 26(3), 139-149.
Prentice D.A. (1987). Psychological correspondence of possessions, attitudes, and values. *Journal of Personality and Social Psychology*, 53(6), 993-1003.
Preski S., Walker L. (1997). Contributions of maternal identity and lifestyle to young children's adjustment. *Research in Nursing and Health*, 20(2), 107-117.
Presley S.L. (1985). Moral judgment and attitudes towards authority of political resisters. *Journal of Research in Personality*, 19, 135-151

Pribram K.H. (1998) editor. *Brain and values: Is a biological science of values possible?* Hillsdale NJ: Erlbaum.

Priest R., Fullerton T., Bridge S.C. (1982). Personality and value changes in West Point cadets. *Armed Forces and Society*, 8, 629-642.

Pringle H., Thompson M. (2001). *Brand spirit: How cause related marketing builds brands*. New York: Wiley.

Prinz J.J. (2005). *The emotional construction of morals*. Oxford MA: Oxford University Press.

Prokhorov A.V., Perry C.L., Kelder S.H., Klepp K-I. (1993). Lifestyle values of adolescents: Results from Minnesota Heart Health Youth Program. *Adolescence*, 28 (Fall), 637–647.

Psathas G.(1973) editor. *Phenomenological sociology: Issues and applications*. New York: Wiley.

Psytech (2003). *The Values and Motives Inventory*. Pulloxhill, Bedfordshire: Psytech International.

Puka B. (1994) editor. *Moral development. A compendium. Vol. 4 The great justice debate: Kohlberg criticism*. New York: Garland.

Purcell E.A. (1973). *The crisis of democratic theory: Scientific naturalism and the problem of value*. Lexington: University Press of Kentucky

Putnam R. (2000). *Bowling alone: The collapse and revival of American community*. New York: Simon and Schuster.

Rader C.H. (1990). An exploratory analysis of the Circumplex Model applied to the family lifestyle. *Dissertation Abstracts International*, 51(3-A), pp. 933-934.

Ragone G. (1985). *Consumi e stili di vita in Italia*. Napoli: Guida.

Rainwater L., Coleman R.P., Handel G. (1959). *Workingman's wife: Her personality, world and life style*. New York: Macfadden Books.

Ralston D.A., Gustafson, Elsass P.M., Cheung F., Terpstra R. H. (1992). Eastern values: A comparison of managers in the United States, Hong Kong, and the People's Republic of China. *Journal of Applied Psychology*, 77(5), 1992, 664–671.

Ramm D.R. (1998). Consider the scientific study of morality. *American Psychologist*, 53, 323–324.

Ramu G.N. (1985). Voluntarily childless and parental couples: A comparison of their lifestyle characteristics. *Lifestyles*, 7(3), 130-145.

Rankin W.L., Grube J.W. (1980). A comparison of ranking and rating procedures for value system measurement. *European Journal of Social Psychology*, 10, 233-246.

Rasinski K.A. (1987). What's fair is fair - or is it: Value differences underlying public views about social justice. *Journal of Personality and Social Psychology*, 53, 201-211.

Rasinski K.A., Scott L.A. (1990). Culture, values, and beliefs about economic justice. *Social Justice Research*, 4(4).

Rasmussen P.R. (2003). The adaptive purpose of emotional expression: A lifestyle elaboration. *Journal of Individual Psychology*. Vol 59(4) Win 2003, 388-409.

Rauty R. (1989). Studi e ricerche sulla questione giovanile: Documentazione bibliografica 1970-1987. Roma:, editori Riuniti.

Ravald A., Grönroos C. (1996). The value concept and relationship marketing. *European Journal of Marketing*, 30(2), 19-30.

Reader's Digest (1970). A Survey of Europe Today: A study of consumption habits and attitudes in 16 European countries. London: Reader's Digest Association.

Reader's Digest (1991). Eurodata Survey, a study of the lifestyles, consumer spending habits andattitudes of people in 17 European countries. London: Reader's Digest Association.

Reed E.S., Turiel E. (1996) editors. *Values and knowledge*. The Jean Piaget Symposium series. London: Routledge.

Reimer J. (1977). A structural theory of moral development. *Theory Into Practice*, 16(2), 60-66.

Reis H.T., Charles M.J. (2000) editors. *Handbook of research methods in social and personality psychology*. New York: Cambridge University Press.

Remmers H.H., Radler D.H. (1957). *The American teenager*. New York: Bobbs-Merrill.

Renner W. (2003). Human values: A lexical perspective. *Personality and Individual Differences*, 34, 127–141.

Rescher N. (1969). *Introduction to value theory*. Englewood Cliffs NJ: Prentice-Hall.

Rescher N. (1993). *A system of pragmatic idealism: Vol. 2. The validity of values*. Princeton NJ: Princeton University Press.

Rest J.R. (1974a). *Manual for the Defining Issues Test: An objective test for moral judgment development*. Minnesota: University of Minnesota.

Rest J.R. (1974b). The cognitive-developmental approach to morality: The state of the art. *Counseling and Values*, 18, 64-78.

Rest J.R. (1979a). *Revised manual for the Defining Issues Test: An objective test for moral judgment development*. Minneapolis: Minnesota Moral Research Projects.

Rest J.R. (1979b). *Development in judging moral issues*. Minneapolis: University of Minnesota Press.

Rest J.R. (1980). Development in moral judgement research. *Developmental Psychology*, 16, 251-256.

Rest J.R. (1983). Morality. In: Flavell J.H., Markman E.M., editors. *Handbook of child psychology: Vol. 3. Cognitive development, 4th ed.* New York: Wiley, 556-629.

Rest J.R. (1986). *Moral development: Advances in research and theory*. New York: Praeger.

Restivo S. (1993). *Science, society and values: Toward a sociology of objectivity*. Bethlehem PA: Lehigh University Press.

Rettig S., Pasamanick B. (1959a). Changes in moral values among college students: A factorial study. *American Sociological Review*, 24, 856-863.

Rettig S., Pasamanick B. (1959b). Changes in moral values over three decades, 1929-1958. *Social Problems*, 6(4), 320-328.

Rettig S., Pasamanick B. (1961). Moral value structure and social class. *Sociometry*, 24, 21-35.

Reynolds F.D. (1973). *Psychographics: A concepual orientation*. Division of Research. University of Georgia. College of Businness Administration. Athens GE: Research Monograph 6.

Reynolds F.D., Crask M.R., Wells W.D. (1977). The modern feminine life-style. *Journal of Marketing*, 41, 38-45.

Reynolds F.D., Darden W. (1974). Construing life style and psychographics. In: Wells W.D., editor. *Life style and psychographics*. Chicago: American Marketing Association, 73-95.

Reynolds T.J., Jolly J.P. (1980). Measuring personal values: An evaluation of alternative methods. *Journal of Marketing Research*, 17, 531-536.

Rice B. (1988). The selling of life-styles: Are you what you buy? Madison Avenue wants to know. *Psychology Today*, 22(3), 46-50.

Riche M.F. (1989). Psychographics for the 1990s. *American Demographer*, 11(July), 24-26.

Richins M.L. (1994). Special possessions and the expression of material values. *Journal of Consumer Research*, 21, 522–533.

Richins M.L., Dawson S. (1992). A consumer values orientation for materialism and its measurement: Scale development and validation. *Journal of Consumer Research*, 19(dec), 303–316.

Richmond W. (1900). *An essay on personality as a philosophical principle*. New York: Arnold.

Ricolfi L., Sciolla L. (1980). *Senza Padri né Maestri: Inchiesta sugli orientamenti politici e culturali degli studenti*. Bari: De Donato.

Ridley M. (1996). *The origins or virtue: Human instincts and the evolution of cooperation*. New York: Viking.

Riesman D. (1950). *The lonely crowd*. New Haven CT: Yale University Press.

Riker J.H. (1997). *Ethics and the discovery of the unconscious*. Albany: State University of New York Press.

Riley G. (1974) editor. *Values, objectivity, and the social sciences*. Reading MA: Addison Wesley.

Rintelen F.J. von (1972). *Values in European thought*. Pamplona: Ediciones Universidad de Navarra.

Ritchie K., Clarke Y. (1981). Lifestyle and television viewing behavior in Perth, Western Australia. *Australian Journal of Management,* 6, 109-123.

Rizzo F. (2004). *Etica dei valori economici o economia dei valori etici*. Milano: FrancoAngeli.

Roberts J.A., Manolis C., Tanner J. F. (2003). Family structure, materialism, and compulsive buying: A reinquiry and extension. *Journal of the Academy of Marketing Science*, 31(3), 300–311.

Roberts K. (2004). *Lovemarks: The future beyond brands*. New York: powerHouse Books.

Roberts M.L., Wortzel L.H. (1979). New life style determinants of women's foodshopping behaviour. *Journal of Marketing,* 43, 28-39.

Robertson T.S., Wind Y. (1980). Organizational psychographics and innovativeness. *Journal of Consumer Research,* 7(1), 24-31.

Robinson E.T. (1990-2004). *Values Preference Indicator: A learning and communication tool for increasing understanding of self and others*. Sumas WA: CRG Consulting.

Robinson J.P. (1977). *How americans use time: A social-psychological analysis of everyday behavior*. New York: Praeger.

Robinson J.P., Athanasiou R., Head K.B. (1969). *Measures of occupational attitudes and occupational characteristics*. Ann Arbor MI: Institute for Social Research, University of Michigan.

Robinson J.P., Godbey G. (1997). *Time for life: The surprising ways Americans use their time*. University Park PA: Pennsylvania University Press.

Robinson J.P., Shaver P.R. (1973). *Measures of social psychological attitudes*. Ann Arbor Mich: Survey Research Center, Institute for Social Research.

Robinson J.P., Shaver P.R., Wrightsman L.S. (1991) editors. *Measures of personality and social psychological attitudes*. New York: Academic Press.

Robinson J.P., Shaver P.R., Wrightsman L.S. (1999). *Measures of political attitudes*. New York: Academic Press.

Robson J. (1977). *Values and criminal justice*. Occasional Papers In Criminology. Wellington, New Zealand: Victoria University, Institute of Criminology.

Roche D. (1997). *Histoire des choses banales: Naissance de la consommation dans les sociétés traditionnelles (XVIIe–XIXe siècle)*. Paris: Fayard.

Roffer R.F. (2002). *Make a name for yourself: Eight steps every woman needs to create a personal brand strategy for success*. New York: Doubleday-Broadway.

Rogoff B., Lave J. (1984). *Everyday cognition: Its development in social context*. Cambridge MA: Harvard University Press.

Rohan M. (2000). A rose by any name? The values construct. *Personality and Social Psychology Review,* 4, 255–277.

Rokeach M. (1960). *The open and closed mind: Investigations into the nature of belief systems and personality systems*. New York: Basic Books.

Rokeach M. (1967). *Value survey*. Sunnyvale: Halgren Tests.

Rokeach M. (1968). *Beliefs, attitudes and values: A theory of organization and change*.

San Francisco: Jossey-Bass.
Rokeach M. (1968-69). The role of values in public opinion research. *Public Opinion Quarterly*, 32, 547-559.
Rokeach M. (1969). Value systems in religion. *Review of Religious Research*, 11, 3-23.
Rokeach M. (1973). *The nature of human values*. New York: Free Press.
Rokeach M. (1974). Change and stability of American value systems, 1968-1971. *Public Opinion Quarterly*, 38, 232-238.
Rokeach M. (1979) editor. *Understanding human values: Individual and societal*. New York: Free Press.
Rokeach M., Ball-Rokeach S.J. (1989). Stability and change in American value priorities. *American Psychologist*, 44, 775-784.
Roos J.P. (1986). On way of life typologies. In: Uusitalo L., editor. *Environmental impact of consumption patterns*. Aldershot: Gower, 38-55.
Rose A.M. (1956). Sociology and the study of values. *British Journal of Sociology*, 7(1), 1-17.
Rose G. Shoham A. (2000). The values of american and japanese mothers: An application of LOV in the US and Japan. In Kahle L.R. (editor). *Cross-national consumer psychographics*. Binghamton: Haworth Hospitality Press.
Rose G.M., Shoham A., Kahle L.R., Batra R. (1994). Social values, conformity and dress. *Journal of Applied Social Psychology*, 24(17), 1501-1519.
Rosen B.C. (1959). Race, ethnicity, and the achievement syndrome. American *Sociological Review*, 24, 47-60.
Rosen B.C., Crockett H.J., Nunn C.I. (1969) editors. *Achievement in American society*. Cambridge MA: Schenkman.
Rosenbaum M. (1982). *Ethics and values in psychotherapy: A guidebook*. New York: Macmillan.
Rosenberg A. (2003). Darwinism in moral philosophy and social theory. In: Hodge J., Radick, G. editors. *Cambridge Companion to Darwin*. Cambridge University Press, 310-332.
Rosenberg M. (1957). *Occupations and values*. New York: Free Press.
Rosengren K.E. (1994) editor. *Media effects and beyond: Culture, socialization and lifestyles*. London: Routledge.
Ross L., Nisbett R.E. (1991). *The person and the situation: Perspectives of social psychology*. Philadelphia: Temple University Press.
Rossi G., Malerba G. (1993) a cura. *La donna nella famiglia e nel lavoro*. Milano: FrancoAngeli.
Rottschaefer W.A. (1998). *The biology and psychology of moral agency*. Cambridge UK: Cambridge University Press.
Rounds J.B., Henly G.A., Dawis R.V., Lofquist L.H., Weiss D.J. (1981). *Manual for the Minnesota Importance Questionnaire: A measure of vocational needs and values*. Minneapolis: University of Minnesota, Department of Psychology.
Rouse L. (2002). *Marital and sexual lifestyles in the United States: Attitudes, behaviors, and relationships in social context*. Binghamton NY: Haworth Press.
Roush P.E., Atwater L. (1992). Using MBTI to understand transformational leadership and self-perception accuracy. *Military Psychology*, 4(1), 17-34.
Rowland R. (1982). An exploratory study of the childfree lifestyle. *Australian and New Zealand Journal of Sociology*, 18(1), 17-30.
Roy A. (2004). Factor analysis and initial validation of the Personal Values Inventory. *Dissertation Abstracts International*, 64(10-B), 5266.
Rubin R.B., Palmgreen P., Sypher H.E. (1994). *Communication research measures: A sourcebook*. New York: Guilford.
Rudy D., Grusec J.E. (2001). Correlates of authoritarian parenting in individualist and collectivist cultures and implications for understanding the transmission of values.

*Journal of Cross-Cultural Psychology*, 32, 202-212.

Rule W.R. (1984) editor. *Lifestyle counseling for adjustment to disability*. Rockville MD: Aspen Systems.

Ruse M., Wilson E.O. (1986). Moral philosophy as applied science. *Philosophy: The Journal of the Royal Institute of Philosophy*, 61, 173-192.

Ryan R.M., Deci E.L. (2001). On happiness and human potentials: A review of research on hedonic and eudaimonic well-being. *Annual Review of Psychology*, 52, 141-166.

Ryan, I., Cowan C., McCarthy M., O'Sullivan C. (2004). Segmenting Irish food consumers using the food-related lifestyle instrument. *Journal of International Food and Agribusiness Marketing*, 16(1), 89-114.

Sadler J.Z. (2005). *Values and psychiatric diagnosis*. New York: Oxford University Press.

Sagie A., Elizur D. (1996.). The structure of personal values: A conical representation of multiple life areas. *Journal of Organizational Behavior*, 17, 573–86.

Salek S. (1998). *Compendium of quality of life instruments*. Chichester, West Sussex: Wiley.

Salvini A. (1977). *Aspetti sociali della personalità*. Verona: Bertani.

Sanchez-Lopez M.P., Diaz Morales J.F. (1998). Relations between lifestyle and life satisfaction. *Revista de Psicologia*, 16(1), 103-121.

Sapp G.L. (1986) editor. *Handbook of moral development. Modes, process, techniques and research*. Birmingham AL: Religious Educational Press.

Sasaki M. (1998) editor. *Values and attitudes across nations and time*. Leiden NL: Brill.

Sassatelli R. (2004). *Consumo, cultura e società*. Bologna: Il Mulino.

Sawchuk P.H., Duarte N., Elhammoumi, M. (2006) editors. *Critical perspectives on activity: Explorations across education, work, and everyday life*. New York: Cambridge University Press.

Scabini E. (2006). Rapporto tra le generazioni e trasmissione dei valori. In: Bosio A.C., a cura. *Esplorare il cambiamento sociale. Studi in onore di Gabriele Calvi*. Milano: FrancoAngeli, 17-34.

Scabini E., Cigoli V. (2000). *Il famigliare: Legami, simboli e transizioni*. Milano: Cortina.

Scanlon J. (2000) editor. *The gender and consumer culture reader*. New New York: New York University Press.

Schaie K.W., Willis S.L., Caskie G.I. (2004). Seattle longitudinal study: Relationship between personality and cognition. Aging, *Neuropsychology and Cognition*, 11(2-3), 304-324.

Schaper E. (1983) editor. *Pleasure, preference and value*. Cambridge CA: Cambridge University Press.

Scheibe K.E. (2000). *The drama of everyday life*. Cambridge MA: Harvard University Press.

Scheiner J., Kasper B. (2003). Lifestyles, choice of housing location and daily mobility: The lifestyle approach in the context of spatial mobility and planning. *International Social Science Journal*, 55(2), 319-332.

Scheufele D.A., Shah D.V. (2000). Personality strength and social capital: The role of dispositional and informational variables in the production of civic participation. *Communication Research*, 27(2), 107-131.

Schewe C.D. (1973). Selected social psychological models for analysis of buyers. *Journal of Marketing*, 37(3), 33–35.

Schewe C.D., Balazs A.L. (1992). Role transitions in older adults: A marketing opportunity. *Psychology and Marketing*, 9(2), 85–99.

Scheys M. (1987). The power of life style. *Loisir et Société*, 10(2), 249-266.

Schiller W. (1989). Alternative lifestyle or having no alternative? Families living permanently in caravan parks in Australia. *Early Child Development and Care*, 52(1-4), 33-59.

Schmitt B.H., Rogers D.L., Vrotsos K. (2003). *There's no business that's not show business: Marketing in an experience culture*. Englewwod Cliffs NJ: Prentice Hall.

Schmitt B.H., Simonson A. (1997). *Marketing aesthetics: The strategic management of brands, identity and image*. New York: Free Press.

Schmitz-Scherzer R., Rudinger G., Angleitner A., Bierhoff-Alfermann D. (1974). Notes on a factor analysis comparative study of the structure of leisure activities in four different samples. *Journal of Leisure Research*, 6(1), 77-83.

Schoeck H., Wiggins J. (1961), editors. *Relativism and the study of man*. Princeton NJ: Van Nostrand.

Scholderer J., Brunso K., Bredahl L., Grunert K.G. (2004). Cross-cultural validity of the food-related lifestyles instrument (FRL) within Western Europe. *Appetite*, 42(2), 197-211.

Schonpflug U. (2001). Intergenerational transmission of values: The role of transmission belts. *Journal of Cross-Cultural Psychology*, 32(2), 174-85.

Schopphoven I. (1991). Values and Consumption Patterns: A Comparison between Rural and Urban Consumers in Western Germany. *European Journal of Marketing*, 25(12), 20-35.

Schor J., Holt D.B. (2000) editors. *The consumer society reader*. New York: New Press.

Schreiber A.L. (1994). *Lifestyle and event marketing: Building the new customer partnership*. New York: Mcgraw-Hill.

Schroeder D., Penner L., Dovidio J., Piliavin J. (1995). The psychology of helping and altruism. New York: McGraw-Hill.

Schroeder J.E., Dugal S.S. (1995). Psychological correlates of the materialism construct. *Journal of Social Behavior and Personality*, 10(1), 243-253.

Schulenberg J.E., Maggs J.L. (2002). A developmental perspective on alcohol use and heavy drinking during adolescence and the transition to young adulthood. *Journal of Studies on Alcohol*, Suppl 14, 54–70.

Schulenberg J.E., Merline A.C., Johnston L.D., O'Malley P.M., Bachman J.G., Laetz V.B. (2005). Trajectories of marijuana use during the transition to adulthood: The Big Picture based on national panel data. *Journal of Drug Issues*. 35(2), 255-280.

Schulman T.D. (2003). *Something for nothing: Shoplifting addiction and recovery*. West Conshohocken PA: Infinity Publishing.

Schultheiss O.C., Brunstein J.C. (1999). Goal imagery: Bridging the gap between implicit motives and explicit goals. *Journal of Personality*, 67, 1–38.

Schutte N.S., Malouff J.M. (1995). *Sourcebook of adult assessment*. New York: Plenum Press.

Schutz A. (1962-1968). *Collected papers, 3 voll*. The Hague NE: Nijoff.

Schutz A., Luckmann T. (1973). *The structures of the Life-World*. Evanston IL: Northestern University Press.

Schutz H.G, Baird P.C., Hawke G.R. (1979). *Lifestyles and consumer behaviour of older Americans*. New York: Praeger.

Schwartz A.J. (1971). A comparative study of values and achievement. *Sociological Education*, 44, 438-462.

Schwartz R.W., Haley J.V., Williams C., Jarecky R.K. et Al (1990). The controllable lifestyle factor and students' attitudes about specialty selection. *Academic Medicine*, 65(3), 207-210.

Schwartz R.W., Jarecky R.K., Strodel W.E., Haley J.V. et Al (1989). Controllable lifestyle: A new factor in career choice by medical students. *Academic Medicine*, 64(10), 606-609.

Schwartz S.H. (1992). Universals in the content and structure of values: Theoretical advances and empirical tests in 20 countries. In: Zanna M., editor. *Advances in Experimental Social Psychology*, 25, 1-65.

Schwartz S.H. (1994a). Are there universal aspects in the structure and contents of human values? *Journal of Social Issues,* 50, 19–45.

Schwartz S.H. (1994b). Beyond individualism-collectivism: New cultural dimensions of values. In: Uichol K. et Al, editors. *Individualism and collectivism: Theory, method and applications*. Newbury Park CA: Sage, 85-119.

Schwartz S.H. (1996). Value priorities and behavior: Applying a theory of integrated value systems. In: Seligman C., Olson J.M., Zanna M.P., editors. *The Ontario Symposium on Personality and Social Psychology: Values, vol. 8*. Hillsdale NJ: Erlbaum, 1-24.

Schwartz S.H. (2005). Basic human values: Their content and structure across cultures. In: Tamayo A. and Porto J., editors. *Valores e trabalho*. Brasilia:, editora Vozes.

Schwartz S.H., Bardi A. (2001). Value hierarchies across cultures: Taking a similiarities perspective. *Journal of Cross-Cultural Psychology*, 32, 268–290.

Schwartz S.H., Bilsky W. (1987). Toward a universal psychological structure of human values. *Journal of Personality and Social Psychology*, 53, 550-562.

Schwartz S.H., Bilsky W. (1990). Toward a theory of the universal content and structure of values: Extensions and cross-cultural replications. *Journal of Personality and Social Psychology*, 58(5), 878-891.

Schwartz S.H., Huysmans S. (1995). Value priority and religiosity in four western religions. *Social Psychology Quarterly*, 58(2), 88-107.

Schwartz S.H., Melech G., Lehmann A., Burgess S., Harris M., Owens V. (2001). Extending the cross-cultural validity of the theory of basic human values with a different method of measurement. *Journal of Cross-Cultural Psychology*, 32(5), 519-542.

Schwartz S.H., Sagiv L., Boehnke K. (2000). Worries and values. *Journal of Personality*, 68(2), 309-346.

Schwarz S.H., Wenisch F. (1999) editor. *Values and human experience: Essays in honor of the memory of Balduin Schwarz*. New York: Peter Lang.

Scott J.E., Lamont L.M. (1973). Relating consumer values to consumer behavior: A model and method for investigation. In Greer T.W., editor. *Increasing marketing productivity*. Chicago IL: American Marketing Association.

Scott W.A. (1959). Empirical assessment of values and ideology. *American Sociological Review*, 24, 299-310.

Scott W.A. (1965). *Values and organizations: A study of fraternities and sororities*. Chicago: Rand McNally.

Secondulfo D. (2005). *La bella età: Giovani e valori nel nord-est di un'Italia che cambia*. Milano: FrancoAngeli.

Segall M.H. (1986). Culture and behavior: Psychology in global perspective. *Annual Review of Psychology*, 37, 523-564.

Segrave K. (2001). *Shoplifting: A social history*. Jefferson NC: McFarland.

Seligman C., Olson J.M., Zanna M.P. (1996) editors. *The psychology of values. The Ontario symposium on personality and social psychology, Vol. 8*. Hillsdale NJ: Lawrence Erlbaum.

Sen A. (1987). *On ethics and economics*. Oxford: Blackwell.

Sen K. (1980). *Values and their significance*. Rajbati, Bardhaman: The University of Burdwan Press.

Seniors Research Group (2002). *Value portraits*. Livonia MI: Seniors Research Group Market Strategies,.

Serebriakoff V. (1988). *A guide to intelligence and personality testing: Including actual tests and answers*. Park Ridge NJ: Parthenon.

Settle R.B, Alreck P.L., Glasheen J.W. (1978). Individual time orientation and consumer life style. In: Hunt H.K., editor. *Advances in Consumer Research, Volume 5*. Chicago: Association for Consumer Research, 315-319.

Sevcikova L., Aghova L., Jurkovicova J., Stefannikova Z., Sekretar S. (1997). Influence of some family social factors on the lifestyle-associated habits in children. *Studia*

*Psychologica*, 39(4), 266-269.

Severino E., Trentini G. (2001) a cura. *Valori e nichilismo*. Milano: FrancoAngeli.

Shama A., Wisenblit J. (1984). Values of voluntary simplicity: Lifestyle and motivation. *Psychological Reports*, 55(1), 231-240.

Shaw M.E., Wright J.M. (1967). *Scales for the measurement of attitudes*. New York: McGraw Hill.

Shea W.R., King-Farlow J. (1976) editors. *Values and the quality of life*. New York: Science History Publications.

Shealy C.N. (2004). A model and method for "making" a combined-integrated psychologist: Equilintegration (EI) theory and the Beliefs, Events, and Values Inventory (BEVI). *Journal of Clinical Psychology*. 60(10), 1065-1090.

Shealy C.N. (2005). Justifying the justification hypothesis: Scientific-Humanism, Equilintegration (EI) Theory, and the Beliefs, Events, and Values Inventory (BEVI). *Journal of Clinical Psychology*. 61(1), 81-106.

Shell (1970). *Questi giovani*. Inchieste Shell: n. 9. Genova: Shell Italiana.

Sherif M. (1936). *The psychology of social norms*. New York: Harper.

Sherman C.L. (1927). *The moral self: An introduction to the science of ethics*. Boston: Ginn.

Sheth J.N., Newman B.I., Gross B.L. (1991a). Why we buy what we buy: A theory of consumption values. *Journal of Business Research*, 22, 159-170.

Sheth J.N., Newman B.I., Gross B.L. (1991b). *Consumption values and market choices: Theory and applications*. Cincinnati OH: Southwestern Publications.

Shields R. (1992) editor. *Lifestyle shopping: The subject of consumption*. London: Routledge.

Shih D. (1986). VALS as a tool of tourism marketing research: the Pennsylvania experience. *Journal of Travel Research*, 25(Spring), 2-11.

Shim S., Bickle M.C. (1994). Benefit segments of the female apparel market: Psychographics, shopping orientations, and demographics. *Clothing and Textiles Research Journal*, 12(2), 1-12.

Shim S., Eastlick M.A. (1998). The hierarchical influence of personal values on mall shopping attitude and behavior. *Journal of Retailing*, 74, 139–160.

Shim S., Maggs J. (2005). A cognitive and behavioral hierarchical decision-making model of college students' alcohol consumption. *Psychology and Marketing*, 22(8), 649–668.

Shimp T., Sharma S. (1987). Consumer ethnocentrism: Construction and validation of the CETSCALE. *Journal of Marketing Research*, 24, 280–289.

Shoham A., Rose G.M., Kropp F., Kahle L.R. (1997). Generation X women: A sports consumption community perspective. *Sports Marketing Quarterly*, 6(4), 23-34.

Shorr J. (1953). The development of a test to measure the intensity of values. *Journal of Educational Psychology*, 44, 266-274.

Shostrom E.L. (1964). An inventory for the measurement of self-actualization. *Educational and Psychological Measurement*. 24, 207-218.

Shostrom E.L. (1977). *Manual for the Personal Orientation Dimensions*. San Diego CA: EdITS.

Shufeldt L., Oates B., Vaught B. (1998). Is lifestyle an important factor in the purchase of OTC drugs by the elderly? *Journal of Consumer Marketing*. 15(2), 111-124.

Shulman B.H., Mosak H.H. (1988). *Manual for life style assessment*. Bristol PA: Accelerated Development.

Simmel G. (1900). *Philosophie des Geldes*. Berlin: Duncker und Humblot Verlag (A chapter on the philosophy of value. *American Journal of Sociology*, 5, 577-603).

Sin L.Y.M., Yau O.H.M. (2004). Female role orientation of Chinese women: Conceptualization and scale development. *Psychology and Marketing*, 21(12), 1033–1058.

Singelis T.M. (1994). The measurement of independent and interdependent self-construals. *Personality and Social Psychology Bulletin*, 20(5), 580-591.

Singelis T.M., Triandis H.C., Bhawuk D.P.S., Gelfand M.J. (1995). Horizontal and vertical dimensions of individualism and collectivism: A theoretical and measurement refinement. *Cross-Cultural Research: Journal of Comparative Social Science*, 29(3), 240-275.

Singer I. (1992-1996). *The creation of value: Meaning in life*. Baltimore MA: Johns Hopkins University Press.

Sinha I., DeSarbo W.S. (1998). An integrated approach toward the spatial modeling of perceived customer value. *Journal of Marketing Research*, 35(may), 236-249.

Sinnott-Armstrong W. (2006). Moral intuitionism meets empirical psychology. In: Horgan T., Timmons M., editors. *Metaethics after Moore*. New York: Oxford University Press, 339-365.

Siri G. (1995). *Sogni e bisogni: Il nuovo consumatore nell'età postconsumistica*. Milano: Lupetti.

Siu N.Y., Woo K-s. (1999). Market segmentation: The case of religious services. *Journal of Segmentation in Marketing*, 3(2), 43-60.

Sjöberg L., Engelberg E. (2005). *Lifestyles and consumer behavior*. Stockholm: Center for Risk Research, Stockholm School of Economics.

Skinner H.A. (1994). *Computerized lifestyle assessment*. Toronto Ontario: Multi-Health Systems Inc.

Skitovsky T. (1976). *The joyless economy: An inquiry into human satisfaction and consumer dissatisfaction*. New York: Oxford Univiversity Press.

Slater D. (1997). *Consumer culture and modernity*. Cambridge UK: Polity Press.

Slater S.F., Narver J.C. (1992). *Superior customer value and business performance: The strong evidence for A market-driven culture*. Report Number 92-125. Cambridge MA: Marketing Science Institute.

Slater S.F., Narver J.C. (1994). Market orientation, customer value and superior performance. *Business Horizons*, 37(2), 22-28.

Slater S.F., Narver J.C. (2000). Intelligence generation and superior customer value. *Journal of the Academy of Marketing Science*, 28(1), 120-127.

Slovic P. (2001) editor. *Smoking: Risk, perception and policy*. Newbury Park CA: Sage.

Smith A. (1759). *The theory of moral sentiments*. London: Millar in the Strand.

Smith A. (1776). *An inquiry into the nature and causes of the wealth of nations*. London: Strahan and Cadell.

Smith D.E. (1987). *The everyday world as problematic: A feminist sociology*. Boston MA: Northeastern University Press.

Smith M.B. (1963). Personal values in the study of lives. In: White R.W., editor. *The study of lives*. New York: Aqtherton, 325-347.

Smith M.B. (1978). Psychology and values. *Journal of Social Issues*, 34(4), 181-199.

Smith M.B. (1991). *Values, self, and society: Toward a humanist social psychology*. New Brunswick, NJ: Transaction.

Smith P.C., Cranny C.J. (1968). Psychology of men at work. *Annual Review of Psychology*, 19, 467-496.

Smith R.A. (2002). Race, gender and authority in the work place: Theory and research. *Annual Review of Sociology*, 28, 509-542.

Smith R.A., Weber A.L. (2005). Applying social psychology in everyday life. In: Schneider F.W., Gruman J.A., Coutts L.M (2005) editors. *Applied social psychology: Understanding and addressing social and practical problems*. Thousand Oaks CA: Sage, 75-99.

Smith S., Beik L. (1982). Market segmentation for fund raisers. *Journal of the Academy of Marketing Science*. 10(3), 208–216.

Smith W. (1956). Product differentiation and market segmentation as alternative marketing strategies. *Journal of Marketing*, 21, 3-8.

Snyder E.E. (1969). A longitudinal analysis of the relationship between high school student values, social participation, and educational-occupational achievement. *Sociology of Education*, 42, 261-270.

Sobel M.E. (1981). *Lifestyle and social Structure: Concepts, definitions, analyses*. New York: Academic Press.

Sober E., Wilson D.S. (1998). *Unto others: The evolution and psychology of unselfish behavior*. Cambridge MA: Harvard University Press.

Solomon M.R. (1992-2006). *Consumer behavior: Buying, having, and being*. Englewood Cliffs NJ: Prentice Hall.

Solomon M.R., Englis B.G. (2000). *Consumer preferences for apparel and textile products as a function of lifestyle imagery*. National Textile Center Annual Report: November 2000-I97-A11.

Sorce P., Tyler P., Loomis L. (1989). Lifestyles of older Americans. *Journal of Consumer Marketing*, 6(3), 53–63.

Sorokin P.A. (1957). *Social and cultural dynamics: A study of change in major systems of art, truth, ethics, law, and social relationships*. Boston, Extending Horizons.

Sorokin P.A., Berger C. (1939). *Time budgets of human behavior*. Cambridge MA: Harvard University Press.

Spates J.L. (1983). The sociology of values. *Annual Review of Sociology*. 9, 27-49.

Spilka B., Hunsberger B., Gorsuch R. Jr, Hood R.W. (2003). *The psychology of religion: An empirical approach*. 3rd edition. New York: Guilford.

Spotts J.V., Shontz F.C. (1976). *The life styles of nine American cocaine users: Trips to the land of Cockaigne*. Rockville MD: Department of Health, Education, and Welfare, Public Health Service, Alcohol, Drug Abuse, and Mental Health Administration, National Institute on Drug Abuse.

Spranger E. (1925) Lebensformen: Geisteswissenschaftliche Psychologie und Ethik der Persoenlichkeit. Halle: Niemeyer.

Spreng R.A., Dixon A.L., Olshavsky R.W. (1993). The impact of perceived value on consumer satisfaction. *Journal of Consumer Satisfaction, Dissatisfaction and Complaining Behaviour*, 6, 50-55.

Spruill D.A. (1991). Lifestyle and level of family functioning in dual career families with preschool children. Dissertation Abstracts International, 52(3-A), 808-809.

SRI (1989). *VALS 2*. Menlo Park, CA: SRI International.

SRI (2003). *Understanding U.S. Consumers*. Menlo Park CA: Stanford Research Institute (SRI) Consulting.

Stabell C.B., Fjeldstad O.D. (1998). Configuring value for competitive advantage: On chains, shops, and networks. *Strategic Management Journal*, 19, 413-437.

Staggenborg S. (1987). Lifestyle preference and social movement recruitment. *Social Science Quarterly*, 68, 779-797.

Stalnaker B., Wedgewood R. (2001) editors. *Fact and value*. Cambridge MA: MIT Press.

Stanley J.C. (1953). Study of values profiles adjusted for sex and variability differences. *Journal of Applied Psychology*, 37, 472-473.

Steenhold J.-M. (1994). Toys communicate lifestyle. *Communication and Cognition*, 27(3), 337-348.

Steinmann A.G., Fox D.J., Toro M. (1985). *Maferr Inventory of Feminine Values*. New York: Maferr Foundation.

Stern D.N. (2004). *The present moment: In psychotherapy and everyday life*. New York: Norton.

Stern P.C. (1992). Psychological dimensions of global environmental change. *Annual Review of Psychology*, 43, 269-302.

Stern P.C., Dietz T. (1994). The value basis of environmental concern. *Journal of Social Issues*, 50(3), 65-84.

Stern P.C., Dietz T., Guagnano G.A. (1998). A brief inventory of values. *Educational and Psychological Measurement*, 58(6), 984-1001.

Stern P.C., Dietz T., Kalof L., Guagnano G.A. (1995). Values, beliefs and proenvironmental action: Attitude formation toward emergent attitude objects. *Journal of Applied Social Psychology*, 25, 1611-1636.

Stevenson, C. L. (1963). *Facts and values. Studies in ethical analysis*. New Haven: Yale Univ. Press.

Stewart S.M., Bond M.H., Deeds O., Chung S.F. (1999). Intergenerational patterns of values and autonomy expectations in cultures of relatedness and separateness. *Journal of Cross-Cultural Psychology*, 30, 575-593.

Stigler G. (1982). *The economist as preacher*. Oxford: Blackwell.

Stocker M. (1990). *Plural and conflicting values*. New York: Oxford University Press.

Stoetzel J. (1983). *Les valeurs du temps présent: Une enquête européenne*. Paris: PUF.

Stone G.P. (1962). Drinking styles and status arrangements. In: Pittman D.J., Snyder C.R., editors. *Society, culture and drinking patterns*. New York: Wiley, 121-140.

Straus M.A., Houghton L.J. (1960). Achievement, affiliation, and co-operation values as clues to trends in American rural society, 1924-1958. *Rural Sociology*, 25, 394-403.

Strinati D. (1995). *An introduction to theories of popular culture*. London: Routledge.

Stucky N.P., Daughton S.M. (2003). The body present: Reporting everyday life performance. In: Glenn P. LeBaron, C.D., Mandelbaum J. (2003) editors. *Studies in language and social interaction: In honor of Robert Hopper*. (pp.). Mahwah NJ: Erlbaum, 479-491,

Sumner W.G. (1906). *Folkways: The sociological importance of usages, manners, customs, mores, and morals*. New York: Ginn and Co.

Sun T., Horn M., Merritt D. (2004). Values and lifestyles of individualists and collectivists: A study on Chinese, Japanese, British and US consumers. *Journal of Consumer Marketing*, 21(5), 318-331.

Sun W.Y., Chen W., Chen L., Wang G. (1995). Difference of lifestyle advice between traditional Chinese medical doctors (TCMDs) and Western-style medical doctors in People's Republic of China. *Patient Education and Counseling*, 25(3), 311-316.

Super D.E., Nevill D.D. (1986). *The Salience Inventory*. Palo Alto CA: Consulting Psychologists Press.

Super D.E., Sverko B. (1995) editors. *Life roles, values, and careers: International findings of the Work Importance Study*. San Francisco, CA: Jossey-Bass.

Sweeney J.C., Soutar G.N., Johnson L.W. (1999). The role of perceived risk in the quality-value relationship: A study in a retail environment. *Journal of Retailing*, 75(1), 77-105.

Swenson C.A. (1990). *Selling to a segmented market: The lifestyle approach*. New York: Probum.

Swidler A. (1986). Culture in action: Symbols and strategies. *American Sociological Review*, 51, 273-286.

Swift K.E. (1996). A construct validation study of the Life Values Inventory. *Dissertation Abstracts International*, 57(5-A), 1973.

Swinyard W.R., Smith S.M. (2003). Why people (don't) shop online: A lifestyle study of the Internet consumer. *Psychology and Marketing*. 20(7), 567-597.

Szybillo G.J., Binstok S., Buchanan L. (1979). Measure validation of leisure time activities: Time budgets and psychographics. *Journal of Marketing Research*. 16(1), 74-79.

Tacchi E.M. (2001). *Villaggi globali e metropoli locale: Professionalità, tecnologie, valori e atteggiamenti in una Lombardia multiculturale*. Milano: FrancoAngeli.

Taggi S., Dosi G. (2005). *Guida e comportamenti a rischio dei giovani*. Roma: Istituto Superiore di Sanità.

Taghvaee D., Najarian B., Shokrkon H. (1999). Construction and validation of a scale for the measurement of worrying. *Journal of Oloume Ensauny Az-Zahra (Human Sciences),* University of Az-Zahra, Tehran, Iran,

Tai S.H.C., Tam J.L.M. (1997). A lifestyle analysis of female consumers in Greater China. *Psychology and Marketing,* 14(3), 287-307.

Talamo M. (1979), *I dirigenti industriali in Italia: Autorità, comando e responsabilità sociali.* Torino: Einaudi.

Tallman I., Morgner R. (1970). Life style differences among urban and suburban blue-collar families. *Social Forces,* 48, 334-348.

Tam J.L.M., Tai S.H.C. (1998). Research note: The psychographic segmentation of the female market in Greater China. *International Marketing Review.* 15(1), 61-77.

Tamayo A., Faria J.B, Adilson F., Tavares M., Carvalho E.M., Bertolinni V. (1998). Diferencas nas prioridades axiologicas de musicos e advogados. *Psicologia: Reflexao e Critica.* Vol 11(2).

Tamayo A., Lima A., Marques J., Martins L. (2001). Prioridades axiológicas e uso de preservativo. *Psicologia: Reflexão e Crítica,* 14(1), 167-175.

Tancredi L. (2005). *Hardwired behavior: What neuroscience reveals about morality.* Cambridge: Cambridge University Press.

Tang T.L.P. (1993). A factor analytic study of the Protestant work ethic. *Journal of Social Psychology,* 113, 109-111.

Tao S-P. (2004). Life style and consumers in Taiwan and the United States: A cross-cultural comparison of activities, interests and opinions (AIOs). *Dissertation Abstracts International,* 64(8-A), 2694.

Taras V. (2006, last update). *Instruments for measuring cultural values and behaviors.* Alberta: Haskayne School of Business, University of Calgary.

Taras V., Rowney J. (2006). *Half a century of measuring culture: Approaches, challenges, limitations, and suggestions based on the analysis of 72 instruments for quantifying culture.* Paper presented at the Academy of International Business Annual Conference, Beijing, China.

Tarde G. (1890). *Les lois de l'imitation: Etude sociologique.* Paris: Alcan.

Tate E.D., Miller G.R. (1971). Differences of values systems of persons with varying religious orientation. *Journal for the Scientific Study of Religion,* 10, 357-365.

Taylor A. (1998). Needlework: The lifestyle of female drug injectors. *Journal of Drug Issues,* 28(1), 77-90.

Taylor J.C., Spencer B.A. (1988). Lifestyle patterns of university women: Implications for family/career decision modeling. *Journal of Social Behavior and Personality,* 3(4) 1988, 265-278.

Taylor R., Ford G. (1981). Lifestyle and ageing. Three traditions in lifestyle research. *Ageing and Society,* 1, 329-345.

Teel J.E., Bearden W.O., Durand R.M. (1979). Psychographics of radio and television audiences. *Journal of Advertising Research,* 19(2), 53-56.

Tennen H., Suls J., Affleck G. (1991) editors. *Personality and daily experience.* Special issue of: *Journal of Personality,* 59(3).

Tesser A., Shaffer D.R. (1990). Attitudes and attitude change. *Annual Review of Psychology,* 41, 479-523.

Thoen G.A. (1977). Commitment among voluntary childfree couples to a variant lifestyle. *Dissertation Abstracts International.* 38(6-A), 3760-3761.

Thoma S.J., Barnett R., Rest J.R., Narvaez D. (1999). What does the DIT measure? *British Journal of Social Psychology,* 38, 103-111.

Thomas C.B. Jr (1986). Values as predictors of social activist behavior. *Human Relations,* 39(3), 179-193.

Thomas J.L. (1981). Psychographics of telephone shopping. *Dissertation Abstracts International.* 42(4-A), 1714.

Thomas T.C., Crocker S. (1981). *Value and lifestyles: The new psycho-graphics.* Menlo

Park CA: Stanford Research Institute.

Thompson B., Leviton J.E., Miederhoff P.A. (1982). Validity of the Rokeach Value survey. *Educational and Psychological Measurement*, 42, 899-905.

Thompson C.J., Troester M. (2002). Consumer value systems in the age of postmodern fragmentation: The case of the natural health microculture. *Journal of Consumer Research*, 28(4), 550-572.

Thorndike E.L. (1940). *Human nature and the social order*. New York: Macmillan.

Thorneycroft T. (1987). *Seasonal patterns in business and everyday life*. Haldershot GB: Gower.

Thornton S. (1995). *Club cultures: Music, media and subcultural capital*. Cambridge: Polity.

Thurstone L.L. (1927). The method of paired comparisons for social values. *Journal of Abnormal and Social Psychology*, 21, 384-400.

Thurstone L.L. (1929). The measurement of psychological value. In: Vernor Smith T., Kelley Wright W., editors. *Essays in philosophy by seventeen Doctors of Philosophy of the University of Chicago*. Chicago: Open Court, 157-174.

Thurstone L.L. (1959). *The measurement of values*. Chicago IL: University of Chicago Press.

Thyne M. 2001. The importance of values research for nonprofit organisations: The motivation-based values of museum visitors. *International Journal of Nonprofit and Voluntary Sector Marketing*, 6(2), 116–130.

Tigert D.J. (1974). Life style analysis and media selection. In: Wells W.D., editor. *Life style and psychographics*. Chicago: American Marketing Association, 173-201.

Tinone R. (1977), a cura. *Il fancuillo: Filosofo morale*. Roma: Armando.

Tjeltveit A.C. (1999). *Ethics and values in psychotherapy*. London: Routledge.

Todd S. (2001). Lifestyle segmentation and museum/gallery visiting behaviour. *International Journal of Nonprofit and Voluntary Sector Marketing*, Vol. 6(3), 269–277.

Todd S., Lawson R., Faris F. (1998). A lifestyle analysis of NewZealand consumers. *Asia-Pacific Journal of Marketing and Logistics*, 10(3), 30–47.

Tokarski W. (1987). Leisure and life-styles of the elderly: Outline of a research programme. *European Journal of Education*, 22(3/4), 327-333.

Toler C. (1975). The personal values of alcoholics and addicts. *Journal of Clinical Psychology*, 31, 554-557.

Tomasi L. (1995) a cura. *Values and post-Soviet youth: The problem of transition*. Milano: FrancoAngeli.

Tomasi L.V. (1998) a cura. *La cultura dei giovani europei alle soglie del 2000: Religione, valori, politica e consumi.* Milano: FrancoAngeli.

Tongren H. (1988). Determinant behavior characteristics of older consumers. *Journal of Consumer Affairs*, 22(1), 136–157.

Tortora G. (1994). Primum vivere, deinde philosophari: Kierkegaard e Schopenhauer su Hegel. *Filosofia e Società*, 11(3), 95-112.

Tos N., Mohler P.P., Malnar B. (1999) editors. *Modern society and values*. Ljubljana: Scientific Library, FSS Series 39, University of Ljubljana and ZUMA Mannheim.

Touliatos J., Perlmutter B.F., Straus M.A. (2001). *Handbook of family measurement techniques*. Thousand Oaks CA: Sage.

Tower R.B., Scarr S. (1985). The measurement of three lifestyle values: Resourcefulness, responsibility and relationships to others. *Imagination, Cognition and Personality*. 5(2), 167-189.

Towle J.G., Martin C.R. Jr (1976). The elderly consumer: One segment or many? In: Anderson B.B., editor. *Advances in Consumer Research III*. Chicago: Association for Consumer Research, 463-468.

Townsend B. (1987). Market segmentation: Using demographics, psychographics, and other segmentation techniques to uncover and exploit new markets. *American Demographics*, 9(6), 10-11.

Townsend B., Riche M.F. (1987). Two paychecks and seven lifestyles: *The American Demographer*, 9(August), 24-29.

Trentini G., Bellotto M. (1994). *Valori e giovani: Un confronto fra culture. Work importance study: Gli orientamenti di fronte alla vita tra mondo interno e mondo esterno*. Venezia: Il cardo.

Triandis H.C. (1972). *The analysis of subjective culture*. New York: Wiley.

Triandis H.C. (1995). *Individualism and collectivism*. Boulder CO: Westview.

Triandis H.C. Bontempo R., Betancourt H., Bond M.H., Leung K., Brenes A. et Al (1986). The measurement of the etic aspects of individualism and collectivism across culture. *Australian Journal of Psychology*, 38, 257-267.

Triandis H.C., Bontempo R., Villareal M.J., Asai M., Lucca N. (1988). Individualism and collectivism: Cross-cultural perspectives on self-ingroup relationships. *Journal of Personality and Social Psychology*, 54(2), 323-338.

Triandis H.C., Gelfand M.J. (1998). Converging measurement of horizontal and vertical individualism and collectivism. *Journal of Personality and Social Psychology*, 74(1), 118-128.

Triandis H.C., Suh E.M. (2002). Cultural influences on personality. *Annual Review of Psychology*, 53, 133-160.

Trompenaars F. (1993). *Riding the waves of culture: Understanding diversity in global business*. Chicago: Irwin Professional Publishing.

Tua L., Perussia F. (1987). Si divide in cinque classi la tribù dei neo-adulti. *Marketing Espansione*, 26, 86-92.

Tullio-Altan C.T., Marradi A. (1976). *Valori, classi sociali, scelte politiche: Indagine sulla gioventù degli anni settanta*. Milano: Bompiani.

Turiel E. (1983). *The development of social knowledge: Morality and convention*. Cambridge UK: Cambridge University Press.

Turiel E. (2002). *The culture of morality: Social development, context, and conflict*. Cambridge MA: Cambridge University Press.

Turiel, E. (1998). Moral development. In: Damon W., Eisenberg N., editors. *Handbook of child psychology. Vol. 3. Social, emotional, and personality development. 5th edition*. New York: Wiley, 863-932.

Turner C.F., Martin E. (1984) editors. *Surveying subjective phenomena*. New York: Russell Sage Foundation.

Turner R. (1964a). Upward mobility and class values. *Social Problems*, 11(4), 359-371.

Turner R. (1964b). *The social context of ambition*. San Francisco: Chandler.

Turner R. (1974) editor. *Ethnomethodology*. Harmondsworth GB: Penguin.

Twedt D.W. (1965). Consumer psychology. *Annual Review of Psychology*, 16, 265-294.

Tybout A.M., Artz N. (1994). Consumer psychology. *Annual Review of Psychology*, 45, 131-169.

Umicker-Scbeok J. (1987). *Marketing and semiotics: New directions in the study of signs for sale*. Berlin: De Gruiter.

Underhill R. (1966). Values and post-college career change. *American Journal of Sociology*, 72, 163-172.

Upton S.A., Chassell C.F. (1919). A scale for measuring the importance of habits of good citizenship. *Teachers College Record*, 20, 36-65.

Urbani G., Weber M. (1984). *Cosa pensano gli operai: Lavoro, economia e politica negli orientamenti degli operai agli inizi degli anni ottanta*. Milano: FrancoAngeli.

Urde M. (2003). Core value-based corporate brand building. *European Journal of Marketing*, 37, 1017-1040.

Valdes M. (1988). Personalidad, patron conductual y estilo de vida. *Revista del Departamento de Psiquiatria de la Facultad de Medicina de Barcelona*, 15(1), 16-22.

Valette-Florence P. (1986). Les demarches de styes de vie: Concepts, champs d'investigations et problèmes actuels. *Recherche et Applications en Marketing*, 1, 94-109.

Valette-Florence P. (1989). Les styles de vie en question: Mythes et réalités. *Revue Francaise du Marketing*, 125, 17-26.

Valette-Florence P. (1994). *Les styles de vie. Bilan critique et perspectives: Du mythe à la réalité*. Paris: Economica.

Valette-Florence P., Jolibert A. (1990). Social values, A.I.O., and consumption patterns: Exploratory findings. *Journal of Business Research*, 20, 109-122.

Van Deth J.W., Scarbrough E. (1995) editors. *The impact of values*. New York: Oxford University Press.

Van Dusen A.C., Wimberly S., Mosier C.I. (1949). Standardization of a values inventory. *Journal of Educational Psychology*, 30, 53-62.

Veal A.J. (1990). Leisure and lifestyle: a bibliography. In: Filipcova B., Glyptis S., Tokarski W., editors. *Life styles*. Prague: Institute for Philosophy and Sociology, Czechoslovak Academy of Sciences, 348-365.

Veal A.J. (1993). The concept of lifestyle: A review. *Leisure Studies*, 12 (4), 233-252.

Veal A.J. (2000). *Leisure and lifestyle: A review and annotated bibliography*. Online Bibliography No. 8. School of Leisure, Sport and Tourism, University of Technology, Sydney, 2000 (at: www.business.uts.edu.au).

Veblen T. (1899). *The theory of the leisure class: An economic study of institutions*. New York: Macmillan.

Veltri J.J., Schiffman L.G. (1984). Fifteen years of consumer life style and value research at AT&T. In: Pitts R.E., Woodside A.G. (1984) editors. *Personal values and consumer psychology*. Lexington MA: Lexington Books.

Venkatesh A. (1980). Changing roles of women: A life-style analysis. *Journal of Consumer Research*, 7, 189-197.

Verdery K., Humphrey C. (2004) editors. *Property in question: Value transformation in the global economy*. New York: Berg.

Vernon P.E., Allport G.W. (1931). A test for personal values. *Journal of Abnormal and Social Psychology*, 26, 231–248.

Veroff J., Douvan E., Kulka R.A. (1981). *The inner American*. New York: Basic Books.

Viano R. (1999). *Tratti, atteggiamenti e strategie di scambio: Una ricerca pilota*. Tesi di laurea non pubblicata (Relatore: F. Perussia). Torino: Facoltà di Psicologia.

Villani K.E. (1975a). Personality/lifestyle and television viewing behavior. *Journal of Marketing Research*, 12, 432-439.

Villani K.E. (1975b). On the usage of modified personality trait measures in consumer research. *Journal of Consumer Research*, 2, 223-228.

Vinson D.E., Munson J.M. (1976a). Personal values: An approach to market segmentation. In: Bernhardt K., editor. *Marketing 1776-1976 and beyond*. Chicago: American Marketing Association, 313-318.

Vinson D.E., Munson J.M., Nakanishi M. (1976b). An investigation of the Rokeach value survey for consumer application. In: Perrault W.D., editor. *Advances in Consumer Research*. Atlanta: Association for Consumer Research, 247-252.

Violet D., Garland T.N., Pendleton B.F. (1986). High school students' marital lifestyle preferences: A test of reference group theory. *Human Relations*, 39(11), 1053-1066.

Voelker P.F. (1921). *The function of ideals in social education*. Teachers College Contributions to Education, n.112.

Voges W., Pongratz H. (1988). Retirement and lifestyles of older women. *Ageing and Society*, 8, 63-84.

Vogt E.Z., Albert E.M. (1966) editors. *People of Rimrock: A study of values in five cultures*. Cambridge MA: Harvard University Press.

Vyncke P. (2002). Lifestyle segmentation: From attitudes, interests and opinions, to values, aesthetic styles, life visions and media preferences. *European Journal of Communication*, 17(4), 445-463.

Wagner J.A., Moch M.K. (1986). Individualism-Collectivism: Concept and measure. *Group and Organization Studies*, 11(3), 280-303.

Wahba M.A., Bridwell L.G. (1976). Maslow reconsidered: A review of research on the need hierarchy theory. *Organizational Behavior and Human Performance*, 15, 212-240.

Walker L.J. (1982). Sex differences in the development of moral reasoning: A critical review. *Child Development*, 54, 1103-1141.

Walker L.J., De Vries B., Trevethan S.D. (1987). Moral stages and moral orientations in real life and hypothetical dilemmas. *Child Development*, 58(3), 842-858.

Walker L.J., Taylor J.H. (1991). Family interactions and the development of moral reasoning. *Child Development*, 62, 264-283.

Walker W. (1896). *The development of the doctrine of personality in modern philosophy. Part I.* Ann Arbor MI: The Inland Press.

Wallace J.M., Bachman J.G. (1991). Explaining racial/ethnic differences in adolescent drug use: The impact of background and lifestyle. *Social Problems*, 38(3), 333-357.

Wallis W.D. (1952). Values in a world of cultures. *American Anthropologist*, 54(1), 143-146.

Walsh G., Mitchell V-W., Hennig-Thurau T. (2001). German consumer decision-making styles. *Journal of Consumer Affairs*, 35(1), 73-95.

Walters D., Lancaster G. (1999). Value-based marketing and its usefulness to customers. *Management Decision*, 37(9), 697-708.

Walters G.D. (1994). The drug lifestyle: One pattern or several? *Psychology of Addictive Behaviors*, 8(1), 8-13.

Wansink B. (1994). Developing and validating useful consumer prototypes. *Journal of Targeting Measurement and Analysis for Marketing.* 3, 18-30.

Wardle J., Steptoe A. (2003). Socioeconomic differences in attitudes and beliefs about healthy lifestyles. *Journal of Epidemiology and Community Health*, 57(6), 440-443.

Warneryd K-E. (2001). *Stock-market psychology: How people value and trade stocks.* Northampton MA: Edward Elgar.

Watson G.B. (1925). *The measurement of fair-mindedness.* New York: Teachers College Contributions to Education, n.176.

Watson T.J. (1996). Motivation: That's Maslow, isn't it? *Management Learning*, 27, 447-464.

Wearing B. (1989). Leisure, unpaid labour, lifestyles and the mental and general health of suburban mothers, Sydney, Australia. *Australian Journal of Sex, Marriage and the Family*, 10(3), 118-132.

Weber M. (1917). Der Sinn der "Wertfreiheit" der soziologischen und ökonomischen Wissenschaften [Edizione italiana: Il significato della avalutatività delle scienze sociologiche ed economiche. In: Weber M., *Il metodo delle scienze storico-sociali.* Torino: Einaudi, 1958].

Weckowicz T.E., Janssen D.V. (1973). Cognitive functions, personality traits and social values in heavy marijuana smokers and non-smoker controls. *Journal of Abnormal Psychology*, 81, 264-269.

Wee T.T.T. (1999). An exploration of a global teenage lifestyle in Asian societies. *Journal of Consumer Marketing*, 16(4), 36-37.

Wei R. (1997). Emerging lifestyles in China and consequences for perception of advertising, buying behavior and preferences for consumption. *International Journal of Advertising*, 16(4), 261-275.

Weigert A.J. (1981). *Sociology of everyday life.* New York: Longman.

Weinstein A. (1986). *Market segmentation: Using demographics, psychographics, and other segmentation techniques to uncover and exploit new markets*. Chicago IL: Probus.

Weinstein A. (1994). *Market segmentation: Using demographics, psychographics, and other niche marketing techniques to predict consumer behavior*. Revised edition. Chicago IL: Probus.

Weiss M.J. (1989). *The clustering of america*. New York: Harper and Row.

Weiss M.J. (1999). *The clustered world: A guide to lifestyles in America and beyond*. New York: Little Brown.

Wellings K., Field J., A. M. Johnson A.M., Johnson J. (1994). *Sexual behaviour in Britain: The national survey of sexual attitudes and lifestyles (NATSAL)*. Wadsworth: Penguin books.

Wells F.L. (1926). Value psychology and the affective disorders with special reference to regression. *Journal of Abnormal and Social Psychology*, XXI.

Wells W.D. (1973a). *Psychographics: A research report*. Long Range Planning Service, Stanford Research Institute; Menlo Park CA: Stanford Research Institute.

Wells W.D. (1973b). Seven questions about lifestyle and psychographics. In: Becker B.W., Becker H., editors. *Dynamic marketing in a changing world, Conference proceedings*. Chicago: American Marketing Association, 462-465.

Wells W.D. (1974) editor. *Life style and psychographics: Definitions, uses and problems*. Chicago: American Marketing Association.

Wells W.D. (1975). Psychographics: A critical review. *Journal of Marketing Research*, 12, May, 196-213.

Wells W.D., Cosmas S.C. (1977). Lifestyles. In: Directorate for Research Applications, Research Applied to National Needs (RANN). *Selected aspects of consumer behavior: A summary from the perspective of different disciplines; prepared for National Science Foundation*. Washington DC: National Science Foundation, 299-316.

Wells W.D., Tigert D.J. (1971). Activities, interests and opinions. *Journal of Advertising Research*, 11, august, 27-35.

Welsh P. (1975) editor. *Fact, value and perception: essays in honor of Charles A. Baylis*. Durham NC: Duke University Press.

Werner C., Bell D. (2004) editors. *Values and valuables: From the sacred to the symbolic*. Walnut Creek CA: Altamira Press.

Wertime K. (2003). *Building brands and believers: How to connect with consumers using archetypes*. New York: Wiley.

Westfall R. (1962). Psychological factors in predicting product choice. *Journal of Marketing*, 26, 34-40.

Whang L.S-M., Chang G. (2004). Lifestyles of virtual world residents: Living in the on-line game "lineage". *CyberPsychology and Behavior*. 7(5), 592-600.

Wheeler A. (2003). *Designing brand identity: A complete guide to creating, building, and maintaining strong brands*. New York: Wiley.

Whitbeck L., Gecas V. (1988). Value attribution and value transmission between parents and children. *Journal of Marriage and the Family*, 50, 829-840.

White R.K. (1951). *Value analysis: The nature and use of the method*. New York: Society for Psychological Study of Social Issues.

Whyte W.H. (1956). *The organisation man*. New York: Simon and Schuster.

Wickert E. (1940). A test for personal goal-values. *Journal of Social Psychology*, 11, 259-274.

Widegren Ö. (1998). The New Environmental Paradigm and personal norms. *Environment and Behavior*, 30, 75-100.

Wiegand R. (2004). Lebensstil. *Zeitschrift fur Individualpsychologie*. 29(1), 61-70.

Wiggins D. (1987). *Needs, values, truth*. Oxford: Blackwell.

Wilcox J.T. (1974). *Truth and value in Nietzsche: A study of his metaethics and epistemology*. Ann Arbor MI: University of Michigan Press.

Wilensky H.L. (l970). Emerging leisure styles: a microscopic prediction about the fate of the 'Organization Man'. *Society and Leisure*, 4(1), 149-174.

Williams R.H. (1966). A concept of style of life induced from a study of aging. *Journal of Individual Psychology*, 22, 100-103.

Williams R.H., Wirths C.G. (1965). *Lives through the years: Styles of life and successful aging*. New York: Atherton Press.

Williams R.L., Long J.D. (1983). *Toward a self-managed lifestyle. 3rd edition*. Boston: Houghton Mifflin.

Williams R.L., Long J.D., Gaynor P., Agesilas E. (1988). Related measures of life style habits and happiness. *College Student Journal*, 21, 375-385.

Williams R.M. Jr (1967). Individual and group values. *Annals of the American Academy of Political and Social Science*, vol 371, 20-37.

Williams R.M. Jr. (1968). Values. In: Sills D., editor. *International encyclopedia of the social sciences*. NewYork: Macmillan, Vol. 16, 283–287.

Williamson J. (1986). *Consuming passions: The dynamics of popular culture*. London: Marion Boyars.

Willie C.V. (1972). Life styles of black families: Variations by social class. In: Feldman S.D., Thielbar G.W. (1972) editors. *Lifestyles: Diversity in American society*. Boston: Little Brown, 406-417.

Willis M.P., Shontz W.D., Dorfman P.W., Williams A.S. (1978). Recreation lifestyle versus activity-involvement pattern: Beliefs as correlates of behavior. *Psychological Reports*, 43(3, Pt 2), 1219-1229.

Willis P. (1990). *Common culture: Symbolic work at play in the everyday cultures of the young*. Milton Keynes: Open University Press.

Wilska T-A., Haanpaa L. (2006) editors. *Lifestyles and social change: Essays in economic sociology*. Turku: Turun kauppakorkeakoulu.

Wilson E. (1985). *Adorned in dreams: Fashion and modernity*. London: Virago.

Wilson R.J. (1990). The relationship of seat belt non-use to personality, lifestyle and driving record. *Health Education Research*, 5(2), 175-185.

Wilson W.J., Nye F.I. (1966). *Some methodological problems in the empirical study of values*. Pullman WA: Washington State University, Agricultural Experiment Station Bulletin, n. 672.

Wind J. (1971). Life style analysis: A new approach. In: Allwine F.C., editor. *Proceedings of American Marketing Association*. Series No. 33. Chicago: American Marketing Association.

Wingard D.L. (1984). The sex differential in morbidity, mortality, and lifestyle. *Annual Review of Public Health*, 5, 433-458.

Winter D.G., John O.P., Stewart A.J., Klohnen E.C., Duncan L.E. (1998). Traits and motives: Toward an integration of two traditions in personality research. *Psychological Review*, 105, 230–250.

Wise G.W. (1977). The Personal Orientation Inventory: A study of internal consistency. *Psychological Reports*. 40(3, Pt 1), 1000-1002.

Wispe L., (1978) editor. *Altruism, sympathy, and helping: Psychological and sociological implications*. New York: Academic Press.

Witchel A.D. (2003). The use of psychographics as an indicator of job success for online faculty. *Dissertation Abstracts International*. 64(5-A), 1757.

Withey S. (1965). The U.S. and the U.S.S.R.: A report of the public perspective on United States-Russian relations in late 1961. In: Bobrow D., editor. *Components of defence policy*. Chicago: Rand McNally, 164-174.

Wojciszke B. (1997). Parallels between competence- versus morality- related traits and individualistic versus collectivistic values. *European Journal of Social Psychology*, Vol. 27, 245-256.

Wolburg J.M., Pokrywczynski J. (2002). A psychographic analysis of generation Y college students. *Journal of Advertising Research*, 41, 33-52.

Wolfe D.B. (1990). *Serving the ageless market: Strategies for selling to the fifty-plus market*. New York: McGraw-Hill.

Wolff W. (1950). *Values and personality: An existential psychology of crisis*. New Yor: Harper.

Wong-Rieger D., Quintana D. (1987). Comparative acculturation of Southeast Asianand Hispanic immigrants and sojourners. *Journal of Cross-Cultural Psychology*, 18 (3), 345–362.

Wood S.L., Swait J. (2002). Psychological indicators of innovation adoption: Cross-classification based on need for cognition and need for change. *Journal of Consumer Psychology*. 12(1), 1-13.

Wood W., Quinn J.M., Kashy D.A. (2002). Habits in everyday life: Thought, emotion, and action. *Journal of Personality and Social Psychology*, 83(6), 1281-1297.

Woodal T. (2003). Conceptualising 'value for the customer': An attributional, structural and dispositional analysis. *Academy of Marketing Science Review*, 12.

Woodruff A.D., Di Vesta F.J. (1948). The relationship between values, concepts and attitudes. *Educational and Psychological Measurement*, 8, 645-659.

Woodruff R.B. (1997). Customer value: The next source of competitive advantage. *Journal of the Academy of Marketing Science*, 25(2), 139-153.

Woodruff R.B., Gardial S.F. (1996). *Know your customer: New approaches to understanding customer value and satisfaction*. Malden MA: Blackwell.

Woodside A.G., Pitts R.E. (1976). Effects of consumer life styles, demographics and travel activities on foreign and domestic travel. *Journal of Travel Research*, 14(Winter), 13-15.

Wright D.S. (1971). *The psychology of moral behavior*. Harmondsworth UK: Penguin.

Wright R. (1994). *The moral animal*. New York: Pantheon.

Wymann J.B. (1925). Tests of intellectual, social and activity interests. In: Terman et Al, *Genetic studies of genius*. Palo Alto CA: Stanford University Press, Vol 1, 455-483.

Wynne, D. (1998). *Leisure, lifestyle and the new middle class*. London: Routledge.

Xinran Y.L., O'Leary J.T., Morrison A.M. (2002). Do psychographics influence vacation destination choices? A comparison of British travellers to North America, Asia and Oceania. *Journal of Vacation Marketing*, 8, 109 – 125.

Yang K-S. (1986). Chinese personality and its change. In: Bond M.H., editor. *The psychology of the Chinese people*. New York: Oxford University Press, 106-170.

Yankelovich D. (1969). What new life styles mean to market planners. In: Westing J.H., Albaum G., editors. *Modern marketing thought*. New York: Macmillan, 23-29.

Yi J.S. (2004). Individualism-Collectivism: A Geographical comparison among cities in Yik M.S.M., Tang C.S. (1996). Linking personality and values: The importance of a culturally relevant personality scale. *Personality and Individual Differences*, 21, 767–774.

Young J.T. (1997). *Economics as a Moral Science: The Political Economy of Adam Smith*. Cheltenham: Elgar.

Young R.L. (1991). Race, conceptions of crime and justice, and support for the death penalty. *Social Psychology Quarterly*, 54(1) 67-75.

Yu A.L.C., Jupp J.J., Taylor A. (1996). The discriminate validity of the Lifestyle Satisfaction Scale (LSS) for the assessment of Australian adults with intellectual disabilities. *Journal of Intellectual and Developmental Disability*, 21(1), 3-15.

Zablocki B., Kantor R. (1976). The differentiation of lifestyles. *Annual Review of Sociology*, 2, 269-298.

Zamagni S. (2002). L'economia delle relazioni umane: Verso il superamento dell'individualismo assiologico. In: Sacco P., Zamagni S., a cura. *Complessità relazionale e comportamento economico*. Bologna, Il Mulino, 67-128.

Zatsepina O., Rodriguez J. (2000). American values through Russian eyes. *Moscow State*

*University Bulletin, Linguistics and Intercultural Communication*. N2.

Zavalloni M. (1980) Values. In Triandis H.C., Brislin R.W. (editors). *Handbook of cross-cultural psychology: Social psychology*. Boston MA: Allyn and Bacon, 73-120.

Zavalloni R., Montuschi F. (1973). *La personalità in prospettiva sociale*. Brescia: La Scuola.

Zedeck S., Cascio W.F. (1984). Psychological issues in personnel decisions. *Annual Review of Psychology*, 35, 461-518.

Zeithaml V.A. (1985). The new demographics and marketing fragmentation. *Journal of Marketing*, 49, 64–75.

Zeithaml V.A. (1988). Consumer perceptions of price, quality and value: A means-end model and synthesis of evidence. *Journal of Marketing*, 52(july), 2-22.

Zemke R. (1993). Creating customer value. *Training*, 30(9), 45-50.

Zerubavel E. (1991). *The fine line: Making distinctions in everyday life*. New York: Free Press.

Ziff R. (1971). Psychographics for market segmentation. *Journal of Advertising Research*, 11(2), 3-9.

Zinbarg R.E., Craske M.G., Barlow D.H. (2006). *Mastery of your anxiety and worry (MAW): Therapist guide. 2nd edition (Treatments That Work)*. New York: Oxford University Press.

Zukin S., Smith Maguire J. (2004). Consumers and consumption. *Annual Review of Sociology*, 30, 173-197.

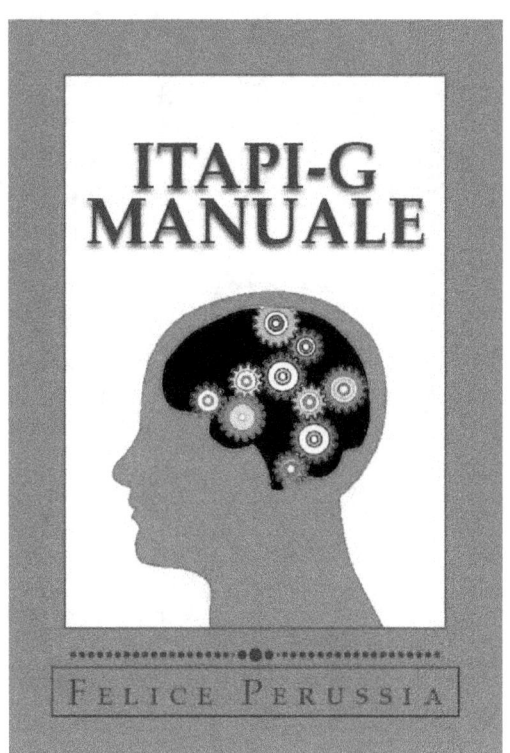

# ITAPI-G
# MANUALE

FELICE PERUSSIA

www.ingramcontent.com/pod-product-compliance
Lightning Source LLC
Chambersburg PA
CBHW051955280526
45793CB00005B/730